필립 코틀러 마케팅의 미래

필립 코틀러
마케팅의 미래

ENTREPRENEURIAL MARKETING

필립 코틀러   허마원 카타자야   후이 덴 후안   재키 머스리
Philip Kotler   Hermawan Kartajaya   Hooi Den Huan   Jacky Mussry

방영호 옮김

매일경제신문사

Entrepreneurial Marketing:

Beyond Professionalism to Creativity, Leadership, and Sustainability

이 책에 보내는 찬사

이 책은 급변하는 현대 비즈니스 환경에서 기업이 적응하고 성장하기 위해 필요한 기업가형 마케팅에 대해 다룬다. 저자인 비즈니스 구루 필립 코틀러를 비롯한 세계적인 마케팅 전문가들은 기업 경영과 마케팅 전략의 변화를 설명하면서, 전통적인 마케팅 방식에서 기업가적 사고와 혁신적인 접근법의 중요성을 강조한다. 미래를 대비하는 최고의 비즈니스 지침서로서 기업 경영자와 마케터, 창업가들에게 일독을 권한다.

박철 한국마케팅학회 회장, 고려대학교 융합경영학부 교수

필립 코틀러 선생은 비즈니스계에 '마케팅'이라는 개념을 만들고 도입해준 분이다. 2차 산업과 더불어 시작된 비즈니스의 마케팅은 산업과 마케팅 자체를 크게 성장시키는 데 기여를 했고, 3차 산업과 함께 비즈니스, 마케팅은 엄청난 진화를 이루었다. 진행 중인 4차 산업 시대의 비즈니스에 필립 코틀러 선생의 '마케팅의 미래'는 한 단계 더 진화된 과학으로서의 마케팅을 통해 비즈니스의 이상향을 만들어줄 것이다. 이 책을 읽는 누구에게나 기업가형 마케팅으로 비즈니스의 신세계를 만들어줄 것을 확신한다.

이해선 한국마케팅협회 회장, 코웨이 부회장

물리적 공간과 사이버 공간이 연결되고, 기술이 주도하면서 새로운 제품과 서비스의 개발은 물론이고 비즈니스 모델과 성장 전략의 혁신 등 기업들의 활동이 전방위적으로 변화하는 시대다. 더 이상 기존의 마케팅 전략, 기법들이 효과적이지 않고 재정의되어야 하는 이러한 환경의 변화 속에서 비욘드 프로페셔널 마케팅은 미래지향적 마케터들에게 바이블 같은 인사이트를 제공하리라 확신한다.

윤여선 KAIST 경영대학장

마케팅 과학의 지평이 계속 확장되고 있다. 기업가형 마케팅도 다양한 영역과 밀접하게 얽혀 발전하고 있으며, 비즈니스의 성과를 높이는 데 결정적 기능을 한다는 점이 확인되고 있다. 이 책이 이 복잡한 측면들을 단순화해 우리를 기업가형 마케팅이라는 새로운 영역으로 인도해줘서 기쁜 마음을 감출 수 없다.

마크 올리버 오프레스니크 뤼베크 응용과학대학교 경영학 석좌 교수 옴니채널의 개념을 정립했던 코틀러 박사와 동료 학자들이 또 일을 냈다. 마케팅의 영역 어디에서나 이들의 흔적을 발견할 수 있다. 2023년 조직을 재설계해야 하는 시점에 이 책은 모든 채널이 통합되고 연결되는 옴니채널 마케팅 방식에서 옴니하우스 모델로 이동시켜 조직 내부를 들여다보게 해준다. 코틀러 박사와 동료 학자들은 세상의 모든 변화 앞에서 어떻게 조직의 모든 부분을 상호연결하는지, 지금 어떻게 조직을 운영해야 하는지 알려준다. 지금의 기업이 생존하고 번영할 수 있는 새로운 구조가 정립됐다. 브라보!

데이비드 J. 레이브스타인 펜실베이니아대학교 와튼스쿨 마케팅 교수

근본적인 발상의 전환을 불러일으킨다. 저자들은 기존의 전문 역량을 대체하느니 이를 높이는 기업가의 마인드셋과 도구를 갖추라고 한다. 현대 기업들이 직면한 역동적인 마케팅 환경에서 기업가의 사고방식이 창의성과 민첩성, '할 수 있다'는 자세와 합쳐져 전문적인 역량을 상승시키는 원리를 체험하게 된다.

데이비드 아커 미국 캘리포니아 주립대학교 하스 경영대학원 명예 교수

마케팅 담당자들은 전술적 문제에 갇힐 때가 많다. 이 책이 제공하는 전체론적 관점을 바탕으로 기업가들을 비롯해 특히 마케터들이 매우 전략적으로 고객과 이해관계자들에게 탁월한 솔루션을 제공하는 한편 만족할만한 순이익을 유지하고 조직의 시장가치를 높일 수 있다.

헤르만 지몬 지몬-쿠허 앤 파트너스 설립자이자 명예 회장

신생 기업이 마케팅으로 성공할 수 있는 비결이 매우 잘 정리되어 있다. 경험 많은 기업가나 초보 기업가 모두에게 '필독서'로 가치가 있다.

스탠리 F. 스타쉬 로욜라대학교 시카고 명예 교수

대견한 우리 손주들, 조단, 재미, 엘리, 아비, 올리비아, 샘, 사파이어, 샤이나, 단테에게 이 책을 바칩니다.

– 필립 코틀러

G20 의장직(2022년)과 ASEAN 의장직(2023년)을 수행하며 세계 인류에 인도네시아의 지혜를 전파하는 조코 위도도Joko Widodo 인도네시아 대통령(2014~2024년)께 이 책을 바칩니다. 당신이 매우 자랑스럽습니다.

– 허마원 카타자야

우리 훌륭한 부모님, 아내, 딸들, 누이들에게 이 책을 바칩니다.

– 후이 덴 후안

항상 나를 믿어준 우리 가족에게, 그리고 선생님들, 코로나19 때문에 너무 일찍 세상을 떠나신 분들에게 이 책을 바칩니다.

– 재키 머스리

서문

이 책 《필립 코틀러 마케팅의 미래》는 지금 상황에 딱 맞게 차세대 마케터들에게 제공되는 선물과도 같다. 헨리 데이비드 소로Henry David Thoreau의 표현을 빌려 이 책은 '양심적인 단체 … 인류를 위한 양심을 가진 단체'에게 교과서가 될 것이다.

이 책은 21세기의 마케터들이 협력적이며 지속가능한 문명을 창출하도록 실용적이며 입증된 프레임워크를 제시한다. 그 지적 엄격함은 흠잡을 데가 없다.

이 책을 손이 쉽게 닿는 곳에 두기를 권한다. CEO와 CFO, CIO 등 기업의 리더들은 이 책을 필독서로 삼아야 한다. 이 책을 회계와 재무 분석 도구와 함께 활용해도 엄청난 도움이 될 것이다. 그에 더해 미래 마케팅의 발전을 들여다보는 것은 말할 것도 없고 어느 기업이라도 유연성을 유지하고 내재된 경영상의 불안요소에 기민하게 대처하는 법을 통찰력 있게 들여다볼 수 있게 될 것이다.

– 러스 클라인Russ Klein, 광고대행사 레오버넷의 전 임원, 인스파이어 브랜즈의 전 CMO, 버거킹의 전 글로벌 마케팅 책임자, 미국 마케팅협회의 전 CEO

CONTENTS

들어가며

포스트 노멀 시대, 마케팅 패러다임이 변화하다

지난 시간 동안 너무도 많은 것들이 변했다. 다양한 기술이 발전하여 우리의 소통 방식에 혁명 같은 변화가 일어났으며 코로나19가 유행하는 등 지구촌을 뒤흔든 사건들이 발생했다. 이런 변화가 상당한 불확실성에 둘러싸이게 만들지만, 한 가지 명백한 점이 있다. 바로 기업경영은 절대로 지금과 같을 수 없다는 것이다.

마케팅도 예외가 아니다. 과거에는 마케팅에 대한 전통적 또는 절차적 접근법으로 신뢰할만한 결과를 반복해서 얻었을지도 모른다. 이 마케팅 방식을 이 책에서 '전문가형 마케팅professional marketing'으로 표현한다. 이 마케팅은 주로 시장 세분화, 표적 시장 선정, 포지셔닝, 제품과 브랜드 관리 같은 개념과 관계가 있다. 천천히 한 번에 한 단계씩 밟아가는 방법론은 지금보다 연결성이 낮았던 시대와 매우 잘 맞아떨어졌을지도 모른다.

그러나 지금은 사정이 달라졌다. 빠른 속도로 변하는 지금의 세상은 어디서나 통하는 마케팅 전략을 요구한다(게다가 필요에 따라 신속히 적용할 수 있는 마케팅 전략을 요구한다). 앞으로 '기업가형 마케팅entrepreneurial marketing' 접근법이 상호 연결되고 유연한 성과 중심의 조직으로 향하는 문을 열 것이다.

기업가형 마케팅이 꼭 새로운 개념이라고 할 수는 없지만, 한층 더 확장된 형태의 마케팅 관리방법이 반드시 필요하다. 기업가형 마케팅의 정의는 본래 마케팅과 기업가정신의 구성요소들이 합쳐져 정립됐다. 그런데 최근 전 세계에 전개된 사건들로 인해 이 접근 방식에 광범위한 영역, 말하자면 전체론적 관점이 포함될 수밖에 없게 됐다. 이는 회사의 다른 모든 부서를 통합하는 방식이기도 하며, 과거 마케팅 부서(그리고 다른 부서들)에 만연했던 폐쇄된 사일로silo 문화에서 완전히 벗어난 유형이기도 하다. 기업가형 마케팅은 기업가와 전문가의 사고방식이 하나로 통합된 관리방법을 의미하기도 한다.

팬데믹으로 인해 세상이 붕괴한 과정에서 이 새로운 유형의 기업가형 마케팅이 관심의 대상으로 떠올랐다. 오늘날 우리를 연결하는 기술을 고려하면, 이 마케팅은 중요한 의미가 있다. 가까운 미래에 지속가능발전목표Sustainability Development Goals(이하 SDGs) 같은 의제를 실현할 날이 다가오고 있다. UN은 2015년 빈곤을 종식하고 환경을 보호하겠다는 목표로 이 의제를 채택했다. 지속가능발전목표의 세부 사항은 2030년까지 달성한다는 계획이다. 여러 가지 측면에서 이 새로운 유형의 기업가형 마케팅을 위한 토대가 마련된 것이다. 예를 들어 온라인 기술을 떠올려보자. 오늘날 고객들은 인터넷에서 손쉽게 원하는 것을 검색하고 관련 기업의 정보를 확인하여 물품을 구매한다. 중소기업과 대기업이 모두 이 쌍방향 소통에 참여한다. 이 거래 방식에 따라 고객 참여와 고객 유지, 고객의 충성도가 강화되는 경로가 형성된다.

기업가형 마케팅은 이 역량을 다음 단계로 끌어올린다. 그에 따라 고객과 연결될 뿐 아니라 고객과 직접 소통하는 방법이 도출된다. 이는 매우 실질적인 방법이다(마케팅 솔루션이 효과가 있는지 확인하고 싶으면, 보고서 작성에 매달리기보다는 고객에게 직접 물어보는 편이 낫다).

더군다나 디지털 기술이 발전한 덕에 기업 조직의 다양한 기능을 그어느 때보다 쉽게 통합하게 됐다. 이런 점에서 기업가형 마케팅은 금융 부문, 기술 부서들, 운영 팀들을 비롯한 다양한 영역과 교류하는 활동을 의미한다. 리더십을 지원하고 (그 자체로 리더십의 역할을 하고) 의제를 설정하는 활동도 빼놓을 수 없다. 기업가형 마케팅은 혁신을 옹호하며 변화에 신속히 대응하는 경영 활동으로 사실상 조직과 주주들을 위한 가치를 높여준다.

이 새로운 유형의 마케팅이 마치 기업가의 활동처럼 보인다면, 그느낌은 틀리지 않았다. 이 마케팅 관리방법이 위험을 감수하는 의지를 불러일으키고 결과를 지향하는 방법이기 때문이다.[1] 생산성을 추구하고 항상 개선할 기회를 찾는 것도 같은 맥락이다.[2] 이렇게 잠재성이 넘쳐나는 새로운 유형의 기업가형 마케팅을 기회로 활용할 때가 됐다.

옴니하우스 모델

기업가형 마케팅의 전체론적 관점

급변하는 비즈니스 환경에서, 특히 세상이 코로나19에 강타당한 이후 새로운 유형의 마케팅, 좀 더 전체론적인 마케팅 관리방법이 요구되고 있다(이 마케팅 관리방법은 현재, 그리고 특히 미래에 다양한 도전에 직면했을 때 기업 조직의 강력한 기반이 될만한 개념이다). 이제 새로운 유형의 기업가형 마케팅을 구성하는 다양한 요소들을 들여다보자.

　이 새로운 유형의 기업가형 마케팅 개념에 대한 이해도를 높이기 위해 '옴니하우스 모델omnihouse model(그림 1.1 참고)'이라고 하는 프레임워크를 사용한다. 이 모델은 기업가형 마케팅의 이상적인 실현 과정을 보여준다. 여기에 더해 해당 접근법에 따라 조직 전반이 통합되는 과정이 제시된다. 이 책 전반에 걸쳐 옴니하우스 모델이 길잡이가 될 것이다.

　옴니Omni(라틴어 omnis에서 유래함)는 '모든 것을 통합한다'는 의미다. 이 단어는 장소나 시설, 회사를 의미하는 단어 '하우스house'와 합쳐져 이 모델의 명칭을 형성한다. 따라서 '옴니하우스'는 다수의 요소를 통합하는 조직을 의미한다. 각각의 구성요소는 개별적인 역할을 하며, 또한 비즈니스의 다른 부분들과 협업한다.

[그림 1.1] 옴니하우스 모델

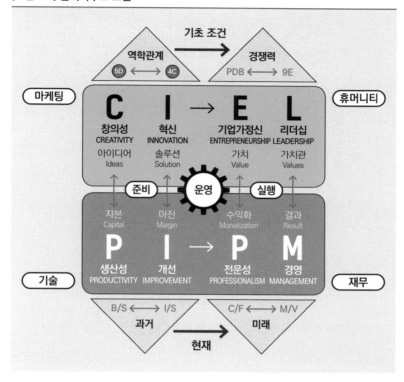

옴니하우스 모델은 전략을 시행하고 구체적 목표를 달성하기 위한 프레임워크다. 이와 관련한 내용은 여기서 간단히 짚어보고, 뒤에서 다른 구성요소들에 대해 상세히 살펴보겠다.

옴니하우스 모델은 두 클러스터가 핵심을 이룬다. 첫 번째 클러스터는 '기업가정신' 그룹으로 창의성, 혁신, 기업가정신, 리더십이라는 네 요소로 구성된다. 두 번째 클러스터는 '전문성'그룹으로 생산성, 개선,

전문성, 경영이라는 네 요소로 구성된다.

이 클러스터들이 여러 기능들로 둘러싸여 있으며 그 기능들과 상호 작용한다는 점에 주목해야 한다. 다섯 가지 동인인 기술, 정치/법(규제 포함), 경제, 사회/문화, 시장으로 구성된 '역학관계(그림 1.1 왼쪽 상단 참고)'가 이 클러스터들에 영향을 미친다. 전체적으로 변화로 불리는 이 동인들은 4C의 요소인 '경쟁사$_{competitor}$', '고객$_{customer}$', '자사$_{company}$'에 영향을 미친다.

이 역학관계의 요소들은 옴니하우스 모델의 오른쪽 최상단에 위치한 경쟁력의 삼각형이 보여주듯이 마케팅 전략과 전술을 수립하는 데 토대가 된다. 삼각형 안에 있는 PDB는 '포지셔닝', '차별화', '브랜드'를 의미한다. 이는 시장 세분화, 표적 시장 선정, 마케팅 믹스, 판매, 서비스, 프로세스 등 주요한 마케팅 요소들의 기반이 된다.

이 역학관계의 요소들은 또한 아이디어 발상의 기초로 창의성을 불러일으킨다. 이 아이디어는 고객을 위한 실질적 솔루션의 형태인 혁신으로 전환될 수 있다. 이와 같은 창의적 아이디어를 토대로 회사의 자본이 생산적으로 사용되어야 한다. 고객에게 제공되는 솔루션은 회사의 높아진 이익률에 반영되듯이 개선을 가져와야 한다. 따라서 그림 1.1에서 창의성/혁신과 생산성/개선의 요소들이 하나로 모여 대차대조표와 손익계산서에 영향을 미친다. 기업가정신과 리더십이 투철한 사람들이 참여하여 창의성과 개선의 요소들을 관리할 때 비로소 경쟁력을 창출할 수 있다. 가치 창출은 기업가의 책임이며, 리더는 가치를 유지한다. 한편으로, 우리는 확고한 전문성과 관리 능력으로 기업가정신과 리더십을 뒷받침해야 한다. 이 조건에서 결국 회사가 앞으로 나아갈 수 있다.

우리가 대차대조표와 손익계산서에서 확인하는 것은 과거의 결과다. 특히 기업가정신-전문성과 리더십-관리의 요소들이 강력한 통합을 이룰 때, 현재 활동이 회사의 현금흐름과 시장가치를 결정한다. 이와 같이 미래의 성과 달성에 대한 그림을 그릴 수 있다.

옴니하우스 모델이 제시하는 것처럼, 마케팅과 재무의 통합, 또 기술과 휴머니티의 통합이 필수적이다. '휴머니티'는 주요한 이해관계자들, 말하자면 직원, 고객, 사회와 관련이 있는 용어다. 총체적으로 이 기능들이 재무적 결과와 비재무적 결과를 가져오는 행동을 뒷받침한다.

이 모델의 중심부에서 운영이 이루어진다는 점에 주목해야 한다. 이 기능에 의해 마케팅 목표가 수립되고 실행되며, 동시에 재무적 목표가 달성될 수 있다. 또한 기술의 사용과 연결되는 운영이 궁극에 휴머니티에 영향을 미친다. 그뿐만 아니라 운영 능력이 다른 능력들과 상호작용하여 회사가 해당 업종에서 경쟁력을 유지하며 발전해나간다. 기업은 운영 능력을 바탕으로 비즈니스 환경에서 일어나는 어떠한 변화에도 신속하게 적응할 수 있다.

마케팅의 맹점을 극복하라

'마케팅 근시안marketing myopia'이라는 용어는 기업이 상품이나 서비스에 지나치게 집중하는 상태를 의미한다. 그런 상태에서는 고객의 실제 니즈와 욕구를 간과하고 만다. 1960년대 하버드대학 교수 테오도르 레빗Theodore Levitt이 창시한 이 개념은 이후 수십 년 동안 널리 확산됐다.

이 문제에 대응하는 차원에서 많은 기업이 고객 중심 접근법을 채택했다. 이 접근법은 제품과 서비스를 개발할 때 고객을 출발점으로 삼는 방식이다. 그래서 다수의 접점에서 고객의 경험이 우선시된다.[1]

문제는 고객 중심 접근법이 통했는가이다. 그런데 이 새로운 초점에 의해 우리가 '마케팅의 맹점'이라고 부르는 또 다른 쟁점이 떠오른다. 이 쟁점을 분명히 밝히고 어떻게 문제가 생길 수 있는지 들여다보자. 그다음 기업가형 마케팅으로 이 문제를 해결하는 과정을 살펴보겠다.

마케팅의 맹점을 정의하자면, 다양한 마케팅 관리 프로세스를 적절히 수행한 기업이 단절된 요소가 여전히 존재하는 사실을 인식하지 못하는 상태를 말한다. 이는 마케팅의 실행 과정에 영향을 미치는 여러 역학관계를 두루 살피지 않았기에 벌어지는 현상이다. 결국 이러한 맹점들은 기업 활동을 방해하며 기업이 경쟁력을 잃게 하는 원인이 된다.

이어서 흔한 마케팅의 맹점들에 대해 얘기해보겠다.

- 간과되는 거시환경

거시환경에서 일어나는 일은 미시환경에 영향을 미치기도 한다. 마케팅 과학에서는 전략의 측면과 전술의 측면이 있다. 마케팅 전략은 기업 전략과 맥을 같이 하여 형성되어야 한다. 한편으로 기업 전략은 무엇보다도 기존 거시경제 조건을 바탕으로 수립된다. 그런데도 실제 마케팅에서는 거시경제의 측면에는 관심을 덜 기울이곤 한다. 예를 들어, 거시환경의 현상을 회사의 전술적 정책과 관련짓는 일은 마케팅 실무자들에게 어려운 과제가 되기도 한다.

우리는 마케팅을 '마켓-팅market-ing'으로 정의하는데, 마케팅이 매우 역동적이며 끊임없이 변화하는 시장을 다루는 과정이기 때문이다. 기업이 경쟁하는 시장은 실제로 매우 빠른 속도로 변화하는데, 사내에서 마케팅이 그보다 느린 속도로 전개된다면 시장에서 우위를 잃고 만다. 우리가 마케팅이라고 부르는 것이 시장을 다루기에는 효과가 없는 모순된 상황이 펼쳐지는 것이다. 이 상태를 다음 그림 1.2가 잘 보여준다.

- 마케팅과 재무의 부조화

이와 같은 고전적인 맹점은 대개 부서 간 연계를 가로막는 원인이 된다. 마케터들은 브랜드 인지도를 높이고 명확한 인식을 형성하고 가치 제안을 전달하는 등 오로지 비재무적 성과에 집중할지도 모른다. 하지만 이 지표들은 재무 담당자들에게는 중요한 의미가 없을 것이다. 재무 담당자들은 마케터가 달성하고자 하는 실제 가치를 확인하려고 애

[그림 1.2] 마케팅 VS 시장

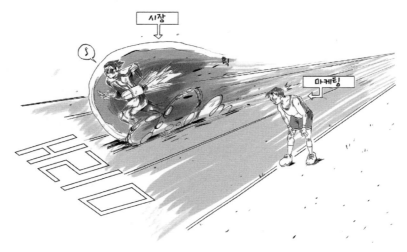

출처: ZEEVA ZENITHA '22

쓰기 때문이다.

재무 담당자들은 마케팅 예산이 할당될 때 얼마나 많은 수익이 발생하는지 물음을 던질 것이다. 이 물음은 마케터들이 답하기 어려울 것이다. 재무 담당자들 대부분이 늘 수익을 고민할 텐데, 마케터의 사고방식이 이 수익 개념에 맞춰지지 않으면 더욱이 이 물음에 답하기 어렵다.

• **마케팅과 영업의 불협화음**

마케팅과 영업이 충분히 연계하지 않을 때, 대개 《톰과 제리》 만화와 같은 상황이 벌어진다. 마케팅과 영업은 긴밀히 연계할 때도 있으나 여러 접점에서 서로 대립각을 세우기도 한다.

• 온라인과 오프라인 마케팅의 부실한 통합

오늘날 전통 오프라인 사업체들도 온라인 플랫폼을 보유하고 있다. 더군다나 온라인 기업들은 존재감을 강화하고자 물리적인 매장을 개점하여 오프라인의 관행을 도입하고 있다. 그런데 순전히 온라인으로 사업을 운영하는 온라인 기업들이 여전히 경쟁력을 잘 발휘하기도 한다. 사정이 이렇다면, 오로지 오프라인에서 사업을 운영하는 오프라인 기업들은 어떨까? 만약 오프라인 기업이 영원히 오프라인 상태를 유지한다면, 아마도 머지않아 '오프'될 것이다. 그래서 우리는 이를테면 쇼루밍showrooming(브루밍에 반대되는 개념으로 물리적 상점에서 제품을 살펴본 후 온라인에서 구매하는 소비자의 행동을 의미한다.—옮긴이)뿐만 아니라 웹루밍webrooming(소비자들이 먼저 온라인에서 상품에 대한 정보를 검색한 다음 물리적 매장에서 구매하는 소비 행태를 말한다.—옮긴이)에도 관심을 기울여야 한다.

• 무시되는 인적자본

인적자본과 관련한 맹점은 기업 고용 프로세스의 초기 단계에서 발생할 수 있다. 지시만 받으며 정해진 일만 하려고 하는 사람을 고용해서는 조직에 도움이 되지 않는다. 강한 기업은 열정을 한껏 발휘하고 자신의 일을 사랑하는 사람을 필요로 한다. 이런 입사지원자는 창의성과 혁신을 발휘하는 동시에 생산성을 높이고 상당한 개선을 이루는 사람이어야 한다.

'직원의 사고방식'을 가진 사람들의 시대가 막을 내리고 있다(오로지 평일에 9시부터 6시까지만 일하길 바라는 사람은 직무기술서를 엄격히 따르고 시간 외 근무를 하지 않으려 한다). 그래서 HR 부서는 이제 무난하고 평범한 사람들을 찾지 말고 그런 사람들을 재능과 열정을 가진 사람들로 대체해야 한다. 의무를 다하는 모습을 보이고 회사의 특성과 가치, 브랜드에 부합하는, 그와 유사한 성격을 가진 직원들이 필요하다는 말이다.

• **인간다움이 부족한 마케팅**

과거에 일부 무책임한 마케터들이 고객의 행복, 더 넓게는 사회의 이익은커녕 회사의 이익만을 따지며 '마케팅을 남용한다'는 이야기를 가끔 접했다. 그런 상황에서 기업은 마케팅을 이익을 창출하는 수단으로만 바라본다. 직원 복지와 고용 환경, 여러 고려 사항에 충분한 관심을 기울이지 않은 채 자사의 상품을 구매하라고 고객들을 '설득'하는 것이다.

그 때문에 지금의 기업들은 인간다움을 강화하는 노력의 일환으로 사회적 요소들을 비즈니스 모델에 통합하려고 애쓰고 있다. 그런데 대중의 눈에 들 정도로만 기업의 사회적 책임Corporate Social Responsibility(이하 CSR)을 실천하고 마케팅의 남용을 가리는 수단으로 CSR을 과시할 수도 있다. 그러나 가짜 CSR을 선택한 효과는 지속되지 않기에 마케팅 전략을 사회적 가치가 있는 쪽으로 향하게 해야 한다.

이 맹점들을 해결하는 방법이 기업가형 마케팅이다. 다양한 부서의 기능을 통합하여 거시경제의 전개과정을 잘 추적하고 회사의 전반적인 목표와 일치하는 전략을 구사할 수 있다. 그러면 부서들이 연결된 상태를 유지하는 것은 물론 그와 유사한 방법으로 소통한다. 게다가 인재 관리와 인적자본과 관련한 문제를 해결할 수 있는데, 협업하는 환경에서 일할 준비가 된 이해당사자들을 찾기 때문이다. 결국에 기업은 지역 공동체와 사회, 세계에 기여하는 사회적 역할을 할 수 있다.

앞으로 이어지는 내용에서 전문가형 마케팅의 시대에서 기업가형 마케팅의 시대로 전환된 과정을 면밀히 살펴보겠다. 이어서 변화하는 마케팅 환경, 그 변화가 어떻게 경쟁, 고객, 기업 자체에 영향을 미치는지 들여다볼 것이다. 그에 더해 지금의 환경에서 어떻게 기업가적 능력이 발휘되고 마케팅 전략이 실행되는지, 어떻게 기업이 미래에 대비해 이상적으로 조직되어야 하는지 자세히 설명하겠다.

각각의 장에서 옴니하우스 모델이 사례로 등장할 것이다. 그리고 그것은 기업가형 마케팅을 깨우치는 여정에서 나침반 역할을 할 것이다. 그럼으로써 당신은 당신의 조직이 가진 잠재력을 충분히 파악하게 될 것이다. 그보다 더 좋은 일은 페인 포인트pain point에 대응하고 변화하는 세상에서 주도적 역할을 하고자 충분히 준비하는 법을 배운다는 점이다.

PART

전문가형 마케팅에서
기업가형 마케팅으로

옴니하우스 모델의 핵심 요소

2010년 인스타그램은 사진 기반의 소셜 미디어 네트워크를 제공하는 데 초점을 맞춰 사진 공유 플랫폼을 출시했다. 그로부터 2개월 후에 인스타그램은 100만 다운로드라는 엄청난 기록을 뽐냈다.

　본질적으로 인스타그램은 길이가 짧은 콘텐츠(스토리)와 짧은 동영상(릴스) 같은 새로운 기능을 추가하는 등 최신 트렌드를 반영해 빠른 성장세를 보였다. 경쟁이 심화된 소셜 미디어 플랫폼 시장에서 인스타그램은 크리에이터, 동영상, 쇼핑, 메시지라는 네 요소에 집중함으로써 선두 자리를 차지했다. 이윽고 2022년에 인스타그램은 기업 가치가 1,000억 달러를 넘어섰으며, 100배 이상의 투자수익률을 달성하여 페이스북에서 최대 성과를 달성한 플랫폼이 됐다.

　인스타그램의 성공 스토리에서 어떤 교훈을 얻을 수 있을까? 역동적인 환경에서 원하는 결과를 얻겠다고 지나치게 절차적인 접근법에 의존하는 것부터 피해야 한다. 어쩌면 이 사실을 인식할 기회가 좋은 출발점이 될 것이다. 급격히 변화하는 비즈니스 환경에서 기업들이 성과를 높이려고 (더 자주 빠르게) 사업 방향을 전환할 태세다. 인스타그램은 일찍이 변화에 맞춰 사업 방향을 전환한 덕에 거대한 규모로 성장해 업계를 지배했다.

편의성을 중시하는 사고는 마케팅 영역에서 우세한 전문가적 접근법과 상충하는 경향이 있다. 과거에만 해도 마케팅 부서는 대개 계획을 수립하고 그 계획을 단계별로 구분하고 그다음 계획을 실행에 옮겼을 것이다. 이 접근법은 한때 적절한 방식으로 통했을 법 하다. 특히 인터넷과 다양한 기술이 유행하고 서로 연결되는 유동적 공간이 형성되기 전에는 더욱 그러했을 것이다.

지금의 세상에서 전문가형 마케팅 방법론은 몇 가지 주요한 측면에서 위험성이 있다. 첫 번째 가장 중요한 측면은 변화에 대한 요구에 발맞출 준비가 되어 있지 않다는 점이다. 아마도 빠르게 변화하는 환경에 대응할 능력이 발휘되지 않을 것이다. 흐름이 바뀌었는데도 같은 길을 계속 가는 마케팅 부서는 목표에 미치지 못할 것이다.

이 마케팅 영역의 모순(다시 말해, 전문가적 접근법 vs 인스타그램이 보여준 기업가적 사고방식)이 바로 이번 장에서 살펴볼 내용이다. 각각의 마케팅 방법론 이면에 있는 내용을 하나씩 파헤쳐보자. 그렇게 하면서 각각의 접근법에 가치가 있다는 점을 확인할 것이다. 그와 동시에 기업들은 상황에 따라 어떤 방식(또는 두 방식의 조합)이 적합한지, 다가올 미래에 성장과 확장을 촉진하는 데 두 방식을 활용하는 최선의 방법이 무엇인지 알아야 한다.

전문가형 마케팅 이해하기

우리가 사용하는 '전문professional'이라는 말은 절차와 관료주의의 경향을 드러낼 때가 많다. 책임을 엄격히 따지는 기존 기업 조직에서는 각 구성원이 특정한 부서 안에서 정해진 역할을 수행하는 것이 일반적이다. 사정이 이렇다면, 교차기능활동cross-functional activities이 승인되기까지 여러 경로를 거쳐야 한다.[1] 이와 같이 '절차를 따르는' 사고방식은 마케팅 부서를 포함한 여러 부서에서 자연스러운 일로 통한다. 이런 이유로 교차활동이 별로 일어나지 않고 여러 직무를 동시에 수행하려는 시도가 거의 (또는 전혀) 없다.

이러한 접근법에는 여러 장점과 단점이 있다. 전문가형 마케팅 관리 방법의 긍정적인 면부터 가려내보자. 그다음 몇 가지 주요한 단점을 살펴보겠다.

전문가형 마케팅의 장점과 단점

마케팅의 역사에서는 전문가의 사고방식을 추종해 성공을 거둔 기업들이 수없이 많다. 전문가의 사고방식은 다음과 같은 이점들을 갖게 해준다.

비즈니스 모델에 대한 이해. 전문 부서가 상품이나 브랜드의 가치 제안을 이해한다. 이어서 회사의 수익 흐름이 발생하는 곳을 찾아내고, 발생하는 다양한 비용을 능숙하게 계산하고, 현금유입cash inflow을 확실하게 한다. 예를 들어, 넷플릭스Netflix는 효과적인 비즈니스 모델을 개발해 2021년 2억 2,000만 명의 유료 가입자를 모았으며, 2022년 매출 77억 달러를 창출했다.[2]

자원을 관리하는 능력. 전문가형 마케팅 접근법으로 필요한 자원과 역량에 대해 판단한다. 고객과의 가치 교환이 이루어지게 하는 것이 목표다.

활동을 조정하는 능력. 전문 부서가 조직 내 다양한 직무 간의 상관관계와 상호의존성을 이해한다. 그래서 수행되는 활동이 잘 조정되고 설정된 방향과 일치하도록 체계가 수립된다.

협업을 관리하는 능력. 전문 부서가 명확한 규정에 따라 모든 유형의 협력을 공식화한다. 업무는 확립된 규약에 따라 진행되며, 다른 활동과 겹치거나 충돌되는 일이 없도록 한다.

의사소통 방법에 대한 이해. 전문 부서가 내부 마케팅과 외부 마케팅을 효과적이고 효율적으로 수행할 수 있다. 시장에 침투하기 위한 매우 중요한 시작점으로 강한 인지와 호감을 창출할 줄 안다.

질문에 대답하는 능력. 전문 부서가 상품의 기능과 이점, 구매와 배송 과정 등 상품에 관한 정보를 상세히 파악한다. 마케터들도 고객이 상품을 바람직하게 사용하도록 상품의 사용법을 설명할 줄 안다.

고객 지원을 제공하는 능력. 전문 부서가 고객 불만, 반복 구매, 교차 판매 또는 상향 판매 서비스, 상담, 고객 충성도와 옹호도 관리 등 지원 서비스를 제공한다.

이와 같은 다양한 역량에 더해 전문가형 마케터가 올바른 자세를 견지할 때 나타나는 이점들이 더 있다. 이와 관련한 모범 사례 중 일부를 살펴보자.

편견 회피. 정치관, 성별, 사회 문화적 배경 같은 개인의 편향에서 벗어나 사고하고 의사결정을 내린다. 모든 분석은 사실을 바탕으로 한다. 편견이나 개인 관심사를 드러내지 않는다.

다른 사람들에 대한 존중. 성공하는 전문가형 마케터들이 상사와 동료, 부하직원의 의견은 말할 것도 없고 함께 일하는 조직 구성원들의 의견을 소중히 여긴다. 그들은 고객을 정성껏 대우하고, 고객 개개인이 회사의 생계를 지원한다고 인식한다. 그들은 또한 정립된 기업 가치를 비롯한 회사의 규정을 준수한다.

책임감 발휘. 전문 부서가 주어진 과제의 범위 내에서 자신들의 사고와 말, 행동에 일관되게 책임을 진다. 그래서 개인의 차원뿐만 아니라 팀의 차원에서도 의사결정 사항과 그 파급효과에 대해 책임을 진다.

진정성 표출. 전문가형 마케터들이 정확하고도 적절하게 책임을 다한다. 내부적으로는 동료들 사이에서, 외부적으로는 고객과 사업협력자들 사이에서 정직한 태도를 유지한다.

직무에 대한 집중. 전문가형 마케터들이 정해진 일정에 따라 직무를 완수하여 규율을 지키는 모습을 보인다. 업무 시간에 생산성을 발휘하고, 공과 사를 구분한다.

이처럼 전문가의 사고방식이 상당한 이익을 가져다준다 해도 여러 흔한 문제점도 살펴보며 균형 있게 논해야 한다.

변화에 느린 태도. 시대가 변해도 리더와 리더십 유형이 제자리에 머무는 경향이 생길 수 있다. 역할에 맞지 않는 임원들이 자리를 유지하면, 그로 인해 회사의 전반적인 발전이 저해될 수 있다. 여기서 그치지 않고 회사의 문화와 직원들의 의식 수준이 낮아지기도 한다.[3]

거창한 계획 수립. 절차와 프로세스를 설계하느라 너무 많은 시간을 보내다 보니 실행이 더딘 상황이 자주 벌어진다. 그러면 우리를 둘러싼 세상이 빠르게 변화하는데, 그 변화의 속도를 따라잡기 힘들다.

조직의 침체. 절차를 지나치게 중시하는 기업들은 필요할 때 방향을 전환할 준비를 하지 못한 채 다가오는 기회와 위험을 알아채지 못할 것이다.

월급쟁이 태도. 전문가형 마케터들은 회사 업무가 정해진 시간에 진행되어야 한다고 여길지도 모른다. 그래서 직원들에게 근무시간 외 근무를 하라고 요구하는 것이 어려운 일이 될 수 있다.

우선순위를 조정하지 못하는 태도. 절차를 중시하고 관료제의 현상 유지 체제를 고수하면 흔히 마케팅 부서가 새로운 관점에서 사고와 행동을 하지 못하는 경우가 발생하게 된다. 그래서 기회를 포착해도 우선순위를 변경해서 다른 방향으로 나아가는 것에 대해 망설일 수 있다. 이런 망설임으로 인해 회사는 전략을 바꿔 시장의 수요를 충족하는 경쟁자들에게 뒤처질 위험에 빠지기도 한다.[4)]

반응적인 태도. 마케팅 부서가 시간이 지나면서 확인되는 변화에 반응하는 수준에 그치고, 새로운 시장과 세그먼트를 주도하지 못하고 늘 뒤따라가기만 할 것이다.

기업가의 접근법

이제 우리의 사고를 확장해 마케팅에 다른 사고방식, 말하자면 인스타그램의 접근법과 통하는 관점으로 접근해보자. '기업가형'이라는 말에는 대성공(그리고 실패의 가능성)에 더해 오래전부터 스타트업과 시장 파괴자라는 말과 연관됐기에 이 말의 정의를 살펴본 후 이번 순서를 시작하는 것이 도움이 될 것이다. 또한 이 말에 포함된 의미를 확인한 후 이 말을 마케팅에 적용할 것이다.

오래전부터 비전이 확고한 사람들이 기회의 규모에 상관하지 않고 어떤 기회나 지렛대로 활용했다. 기업가정신을 가진 사람들은 직면하는 위험을 제대로 인지하며 앞을 향해 나아간다. 동시에 용기와 희망을 가지고 자신들의 계획을 실험 대상으로 삼는다.

기업가의 접근 방식을 적용하는 사람들은 격차를 식별하고 과감히 의사결정을 내릴 뿐 아니라 행동에 대한 결과를 직시하고 다수의 이해 당사자들과 협력할 줄 안다. 이와 같은 설명을 바탕으로 기업가정신과 관련한 매우 두드러진 역량을 세 가지 이상 도출할 수 있다. 즉, 기회를 보는 태도와 능력(기회 추구자), 위험을 감수하는 사고방식(위험 감수자), 다른 상대와 협업하는 능력(네트워크 협력자)이 대표적이다. 각각의 역량을 좀 더 자세히 살펴보자.

• 기회 추구자

기회 추구자는 주어진 상황에 적응하고 긍정적 측면을 바라볼 줄 안다. 비관적인 관점에 쉽게 이끌리지 않기에 기회를 추구하는 방향으로 리더의 초점을 유지한다.[5]

• 위험 감수자

새로운 계획은 불확실성으로 둘러싸인다. 위험을 감수하는 사람은 앞에 놓인 상황과 실행 가능한 대안, 실패 가능성을 평가한다. 그다음, 예측된 위험을 토대로 의사결정을 내린다.

• 네트워크 협력자

네트워크 협력자는 운영을 혼자서 다 할 수 없다고 인식한다. 그런 이유로 광범위한 네트워크를 구축하고 생소한 분야의 전문가들과 협업한다.

마케팅의 기업가정신 모델

기업가정신의 의미를 바탕으로 이 개념을 마케팅에 적용하는 쪽으로 논의의 방향을 전환할 수 있다. 기회를 보는 안목과 식견에서 마케팅이 시작되고 이후 창의적이고 혁신적인 프로세스가 가동되어 고객에게 제공될 솔루션이 도출된다. 브랜드화된 솔루션은 적절한 고객 세그먼트에 눈에 띄게 배치되어야 한다. 이에 더해 여러 경쟁우위를 토대로 차별화 포인트와 해법이 믿을만한 이유가 제시됨으로써 솔루션이 구조화되어야 한다.

마케터는 솔루션을 다양한 유형의 가치로 전환할 줄 알아야 한다. 기업에게 있어서 가치는 높은 수익을 의미한다. 투자자들은 배당금이 증가하는 것은 물론 회사의 시장 가치가 높아지길 기대하기 마련이다. 고객들은 자신들의 문제를 해결해줄 상품에서 가치를 찾을 것이다.

위험을 감수하는 태도, 말하자면 우리 또는 남들이 절대로 가지 않는 길을 선택하는 자세는 마케터가 주류가 아닌 남다름을 지향한다는 점을 보여준다. 이 대목에서 한 가지 유념해야 할 사항이 있다. 차별화가 반드시 필요하다고 하더라도 그 선택이 시장에서 인식되도록 해야 한다는 것이다. 이 활동이 마케팅 캠페인에서 일관되게 실현되어야 하는 것은 물론 오프라인뿐만 아니라 온라인에서도 판매활동으로 뒷받침되어야 한다.

한편, 영업 부서는 타깃 시장 세그먼트의 특성을 파악하고 어떻게 경쟁자들에 대비해 제공물(브랜드 포함)을 배치할지 알아야 한다. 제품 차별화와 지원 서비스에 대해서도 파악해야 한다. 여기서 더 나아가 주의 깊게 브랜드의 특성을 유지하기 위해 노력해야 한다.

견고한 협업은 어려운 상황을 기회로 전환하는 방법이다. 좋은 예로, 대형 할인마트 타깃과 커피 전문점 스타벅스는 완벽한 쇼핑 경험을 전달하기 위해 서로 연결됐다.[6] 그때부터 타깃은 스타벅스 제품을 팔기 시작했으며, 스타벅스는 타깃 매장 안에 점포를 개설했다. 그 덕분에 고객들은 매장을 오고 가며 커피를 마실 수 있게 됐다. 결과적으로 타깃은 충성도 높은 스타벅스 고객들을 통해 브랜드 인지도를 강화했다. 스타벅스도 마찬가지다.

지금까지 논한 내용에서 마케팅의 기업가정신 모델이 세 가지 요소, 즉 포지셔닝, 차별화, 브랜드로 구성되어 있다는 점을 확인할 수 있다. 이 요소들은 서로 연결되어 있으며 의사결정의 바탕이 된다. 그림 2.1이 보여주는 모델은 이 요소들의 특징과 서로 연결된 구조를 확인하는 데 도움이 된다. 이를테면, 위험 감수자는 차별화, 더 넓게는 상품 관리와 관련된다. 한편으로 네트워크 협력자는 브랜드 관리의 일부인 브랜드 개발에 집중한다.

[그림 2.1] 마케팅의 기업가정신 모델

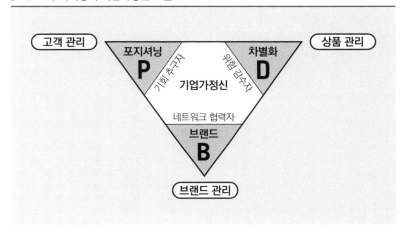

전문가형 마케팅과 기업가형 마케팅 비교하기

지금까지 이 두 가지 접근 방식의 주요한 특징들을 살펴봤다. 최선의 방식은 무엇일까? 답은 간단하지 않다. 기업가로서의 활동을 우선시해야 할 때가 있을 것이고, 전문성이 가장 필요한 순간도 있을 것이다. 어떤 상황에서 양 접근법이 두드러진 특징을 나타내는지, 어떻게 양 접근법이 조합되어 최적의 결과가 도출되는지 자세히 살펴보자.

신생창업 기업은 대부분 설립 초기에 투철한 기업가정신을 발휘한다. 그런데 그들은 어느 시점에 성장하기가 쉽지 않다는 사실을 깨닫는다. 이런 현상이 나타나는 이유는 신생창업 기업들이 전문적 능력을 구축하는 데 매우 더딘 경향을 보이기 때문이다. 일례로, PYP(Pretty Young Professionals: 여성 기업가들이 사업 운영에 필요한 자원을 찾도록 돕겠다는 공동의 비전 하에 맥킨지 동료 직원들이 설립한 신생창업 기업)의 창업과 관련한 발상은 여러 잠재적 투자자의 관심을 끌었다. 하지만 회사를 운영할 때 친분은 전문적 역할을 온전히 수행하는 데 도움이 되지 않았다. PYP는 사업을 운영한 지 11개월 만에 내부 분란으로 인해 문을 닫았다.[7]

기업들이 이 두 가지 능력을 갖추지 못해 단기간에 폐업하는 경우가 많다. 종종 중소기업SME들이 이런 상황을 맞이한다. 중소기업의 폐업률이 높은 것도 다 이런 이유 때문이다.

그림 2.2는 다양한 규모의 기업들이 어떻게 마케팅 능력의 수준에

[그림 2.2] **변화: 더 전문적으로, 더 기업가적으로**

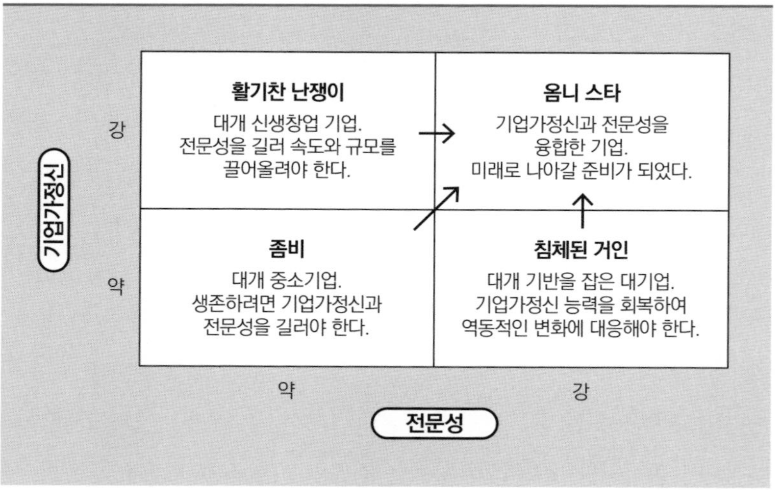
기업가정신
강
약
활기찬 난쟁이
대개 신생창업 기업.
전문성을 길러 속도와 규모를
끌어올려야 한다.
옴니 스타
기업가정신과 전문성을
융합한 기업.
미래로 나아갈 준비가 되었다.
좀비
대개 중소기업.
생존하려면 기업가정신과
전문성을 길러야 한다.
침체된 거인
대개 기반을 잡은 대기업.
기업가정신 능력을 회복하여
역동적인 변화에 대응해야 한다.
약
강
전문성

따라 구별되는지 잘 보여준다.

전문성이 요구되는 환경에 기업가적 요소들을 적용해서 엄청난 잠재력을 끌어낼 수 있다. 예를 들어, 구글은 직원들이 회사에 가장 도움이 될만한 일에 업무 시간의 20%를 쓰도록 권장했다. 이 전략 덕분에 직원들의 아이디어로 지메일, 구글 맵스, 애드센스 같은 히트 상품이 탄생했다.[8]

전문성이 요구되는 환경에서 기업가정신을 발휘하는 능력을 흔히 '사내 기업가정신' 또는 '인트라프레너십intrapreneurship(내부 기업가정신)'이라고 한다. 이 접근 방식에 따라 정확한 절차가 뒤따르는 동시에 유연성을 발휘할 여지가 생긴다. 다국적 회계 컨설팅 기업 프라이스워터하우스쿠퍼스PricewaterhouseCoopers(이하 PwC)는 직원들에게 어느 정도 자유를 허용해 재능 개발에 집중하게 했다. 이로써 업무에서 유연성이 발휘되도록 해야 회사가 소중한 인재를 끌어들이고 보유할 수 있다는 점을 발견했다.[9]

〈하버드 비즈니스 리뷰Harvard Business Review〉에 따르면, 오늘날 거의 모든 기업이 지속적 개선보다는 신뢰의 도약과 중대한 혁신을 이루었다고 한다.[10] 오로지 전문성을 중시하면, 재무적 성과로만 성공을 평가하는 경향 때문에 생산성 수치와 점진적 개선에 집착하게 된다. 이렇게 위험을 회피하는 태도로는 회사의 시장 가치를 장기간 높이기 어렵다. 획기적인 변화의 기회가 없어 회사의 미래가 불분명해지기 때문이다. 회사의 시장 가치는 투자자들이 회사에 자금을 투자하는 이유라는 점에서 중요한 의미가 있다.

그런데 기업가정신은 외부에서 다양한 기회를 포착하고 그 기회들을 활용하는 법을 배우는 일과 밀접하게 관련된다. 더불어 창의성과 혁신이 기업가정신과 함께 발휘될 때가 많다. 그런데 일상 업무를 통제하려면 충분한 수준의 관료체제가 반드시 필요하다. 그래서 리더는 관료주의를 적절히 적용해야 한다는 점에서 끊임없는 도전에 직면한다. 〈하버드 비즈니스 리뷰〉가 진행한 설문조사에 따르면, 응답자 7,000명이 2017년 이전 기간에 증가하는 관료주의가 심화하는 현상을 경험했다고 한다. 그럼에도 리더는 다단계의 승인절차를 간소화해 혁신의 문을 열어둬야 한다.[11]

이런 이유로 전문성과 기업가정신의 연속선상에서 극단적인 두 요소를 조합하려고 노력해야 한다. 말하자면, 정석대로 정해진 규칙에 맞게 신중을 기하는 전문 분야 담당자들은 기업가들처럼 예측된 위험을 감수할만한 용기를 가져야 한다. 근본적으로 전문 분야 담당자들은 사내에서 다양한 가치 창출 프로세스에 기업가정신을 적용해야 한다. 기업가정신이 확산한 기업 문화에서는 직원들이 기업가의 역량을 습득하고 향상시켜 결국에 브랜드 관리의 효율성을 높인다.[12]

따라서 기업은 창의성을 이끌어내기에 좋은 환경을 조성해야 한다. 더 나아가 기술적으로 실현 가능한 창의적 아이디어를 유심히 살피고, 최상의 아이디어를 선택하고, 그것을 혁신적인 솔루션으로 전환해 고객을 위한 가치, 궁극에는 회사를 위한 가치를 창출해야 한다. 이와 관련한 예로 미국 3대 싱크탱크 SRI 인터내셔널의 회장 커티스 칼슨Curtis Carlson은 '챔피언' 프로그램을 도입하여 팀이 수요, 방법, 비용 대비 혜택, 경쟁이라는 가치 제안을 바탕으로 혁신적인 사고에 집중하도록 권장했다. 이 방식은 HDTV와 시리SIRI 같은 기술이 개발된 사례처럼 훌륭한 결과로 이어졌다.[13]

지금처럼 매우 역동적인 비즈니스 환경에서 오로지 전문적 접근법에 의존해서는 생존하기 어렵다. 사내에서 전략적 유연성을 갖춰야 하며, 이를 가능하게 하는 방법 하나는 이사회와 경영진이 기업가의 접근법을 선택하도록 하는 것이다. 경영진은 조직이 일상의 운영을 원활히 하도록 다양한 일상적 프로세스를 유지하는 역할을 한다. 하지만 변화나 변혁이 일어난다면, 경영진은 신속히 변화를 수용, 적응하고, 새로운 요소들을 일상적 프로세스의 일부로 만들어야 한다. 이런 식으로 기업은 장기간 변함없이 생존할 수 있다.

반드시 전문성의 요소와 기업가정신의 요소를 모두 마케팅 캠페인에 녹여야 하지만, 그것만으로 생존하기에 충분하지 않다는 점에 주목해야 한다. 이 마케팅 접근 방식을 여러 부서에 적용할 줄 알아야 끊임없이 변화하는 세상에서 온전히 번영할 수 있다. 모든 영역이 연결될 때 가능성이 한층 더 확장된다. 3장에서 다음 단계로 넘어간다.

✓ 전문가형 마케팅은 절차와 단계별 접근 방식에 중점을 둔다.

✓ 전문가형 마케팅의 이점으로 비즈니스 모델에 대한 이해, 자원 관리 능력, 활동 조정 능력, 협업 관리 능력, 원활한 의사소통 능력, 질문에 대답하는 능력, 고객 지원을 제공하는 능력을 들 수 있다. 전문가형 마케팅의 모범 사례에는 편견 회피하기, 다른 사람들 존중하기, 책임감 발휘하기, 진정성 표출하기, 직무에 집중하기 등이 포함된다.

✓ 전문가형 마케팅이 불러오는 문제점이라고 하면 변화에 느린 태도, 거창한 계획 수립, 조직의 침체, 월급쟁이 태도, 자원을 효율적으로 배분하지 못하는 태도, 능동적이지 못하고 반응만 하는 태도가 생기는 것이다.

✓ 기업가형 마케팅에는 격차를 식별하고 과감히 의사결정을 내리고 결과를 직시하며 다수의 이해당사자들과 협업하는 방법도 포함된다.

✓ 기업들은 최적의 결과가 나오도록 전문가형 마케팅과 기업가형 마케팅 간의 균형을 잘 유지하는 것이 바람직하다.

PART

경쟁을 다르게 생각하라

지속가능성을 유지하는 협업

유럽에서 전기차 르노 조에Renault Zoe를 타고 주요 도로를 다녀보면, 프랑스와 네덜란드, 독일의 충전소에서 손쉽게 전기차 충전을 할 수 있을 것이다. 이 국가들은 전기차 충전소 설치 수 면에서 유럽 대륙을 선도하고 있다. 다른 국가들은 전기차 충전소 설치 수가 많지 않지만 증가하는 전기차 수요에 대응할 방법을 찾고 있다. 유럽 전체로 볼 때, 유럽연합EU은 30만 개 이상의 충전소를 갖췄으며, 앞으로 그 수를 대폭 늘릴 계획이다.[1]

전기차 충전 인프라가 잘 갖춰진 곳에서는 충전소까지 자동차를 몰고 가서 충전기를 연결하는 일이 어렵지 않을 것이다. 그런데 내막을 들여다보면, 배터리 충전장치가 해당 장소에 설치되기까지 엄청난 노력이 들어갔다는 사실을 알 수 있다. 이는 특히 유럽에서 두드러진 현상이었다. 유럽에서는 충전장치가 나오기 오래전부터 효율적인 배터리 충전소를 구축할 계획이 수립됐다.

흥미로운 점은(앞으로의 논의에서 중요한 의미가 있는데) 이 전기차 충전 장소 배후에서 움직인 힘이 하나의 사업자에게서 나온 게 아니란 것이다. 초고속 고전압 충전 인프라가 구축되기까지 엄청난 자원이 투입되기 때문이다. 단일 기업이 맡기에는 엄청난 규모의 사업이었다.

그래서 수년 전부터 전 세계 다양한 지역의 자동차 제조업체들이 힘을 모았다. 해당 업체들은 서로 협력하여 유럽에 전기차 충전 인프라를 설치하기로 했다. 그렇게 BMW 그룹, 다임러 AG, 포드, 그리고 아우디와 포르쉐를 거느린 폭스바겐 그룹이 함께 자원을 모았다.[2] 앞으로 인기를 누릴 전기차의 수요를 뒷받침할 수 있을 정도로 충전장치를 설치하겠다는 계획도 내놓았다. 대중의 눈높이에 맞는 전기차를 생산해 주류로 전환한다는 목표도 계획에 포함됐다. 결과적으로 사업에 참여한 모든 제조업체의 전기차 판매량이 증가할 터였다.

협업은 앞으로 나아가는 기업들(구체적으로 마케터들)의 주요한 특징을 잘 보여주는 사례다. 협업에 동참한 기업들에 주목해보자. '그들은 서로 경쟁하는 기업이 아닌가?'라는 물음이 떠오를 법하다. 답은 물론 틀림없이 '그렇다!'이다. 그렇다면 '그들은 각자의 목적에 부합하는 자원을 창출하고자 함께 일하고 있는가?' 이번에도 대답은 압도적으로 '그렇다!'이다.

오늘과 내일의 비즈니스 현장에 온 것을 환영한다. 시대가 변했고, 그리고 계속 진화하고 있다. 기업들은 생존을 유지하기 위해 어느 정도 경쟁자들을 경계하면서도 그들과 함께 일해야 한다.

물론, 이 전략에도 한계는 있다. 균형감 있게 협력하면서도 경쟁력을 유지하는 법을 제대로 이해하기 위해 최근 기업들의 협업 트렌드에

[그림 3.1] 옴니하우스 모델의 '역학관계' 부분

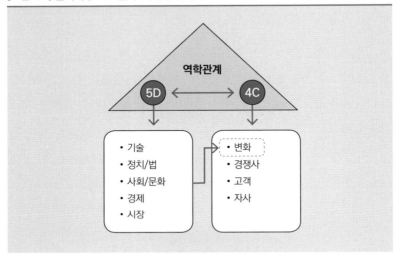

영향을 미치는 역학관계를 분석해보자.(그림 3.1 참고) 그러기 위해 옴
니하우스 모델로 돌아가 '역학관계' 부분을 짚어야 한다. 먼저 협업 트
렌드의 동인을 의미하는 5D(drives)를 살펴보자.

무엇이 우리의 마케팅 세상을 변화시키는가

이제 기업 간 경쟁 방식을 변화시키는 다섯 가지 동인을 다뤄보겠
다. 이 요소들은 기술, 정치적 법적 환경, 경제, 사회 문화적 쟁점, 시장
상황과 관련이 있다. 각각의 요소를 간략히 정리해보자.

- 기술

전기자동차의 개발은 최근 기술이 가져온 중대한 변화를 보여주는 사례다. 자동차 업계에서는 더 많은 일이 벌어지고 있다. 자율주행 자동차가 좋은 예다. 이와 같은 발전으로 인해 기업들 대부분이 새로운 방식으로 협력하고 있다. 기업들은 다수의 공급자와 네트워크에 기대어 이 복합적인 자동차의 부품을 조달한다. 또한 자동차 기술의 변화로 인해 환경친화적인 기회가 생겨났다. 이는 과거부터 좋지 않은 환경의 영향을 받았던 업종에서 매우 중요한 의미를 지닌다.

기술은 물론 자동차 업종 이외의 분야에도 영향을 미치고 있다. 예컨대, 빅데이터, 자연어 처리Natural Language Processing(이하 NLP), 혼합현실, 로봇 머신러닝은 모든 유형의 기업에 새로운 바람을 불러일으키고 있다. 사물인터넷Internet of Things(이하 IoT), 블록체인, 3D 프린팅, 비디오 뮤직 스트리밍으로 기업들의 운영방식이 달라지고 있다. 이 기술들은 소비자들이 생활하고 일하는 방식까지 변화시키고 있다.

- 정치적 법적 환경

세계 각지의 정치인들은 함께 모여 정책을 수립하고 명문화해왔다. 그 정책들은 사회 공동체와 기업들, 개인들이 따르는 지침으로 기능했다.[3] 기후변화, 삼림파괴, 해양보존, 생물 다양성 등의 생태계 관련 문제를 다룬 규제책도 있다. 정책에 따라 흔히 특정한 지역에서 교역의 방향, 기업들의 사업 운영방식이 달라진다.

- 경제

분명한 사실은 코로나19가 발발하고 셧다운 사태가 이어져 글로벌 경제의 성장이 둔화했다는 점이다. 앞으로 몇 년을 내다볼 때, 회복률은 불분명한 상태로 남아 있다. 일부 국가들은 다른 국가들보다 빠른 속도로 손실을 회복할지도 모른다. 세계은행 총재 데이비드 맬패스 David Malpass는 전 세계 국가들의 불균등한 회복률 때문에 기후변화 대응 같은 공동 행동계획이 늦춰질 수 있다고 말했다.[4]

- 사회 문화적 쟁점

노동인구와 인구구조가 변화함에 따라 기업이 사업을 운영하고 직원을 고용하는 방식도 변하고 있다. 많은 국가가 인구 고령화를 겪고 있다. UN에 따르면, 전 세계 60세 이상 인구가 2017년 9억 6,200만 명으로 전 세계 노인 인구가 3억 8,200만 명이었던 1980년에 비해 두 배 이상 증가했다고 한다. 노인의 수는 2050년 거의 21억 명으로 두 배로 늘어날 것으로 예상된다.

전 세계에 만연한 불평등과 차별에 관한 쟁점도 빼놓을 수 없다. 많은 국가에서 가난한 사람들이 더 가난해지고 부자들이 더 부자가 되고 있다. 보건의료와 교육에 대한 접근성은 개인들이 거주하는 지역과 그들의 사회적 지위에 따라 달라진다.[5]

• **시장 상황**

많은 사람이 기대하는 것처럼 개방된 시장과 교역은 다양한 국가에서 경제가 부응하는 요인이 된다. 이러한 현상에서 얻는 이익이라고 한다면, 노동자와 소비자, 세계 각지의 기업에 새로운 기회가 펼쳐진다는 것이다. 경제 실적이 나아지면, 기업보다 더 큰 공동체에서 빈곤이 완화되고 안정과 안전이 촉진될 것으로 예상된다.[6] 진입장벽이 낮은 시장의 특성은 시장이 더욱 공정한 경쟁의 장이 되는 요인이 된다. 시장은 이제 지리적으로 제한되지도 않는다. 그래도 지역적 맥락은 갈수록 더 중요한 고려사항이 되고 있다.

변화가 다가오다

옴니하우스 모델에서 확인할 수 있듯이, 네 가지 힘이 변화를 불러일으키고 있다. 그림 3.2를 보면, 이른바 '4C 다이아몬드 모델'에서 4C가 묘사되어 있다. 결국 변화에 따라 기업이 사업을 운영하고 시장에서 경쟁하고 고객들과 상호작용하는 방식이 달라진다.

이런 점에서 후지필름은 모범적인 성공 사례다. 디지털 시대에 변화를 도모하지 못하고 경쟁자들보다 뒤떨어졌다면, 후지필름은 업계에서 살아남지 못했을 것이다. 그와는 달리 후지필름의 구성원들은 변화에 민첩하게 대응하고 방향을 전환할 방법을 찾아냈다. 그 결과 후지필름

[그림 3.2] 4C 다이아몬드 모델

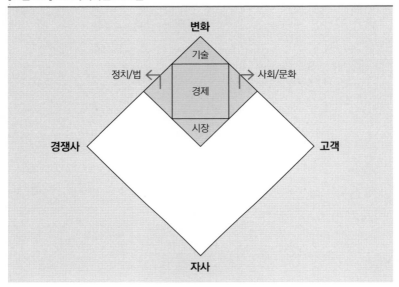

은 보건 의료와 화장품 분야에 기술을 적용하는 쪽으로 사업의 방향을 전환했다.[7]

총력을 다해 변화에 적응하는 한편 한층 더 공격적인 행보를 보이는 기업들도 있다. 1984년 설립된 중국공상은행Industrial and Commerical Bank of China(이하 ICBC)을 예로 들어보자. ICBC는 성장과 규모를 강화하는 데 전력했다. 2007년 ICBC는 당시 은행업계 선두 자리를 지켰던 시티뱅크를 전체 자산 면에서 능가했다. 그 후 몇 년 동안 ICBC는 세계 최대 은행의 자리를 지켰다.[8]

후지필름과 ICBC의 성공은 대부분 성장 마인드셋에서 비롯됐다고 할 수 있다. 성장 마인드셋은 독특한 제품과 서비스를 제공하는 일에 집중하는 차원을 넘어선다. 미국의 경영사상가 리처드 다베니Richard D'Aveni는 전통적인 경쟁우위 접근법이 더 이상 공격적인 시장 경쟁에 적합하지 않다고 말했다.[9]

성장 동인들로 둘러싸인 경쟁 환경

이처럼 최근 변화하는 환경에서 협업하는 문제를 확실히 이해하는 차원에서 4C 다이아몬드 모델의 '경쟁사' 항목을 자세히 살펴본다. 왜 직접 경쟁자뿐만 아니라 간접 경쟁자와 협업해야 하는지 고민해보자. 먼저 협업이 이루어지는 과정을 한눈에 살펴보고, 이어서 기업들이 오늘과 내일 일어날 경쟁에 대해 파악해야 할 부분, 앞으로의 협업과 경쟁에서 균형을 유지하는 법을 논하겠다.

자동차 업종의 사례에서 확인한 것처럼 완전히 예상외의 업체들이 일정한 정도의 협업을 하고 있다. 이 이외에 삼성과 애플 같은 기업도 비슷한 사례에 속한다. 이 두 거대기업은 상호 이익이 되는 협업방법을 찾아냈다. 삼성은 아이폰×용 엣지투엣지 디자인의 슈퍼 레티나 OLED 스크린을 애플에 공급하기로 했다. 그와 관련해 애플은 공급업체들의 정보를 공유한다. 이로써 삼성은 학습하고 제품의 품질을 높일 기회를 얻었다.[10]

오늘날 기업들이 협업하는 주요한 이유를 세 가지로 요약해보자.

- 기업이 중요한 동인들에 대해 개별적으로 대응하지 못할 수 있다. 그래서 함께 모여서 정보를 공유하고 더욱 견고하게 성장하고 문제를 신속히 해결한다.
- 기업이 단독으로 난제를 극복할 재정적 배경을 갖추지 못할 수도 있다. 이에 기업들은 중대한 문제에 직면해서 공동으로 자원을 모아 관련 비용을 분담한다.
- 제로섬 게임과는 반대로 기업들이 함께 모여 모두에게 득이 되는 상황을 만들 수 있다. 기업들이 해당 업계에서 표준 또는 플랫폼을 구축한다면, 모두 다 시장에서 입지를 강화할 것이다.

협업은 강점이 있지만, 기업들이 각자의 목표를 달성하려고 애쓴다는 점을 잊지 말아야 한다. 기업가형 마케팅을 고려하고 있으니 지금의 시장에서 경쟁할 때는 몇 가지 요소를 염두에 두어야 한다. 지금부터 역량, 능력, 무형자원, 전략, 실행, 경쟁 영역에 대해 간략히 설명하겠다.

다른 무엇보다 차별적 역량을 구축해야 한다. 이제는 경쟁우위를 갖춘다고 해서 모든 문제가 해결되지는 않는다. 기업들은 차별적 역량을 형성해야만 한다.[11] 조직문화나 운영체제도 차별적 역량에 포함된다. 적절한 능력을 개발해야 한다. 관리 기술 같은 기본적인 능력부터 혁신, 강인한 리더십, 고객 관리 같은 복합적인 능력까지 모두 다 갖춰야 한다. 능력을 끊임없이 연마하고 계속 개발해야 결국에 역량이 형성된다.[12]

무형자원이 갈수록 더 중요해지고 있다. 유형자원은 대체로 무형자원에 비해 모방하기 쉬우며 개방된 시장에서 얻을 수 있다. 무형자원은 일반적으로 장기간의 형성 과정을 거친다는 점에서 획득하기 쉽지 않다. 그래서 무형자원에 대한 투자(인적자본과 인재 포함)가 경쟁력을 확립하기 위한 필수 요소가 됐다.

강력한 전략이 정책과 맥을 같이 해야 한다. 기업은 거시환경 상황, 경쟁 환경, 경쟁업체와 고객 등 관련 요소들을 바탕으로 전략을 개발해야 한다. 정책 개발은 그다음 단계다. 기업들은 동일한 범주 안에 들어갈 정책을 원한다. 그 때문에 기업들은 서로를 보완하고 전략을 지원해야 한다.

실행은 생산성에 집중되어야 한다. 모든 사업의 운영이 효율적으로 이행되고 자산이 효과적으로 사용되어야 한다. 생산성에 관한 한 타협은 있을 수 없다. 경영진은 몇 가지 재무비율을 활용해 생산성 수준을 측정할 수 있다. 성과를 반영하는 비재무적 지표들도 있다. 고객 충성도, 제품 품질 개선도, 직원 생산성 등이 비재무적 지표에 포함된다.[13]

경쟁 영역을 명확히 규정한다. 기업들은 경쟁 영역에 참여한 상황에서 필수 경쟁우위를 갖추고 서로 양립할 수 있어야 한다. 경쟁 영역은 또한 비즈니스 환경의 변화에 따라 조정되기도 하며, 사업이 성장하면서 재정립되기도 한다.

경쟁의 미래

거시환경이 갈수록 역동적으로 변화함에 따라 미래가 점점 더 불확실해지면서 경쟁은 더욱 치열해질 것이다. 앞으로 경쟁은 여러 쟁점에 의해 정의될 것이다. 기업들은 이러한 흐름에 관심을 기울여야 한다.

• 디지털화 강화

경쟁은 주로 디지털 기술과 데이터를 토대로 벌어질 것이다. 이 기술은 비즈니스 환경과 관련한 신속하고 정확하고 의미 있는 정보, 특히 경쟁자와 고객에 관한 정보를 얻는 확고한 능력으로 기능할 것이다. 데이터에서 실질적인 예측과 처방을 위한 통찰을 얻어 정확한 전략 전술적 조정을 시행할 수 있다.

• 거세지는 경쟁자들

공유경제가 비즈니스의 주류가 되고 있다. 널리 열려 있는 시장에서 자원 낭비를 최소화하는 야심찬 기업들이 뛰어들 것이다. 이 신생창업 기업들은 기존의 전통 기업들과는 성격이 매우 다르다. 이 새로운 유형의 기업들은 확고한 디지털 능력을 갖춘 채 좋은 품질과 낮은 비용, 빠른 배송, 향상된 지원 서비스와 함께 다양한 제품을 제공한다. 기업들은 디지털 역량을 바탕으로 시장의 경계를 넘어 새로운 세그먼트와 업종으로 진출할 수 있다.[14]

• **평평한 운동장**

소셜 미디어는 누구나 주목받을 기회를 동등하게 제공한다. 소셜 미디어에서는 가공되지 않고 편집이 덜 된 시각자료가 현실감을 느끼게 하며, 이런 시각자료가 갖춰진 유료 프로모션을 새로운 방식으로 소비할 수 있다. 이 트렌드에 힘입어 얼굴과 신체, 정체성이 전통 모델링에는 맞지 않는 인플루언서들이 새로운 모델로 등장했다.

기회가 공평해질수록 기업이 중요한 경쟁우위를 차지하기가 갈수록 어려워질 것이다. 이 현상은 떠오르는 정책과도 무관하지 않다. 그 이면에는 대부분 페어게임 페어플레이 방식에 정책의 초점이 맞춰져 있다.

• **차별화의 어려움**

기업들이 강력한 차별화를 유지하기가 갈수록 더 어려워지고 있다. 기업의 의사 결정권자들은 고객 중심 접근법(개인화와 맞춤화에 중점을 두는 방법)에 기초하여 가치 제안을 구축해야 한다. 만약 창의력과 혁신 능력이 부족하면, 기업의 상품과 서비스는 머지않아 범용화되고

가격 전쟁price war(산업 전체가 연쇄적으로 가격을 낮춰 경쟁에 들어가는 현상-옮긴이)
이 초래될 것이다.

- **빨라지는 트렌드 변화**

오늘날 빠르게 변화하는 트렌드로 인해 다양한 상품의 수명주기는
말할 것도 없고 심지어 기업 가치 제안의 수명주기까지 줄어들 전망이
다. 타임 투 마켓Time to Market(이하 TTM: 제품 개발부터 출시까지의 시간-옮긴이)과
진입 전략은 회사의 경쟁우위를 결정하는 핵심 요인이다. 퍼스트 무버
first mover(시장 선도자, 선발 주자-옮긴이)는 시장에서 인정받는 새로운 표준을
설정해야 이익을 얻을 수 있으며, 시장을 선도하면 곧 시장의 주류가
될 것이다. 유연성은 치열한 경쟁 환경에서 생존하기 위한 핵심 비결이
될 것이다.

- **상호의존성 강화**

가치사슬value chain의 거의 모든 요소들이 갈수록 더 통합되고, 상호
의존성이 더욱 강화될 것이다. 어느 정도는 더 광범위한 생태계의 요인
들(이를테면, 결제 플랫폼, 이커머스, 마켓플레이스, 옴니채널 등)까지
도 서로 밀접하게 연관될 것이다. 그래서 가치 창출 프로세스의 효과성
과 효율성을 보장하는 데 구성요소들의 일체화가 매우 중요하다.

항공 업계를 예로 들면, 항공사는 공항 관리 업체에게 의존하며 반
대의 경우도 마찬가지다. 게다가 그 외 지상 조업, 음식 공급, 연료 보

급 같은 상호의존적인 요소들이 있으며, 이 모든 요소가 강력한 일체화를 이루어야 한다. 그런데 여러 아시아 국가에서는 기술적 측면의 규제, 기술자들의 가용성으로 인해 저가 항공 시장의 성장이 저해됐다.[16]

경쟁과 협업의 균형을 맞춰라

경쟁과 협업은 여러 장점과 단점이 있다.(표 3.1 참고) 그와 상관없이 기업들이 풀어야 할 숙제는 장점을 최대한으로 활용하는 것이다. 그와 동시에 기업들은 악영향을 완화하거나 단점의 원인을 없앨 방안을 찾아야 한다.

[표 3.1] 경쟁과 협업의 장점과 단점

	장점	단점
경쟁	• 기업이 비즈니스 역량을 강화할 수밖에 없다[17] • 더 나은 가치나 서비스[18] • 고객의 선택권 확대[19] • 신규 고객에게 접근[20] • 경쟁업체의 실수로부터 학습[21]	• 시장점유율 감소[22] • 고객 기반 축소[23] • 높은 경쟁 비용[24]
협업	• 자원 형성을 위해 실현됨[25] • 비용 절감과 복제 방지[26] • 자원 공유로 경쟁우위 창출[27] • 규모와 범위의 경제 달성이 가속화됨[28] • 상호 기업비용을 절감할 기회 제공[29]	• 충돌 가능성 증가[30] • 무임승차 활동과 제한된 합리성[31] • 진지하고 일관된 노력이 요구됨[32] • 자율성의 상실[33] • 향후 판매와 관련한 복잡한 문제[34]

기업이 마주하는 비즈니스 환경에서는 모든 것이 빠르게 변한다. 기업들이 협업하면 그에 대처하는 유연성을 늘릴 기회가 생긴다. 이러한 유연성이 불확실성으로 가득한 상황에 대처하는 데 필수적인 역량이다. 지금처럼 불확실성으로 가득한 상황에서는 비즈니스 모델을 수정하거나 새로운 비즈니스 모델을 도입해야 한다. 대표적인 사례를 소개하자면, 2020년 이커머스 브랜드 징둥닷컴JD.com은 코로나19 시기에 중국에서 유일하게 일관된 제품 배송 서비스를 제공했으며 알리바바를 능가하는 실적을 달성했다. 중국 최대 온라인 상거래 플랫폼으로 꼽히는 징둥닷컴은 제품 가용성을 보장하고자 입점업체들과 협력하여 공급물량을 예측하여 공급했다. 이처럼 유연성을 갖춘 징둥닷컴은 어느 업체보다도 먼저 주류 브랜드와 음악 그룹과 함께 가상 공간에서 야간 파티 경험을 제공했다.[35]

요컨대, 동일한 자원(그리고 핵심 역량)을 가진 기업들보다 더 빨리 더 높은 수준의 판매량을 기록하고 더 나은 수준으로 규모의 경제를 더 쉽게 달성할 수 있다. 여기서 더 나아가 다양한 제품을 개발하고 교차판매와 업셀링을 수행한다면, 다른 기업들보다 더 나은 수준으로 범위의 경제를 실현할 수 있다.

좋은 예로 적층제조additive manufacturing(3D 프린팅 기술을 이용해 원자재, 부품, 제품을 생산하는 공정–옮긴이)는 기업이 규모와 범위의 경제를 성장시키는 하나의 방법이다. 일반적으로 3D 프린팅으로 알려진 적층제조는 데이터 입력으로 객체를 만드는 프로세스로 처음에는 이용 가능한 공급망에서 구매하기에는 값비싼 소규모 제조 부품을 생산하는 용도로 쓰였다. 기업은 이 기술로 저단위 생산을 관리할 수 있는데, 부품을 정확히 필요한 수량만큼 찍어낼 수 있기 때문이다. 이런 이유로 적층제조는 프로토타이핑prototyping의 비용을 통제할 수 있어 기업이 규모의 경제를 달성하는 데 도움이 된다.[36]

디지털 역량을 갖춘 성공 기업이 드러내는 전형적인 특징이 협업이다. 디지털 전환으로 관료주의와 구획에 따른 각 부서 간 경계가 모호해지는 것도 같은 맥락이다.[37] 협업은 또한 아이디어 단계부터 상업화까지의 프로세스를 단축하는 방법이므로 빠르게 변화하는 고객 수요에 맞춰 시장에 제품을 신속히 공급하는 문제를 해결하는 데 도움이 된다. 한국의 비건 패션 브랜드 마르헨제이Marhen J는 상업활동에 협업을 적용한 좋은 본보기를 보여준다. 태국에 진출할 당시 마르헨제이는 삼성전자 매장에서 쇼케이스를 마련해 사람들의 일상생활에 패션과 기술의 경험을 전달하는 과정을 보여주었다. 한국의 브랜드들이 서로를 지원했고 고객들의 일상생활 속에 자리 잡았기에 가능했던 캠페인이었다.[38]

아프리카 속담에 "빨리 가려면 혼자 가고, 멀리 가려면 함께 가라"는 말이 있다. '혼자 간다'는 말은 경쟁의 방식을 선택한다는 의미이고 '함께 간다'는 말은 협업의 방식을 선택한다는 의미라는 것을 알 수 있다. 혼자 가면 우리의 경영 생태계 안에서 일을 빨리 결정할 수 있지만, 장기간 지속가능하려면 협업해야 한다. 이 대목에서 기업이 풀어야 할 숙제는 어떻게 이분법적 구조를 결합하는가이다. 빠르지 않을 때 지속가능한 방식이 아니라 빠르고 지속가능한 방식이 필요하다는 말이다. 이 사례는 경쟁하면서도 협력하는 방식이 지금의 세상에서 적합한 접근법으로 인정받는 이유를 보여준다.

경쟁하는 기업들이 공통의 목표를 달성하고자 서로 협력하는 것 (또는 경쟁적 협력)은 글로벌 경쟁력과 혁신성을 위한 전제조건이 됐다.[39] 이상적인 경쟁적 협력이라고 하면, 각 사업자의 강점을 습득해 경쟁력을 키우려고 애쓰는 것이다. 이 접근 방식을 따르면, 특히 위기의 시기에 도전적인 비즈니스 환경에 대응하는 이해당사자들끼리 서로에게 필요한 강점들을 통합하여 시너지 효과를 낼 수 있다.[40]

더 힘든 도전, 더 끈끈한 협업

앞서 언급했듯이, 기업들이 단독으로 대처하기가 점점 더 어려워지는 도전적인 환경에서 자원과 역량, 능력(또는 우위의 원천)이 실제로 미미할 때 협업이 권장된다. 두 가지 측면(말하자면, 다양한 도전과 우위의 원천)을 들여다보면, 세 가지 조건을 확인할 수 있다.

• 첫 번째 조건: 도전 < 우위의 원천

기업들은 과대투자를 통해 강력한 우위의 원천을 가지는데, 이 우위를 지렛대로 활용하지 못한다면 생산성 문제에 직면할 수 있다. 그래서 기업의 자원과 능력, 역량을 모두 활용할 새로운 비즈니스의 기회와 도전을 찾기 위해 기업가의 활동이 필요하다. 기업들은 틀에서 벗어난 기업가의 사고방식을 활용해 네트워크를 구축하고 기꺼이 기존 기회를 이용할 협력자를 찾아야 한다. 근본적으로 기업들은 다양한 외부 조건에 집중해 다수의 기회를 찾는 방법으로 과도한 우위를 이용해야 한다.

• 두 번째 조건: 도전 = 우위의 원천

이러한 조건에서 기업들은 기업가의 접근 방식으로 다양한 기회와 위험을 고려해 우위의 원천을 적절히 분배해야 한다. 기업은 회사의 지속가능성이 아직 위태롭지 않기 때문에 이 이점들과 관련한 내부 문제에 더 집중한다. 기업은 모든 자원을 활용해 기존의 도전에 대처해야 한다.

스웨덴 기업 이케아는 사업에 신중을 기한다. 이를테면, 이케아는 지리적 범위를 확대할 때 몇 가지 기본 요건에 주의를 기울인다. 첫째, 다양한 지리적 위치에 걸쳐 문화 기반의 선호를 이해한 다음 그 선호를 충족하려고 한다. 둘째, 자사의 다양한 제품이 각 지역 시장에서 적정한 가격으로 판매되도록 경쟁 전략으로써 가격 요소에 매우 신경을 쓴다. 셋째, 회사를 가능한 한 효율적으로 운영하고 지역의 자원을 활용하려고 늘 애쓴다.[41] 이런 활동으로 이케아는 각각의 지리적 위치에서 우위를 도전적 문제에 맞춰 조정한다. 이케아는 분에 넘치는 일은 절대로 하지 않는다.

- **세 번째 조건: 도전 > 우위의 원천**

도전적 문제가 빠르게 발생하지만 우위가 제한되고 회사가 우위를
강화할 충분한 시간을 가지지 못할 때 이런 상황이 발생한다. 이 세 번
째 조건은 조직의 지속가능성에 위협이 될 수 있다. 이런 이유로 비즈
니스 생태계에서 기업가적 노력과 창의성을 발휘해(경쟁업체들을 비
롯한) 다양한 당사자들과의 네트워크를 구축해야 한다. 이런 조건에서
우위의 원천이 부족한 현상을 극복하고 매우 어려운 도전에 대처하고

[그림 3.3] **도전 VS 우위의 원천**

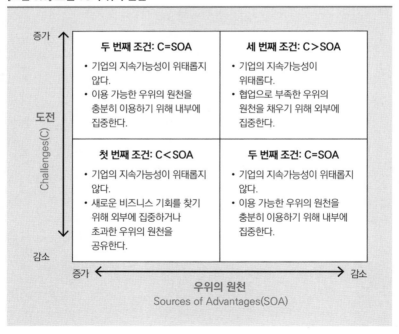

자 이해당사자들이 협업해야 하는 것이다.

첫 번째 조건과 반대되는 이 세 번째 조건에서는 공존하는 협력자를 찾아 네트워크를 구축하여 서로의 부족함을 채워야 한다. 이에 기업들은 외부의 측면에 관심을 집중하고 적절한 우위의 원천을 탐색해야 한다.(그림 3.3 참고)

이 세 가지 조건에서 다른 무엇보다도 회사의 지속가능성이 위태로울 때, 분명한 사실은 협업이 조직의 생존을 결정한다는 점이다. 상호의존성이 심화된 초연결 시대인 지금 공유경제가 유행하고 있다. 협업은 이 공유경제 원칙과 의미를 같이 한다. 기업들은 플랫폼 생태계의 일부가 되거나 플랫폼 공급자가 되어 협업할 수 있으며, 그런 다음 다른 기업들이 참여하도록 요청할 수 있다.

또한 기업은 매우 정적이고 선형적인 전통적 가치사슬의 요소들과 협업할 수 있다. 이는 회사와 판매업체, 채널 사이에 일어날 수 있는 협업이다. 이런 형태의 협업에 참여한 기업들은 상품 관리 역량을 더 높은 수준으로 끌어올리고, 기존보다 대규모의 고객에게 도달하여 고객 관리를 향상시키게 된다. 기업들은 원활한 협력관계, 통합 시스템, 가치사슬의 여러 요소들에 대한 공개된 정보의 흐름에 힘입어 보다 효율적이고 효과적으로 상품과 시장의 적합성을 달성할 수 있다.

✓ 협력과 경쟁력 유지, 양자 사이의 균형을 이해하려면, 마케팅 담당자는 다섯 가지 동인(5Ds), 즉 기술, 정치적 법적 환경, 경제, 사회 문화적 요소, 시장 상황으로 관심을 돌려야 한다.

✓ 다섯 가지 동인에 둘러싸인 기업들은 협업하면서 자원을 모으고 시장에서 입지를 강화한다.

✓ 경쟁에 참여하는 기업들은 고유의 역량을 구축하고, 능력을 개발하고, 무형의 자원에 투자해야 한다. 또한 전략을 정책에 맞춰 조정하고, 생산성에 집중하며, 경쟁 영역을 분명히 해야 한다.

✓ 앞으로 경쟁의 본질이 디지털화의 강화로 전환되고, 거침없는 경쟁자들이 시장에 동참하고, 공평한 경쟁의 장이 마련될 것이다. 여기서 끝이 아니다. 날이 갈수록 차별화가 어려워지고 변화의 속도가 빨라지며 상호의존성이 더 강화될 것이다.

✓ 기업들은 협력하고 경쟁하면서 우위를 최대화하고 열위를 완화할 방법을 찾는다.

4

고객을 이끌어가라

시장 입지를 강화하는 진보적 접근법

2012년, 집세를 내느라 고생하던 두 사람은 불현듯 무언가를 깨닫는다. 당시 샌프란시스코에 거주하던 두 사람은 바닥에 매트리스를 두고 아침을 제공하면서 자신들의 숙소에 머무는 손님들에게서 숙식비를 받았다.

    2020년이 되자 두 사람은 숙박 서비스를 제공하는 아이디어로 사업체를 세우면서 그해에 최대 규모의 기업 상장IPO에 성공했다. 그들의 회사는 당시 1,000억 달러 이상의 기업 가치를 기록하여 메리어트와 힐튼, 인터컨티넨털 등 주식시장에 상장된 호텔 체인들의 합산 시가총액을 초과했다.[1] 바로 에어비앤비의 이야기다.

    이렇게 에어비앤비는 공유 숙박과 단기 임대 서비스를 한 차원 높은 수준으로 끌어올렸다. 집주인들이 웹사이트와 앱을 통해 자신들의 주택을 투숙객들에게 임대할 수 있도록 숙박 업계에서 새로운 사업 모델을 개척한 데 더해 에어비앤비는 여행객들의 고충을 해결하는 법을 안다.

    그래서 에어비앤비의 서비스를 이용하는 투숙객들은 편안한 사용자 친화 환경에서 필요한 부분을 충족할 수 있다. 이 서비스는 가슴 설레는 여행 경험을 선사하며 시작된다. 사용자들은 개인실부터 이국적인 객실에 이르기까지 독특한 공간을 선택할 수 있다. 트리하우스, 동굴, 보트, 콘도미니엄, 최고급 저택, 텐트 등 이 모든 것이 에어비앤비를 통해 이용할 수 있다.[2]

여기서 끝이 아니다. 에어비앤비는 에어비앤비 플러스 서비스도 제공하는데, 세부적인 사항까지 세심하게 주의를 기울이고 최고 평점을 받은 방주인들은 최고급 숙박시설을 제공한다.[3] 여행객들은 심지어 도시, 마을, 또는 국가까지도 빌릴 수 있다.[4]

에어비앤비는 어디서나 본인의 집처럼 편안한 여행을 즐기게 하며, 모든 방주인들이 경험을 제공하도록 독려한다. 그래서 방주인들이 소속감을 추구하는 정도를 평가하고, 소속감을 제시하는 방주인들에게 보상한다. 그와 반대로 (투숙객들의 리뷰를 바탕으로) 투숙객들이 기대하는 경험을 제공하지 못할 때, 에어비앤비의 알고리즘이 해당 방주인의 숙소에 대한 검색 순위를 낮춘다.[5]

이에 방주인들의 활동을 지원하고자 세 명의 공동창업자는 고객 충성도 형성에 상당히 영향을 미치는 전 세계 핵심 방주인들의 주택을 방문하고 거기서 머무는 일을 계속하고 있다. 에어비앤비는 또한 이 방주인들이 다양한 집단에 참여하도록 이끌어간다. 방주인들은 정보를 공유하고, 접객 기준과 지침이 표시된 방주인용 애플리케이션을 잘 이용하며 독립된 모임에 참여하여 정보를 교환한다.[6]

팬데믹 기간에 에어비앤비는 플렉서블 서치Flexible Search를 도입했다. 이 서비스를 이용하면 보다 유연하게 예약을 할 수 있어 특정한 날짜를

[그림 4.1] '역학관계' 항목과 4C 다이아몬드 모델-고객 요소

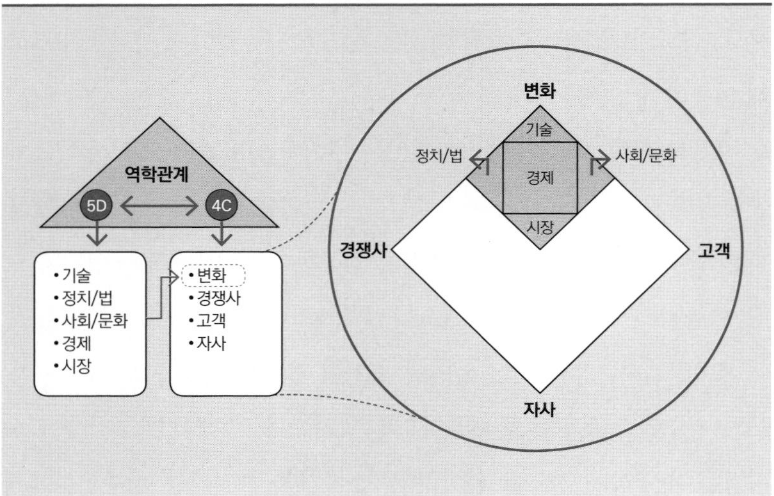

정하지 않고도 주말이나 일주일, 한 달 간의 여행지를 손쉽게 검색할
수 있다. 플렉서블 서치는 사용자들이 앞날에 닥칠 수 있는 여행 제한
이나 취소 수수료를 걱정하지 않고도 여행을 즐기게끔 해준다.[7]

　에어비앤비의 성공 사례는 오늘날 고객 기대와 맞물린 기술의 발전
으로 고객들에게 새로운 길잡이가 되어주는 플랫폼이 탄생한 과정을
보여준다. 이런 점에서 여기서 옴니하우스 모델의 '역학관계' 부분을
계속 살펴보겠다. 이어서 다이아몬드 모델(그림 4.1 참고)에 위치한 고
객 요소를 들여다보겠다. 고객은 변화와 경쟁사의 요소들과 더불어 비
즈니스 환경을 결정짓는 가장 중요한 요인이다. 또한 변화, 경쟁사, 고
객은 기업이 고려해야만 하는 다양한 비즈니스 리스크의 근원이다.

우리가 아는 것처럼 고객은 엄청난 영향력을 끼친다. 기업들 대부분이 고객 중심 접근법을 도입하는 것도 그런 이유 때문이다. 그런데 고객들은 한편으로 거짓 정보와 조작된 정보, 허위사실 등이 넘쳐나는 정보 더미 속에서 점점 더 갈팡질팡한다. 혼란에 빠질 정도로 정보가 넘쳐나는 탓이다. 그 때문에 고객들이 필요로 하는 해법을 찾도록 기업들이 강력한 길잡이 시스템을 제공해야 한다. 정보와 커뮤니케이션 기술이 발전하여 디지털 민주화가 실현됨에 따라 세상이 계속 연결되고 있다. 한편에서는 이 현상으로 인해 모든 개인이 새로운 힘을 가지게 됐다. 또 다른 한편에서는 모든 사람이 정보의 홍수에 빠지게 됐다. 이해해야 할 정보가 넘쳐나다 보니 정확성을 보장하기 어려워진 것이다.

이 상황은 기업들에게 기회의 문을 열어준다. 고객들이 스스로 원하는 것을 잘 파악하도록 돕는 길라잡이를 제공할 수 있다. 그에 따라 고객들은 경험을 극대화하고 스스로에게 적합한 솔루션의 혜택을 누린다. 전 세계에 거짓 정보가 넘쳐나는 후기 진실의 시대에 명확하고 투명하며 거짓 없는 길라잡이 시스템이 필요한 이유다.

고객들이 연결되다

디지털화된 지금 세상에서 고객들(전 세계 기업들이 상품과 서비스를 제공해왔으며 앞으로도 제공할 대상)도 과거보다 더 서로 연결되고 있다. 이 현상은 다수의 요인을 낳았다.

고객이 더 많은 정보를 얻는다. 지금은 거의 무제한으로 데이터와 정보에 접근할 수 있어서 사소한 결정이나 중대한 결정을 내리기 전에 직접 검색을 한다.[8] 대체로 고객의 80% 이상이 온라인 검색을 하고 나서 구매를 하고 독창적인 사진과 동영상을 게시하거나 사용자 경험을 리뷰로 작성하는 식으로 자신들의 선택을 인증한다. 그럼으로써 소비자들은 제품이나 서비스에 대한 상세한 정보를 제대로 인식한다.[9]

고객의 수준이 높아진다. 고객들이 갈수록 많은 정보를 얻는 상황에서 고객의 기대, 이를 충족하는 기업의 능력 사이에 격차가 생기기도 한다. 이 수준 높은 구매자들의 기대치가 매우 높아 기업들이 그 기대를 충족하기가 갈수록 더 어려워지고 있다.[10] 소비자의 90% 이상이 미리 구매를 결정한 상품을 사려고 한다.[11]

협상 지위가 전환된다. 결국에 이 수준 높은 고객들의 목소리와 영향력이 커진다. 상품과 서비스를 꿰뚫고 있기 때문이다. 이런 고객들은 가격정보에 매우 민감하며 최고의 가치를 선사하는 제안을 판단할 줄 안다. 더 나아가 이런 고객들은 맞춤형 상품이나 서비스를 요구하기도 한다. 이로써 고객들은 비용을 최대한 효율적으로 지출하게 된다.

2010년대 초부터 고객의 지위가 강화되고 있는 지금, 기업들이 몇 가지 쟁점에 직면했다. 이와 관련해 다음을 살펴보자.

    웬만해선 고객을 만족시키지 못한다. 고객들은 상품 범주에 따라 브랜드보다 기능을 더 중시한다. 종전에 고객들은 유대감이 끈끈한 브랜드를 선택했다. 하지만 지금 고객들은 자신들이 방치될 때 브랜드를 즉시 내버리는 경향이 있다.[12]

    충성 고객을 보유하기가 매우 어렵다. 소비자들은 활발히 활동하고, 빨리 이해하고, 동시에 최근에 파악한 바에 따라 신속히 마음을 바꾸기도 한다. 이 경향 때문에 세계 각지에서 브랜드에 대한 변심이 유행처럼 번졌다. 그 결과, 전 세계 소비자의 8%만이 자신이 구매하는 브랜드에 헌신했음이 보고됐다.[13] 마케터들은 고객들을 만족시키려고 상당한 노력과 비용을 투입하지만, 때로는 이에 신경을 쓰지 않아도 된다. 왜냐하면 대부분 고객들이 무심코 구매를 결정하기 때문이다. 도리어 기업들이 '축적우위'를 구축해야 하는 것도 이런 이유 때문이다.[14]

    고객은 웬만해선 적극적인 옹호를 하지 않는다. 연결의 시대 이전에만 해도 우리는 주로 보유와 재구매 수준을 이용해 고객 충성도를 평가했다. 지금과 같은 연결된 세상에서는 우리의 브랜드를 지원하는 의지를 충성도의 일부로 반영한다. 그런데 옹호는 단지 제품이나 서비스를 재구매하는 차원을 넘어 고객들이 매우 큰 위험에 빠지는 원인이 되기도 한다. 다른 사람들에게 브랜드를 추천한 고객들이 '사회적 위험'에 직면하기 때문이다. 이를테면, 다른 누군가의 추천을 따랐으나 결과가 실망스러울 때 추천한 사람이 사회적 처벌을 받기도 한다. 이런 위험성 때문에 고객들은 브랜드 옹호에 신중을 기한다.[15]

2030년을 향한 고객 관리

이렇게 새로운 유형의 고객들을 상대해야 하는 지금, 시장에서 생존하고 경쟁력을 유지하기 위해 조직의 고객 관리 방법을 철저히 점검해야 한다. 같은 맥락에서 장차 지금보다 훨씬 더 많은 기업이 인터넷 기업이 되어 온갖 유형의 채널과 장치를 기반으로 사업을 영위할 것이다. 또한 기업들은 수많은 기술 스택technology stack 툴을 사용하는 것은 물론 고객에 관한 최신 정보를 포함해 고객의 사정을 실시간으로 살피는 능력을 갖춰야만 할 것이다. 고객 데이터는 가치 있는 자산이 되고, 기업들이 디지털 전환 활동을 할 수밖에 없는 상황에서 고객 데이터 플랫폼customer data platform(이하 CDP)을 도입할 것이다. 다음 단계에서 기업은 CDP를 기반으로 최상의 고객 경험을 제공할 수 있다.[16] 이 흐름이 디지털화된 마케팅과 미래 비즈니스 모델과 관련해 어떤 의미가 있는지 살펴보자.

- **디지털화된 마케팅 능력이 필요하다**
  디지털 마케팅은 브랜드 자산 확대, 판매량 증가, 고객 서비스 품질 개선, 미디어에 대한 지출 효율성, 연구비용 절감 등 많은 이점을 가져올 수 있다.[17] 이렇게 마케팅을 뒷받침하는 능력을 반드시 갖추되 매우 역동적인 시장 상황에 맞서 유연성을 발휘하기 위해 최신 데이터와 실시간 데이터를 조직의 DNA에 이식해야 한다. 빅데이터를 활용한다는 것은 엄청난 속도로 다수의 수집원에서 대규모의 데이터를 수집할 수 있다는 의미다.

디지털 기술은 다양한 자동화 프로세스를 뒷받침한다. 가까운 장래에 고객 서비스, 데이터 입력, 교정, 시장조사 분석, 제조 등의 작업이 자동화될 것이다.[18] 반면에 2030년까지 문제 인식, 연역적 추론, 정보 배치, 아이디어 배출, 구술 이해, 쓰기 표현 등의 분야에서 여전히 인간의 재능이 필요할 것으로 보인다.[19]

기업에서는 다양한 디지털 플랫폼에서 고객들과 소통하고 디지털 기술을 이해하고 사용할 줄 아는 사람들이 있어야 한다. 기업의 직원들은 매우 빠르고 유연하게 활동하고, 기업가의 사고방식을 갖추고, 데이터가 보여주는 사실에 기반해 의사결정을 내려야 한다.[20]

데이터 중심 마케팅은 어떠한 규모의 비즈니스에도 적합한 방식이다. 예를 들어, 디지털 마케팅이 적용되는 소규모 건강관리 서비스는 최근 들어 엄청난 성장세를 보였다. 유료 미디어 광고를 이용해 인근 지역을 정확히 표적 시장으로 삼았는데, 이 방법이 성장 동인이 됐다.[21]

2030년까지 마케팅 문화가 점점 더 창의성과 기술에 뿌리를 둘 것으로 보인다. 거의 모든 것이 마찰 없는 경험의 형태로 사람들의 일상에 도움이 될 것이다.[22] 빅 데이터, AI, 애널러틱스를 기반으로 맞춤화와 개인화를 실현하는 한 일대일 세분화가 한층 더 대세가 될 것이다. 이런 이유로 브랜드는 고도의 적응력을 갖춰야 하고, 기업들은 매우 역동적인 시장에 대응해 스스로를 리포지셔닝해야 한다.[23] 앞으로 AI가 브랜드 전략에서 핵심 기능을 하겠지만, 마케터가 다양한 고객 여정의 단계에서 고객 참여를 형성하는 데 AI를 적용하지 못한다면 경쟁에서 뒤처지고 말 것이다.[24]

• 왜 비즈니스 모델을 다시 검토해야 하는가

마케팅의 디지털화된 측면에만 초점을 맞춰서는 생존을 보장할 수 없다. 그렇기에 기업들은 자사의 비즈니스 모델을 다시 논의하고 디지털 비즈니스 모델을 창출해야 한다. 《당신의 디지털 비즈니스 모델은 무엇인가?What's Your Digital Business Model?》라는 제목의 책에서도 비즈니스 디자인의 측면과 관련해 하나의 연속선 상에 두 기능이 있다고 설명한다. 바로 가치사슬과 생태계다. 우리는 최종 고객의 정보를 두 가지로, 말하자면 부분적 또는 전체적으로 나눌 수 있다.[25]

일반적으로 기업의 비즈니스 디자인이 생태계로(모듈 생산자일 뿐만 아니라 생태계 동인으로) 이어질 때 매출이 성장하고 순이익률이 상승할 가능성이 높아진다. 더 나아가 고객에 대한 기업의 이해가 전체적이고 폭넓게 이루어질 때, 성과가 향상되는 방향으로 비즈니스 디자인이 설계될 것이다. 생태계에 참여한 기업은 비즈니스 네트워크와 포트폴리오를 확장하고 새로운 상품과 서비스의 판매를 확대할 수 있다. 생태계는 총 매출을 2025년까지 대략 30% 증가시킬 수 있다.[26]

이전보다 훨씬 더 사회적인 시대에 큰 규모로는 더 이상 충분하지 않다는 점을 확인했다. 경쟁에서 이기는 비결은 더 빨리, 더 유동적이고, 더 유연해지는 것이다. 이제 가치사슬만을 계속 다뤄서는 높은 경쟁력을 확립할 수 없다.[27]

고품질의 뉴스와 정보를 생성, 수집, 배포하는 데 주력하는 글로벌 미디어 기업 〈뉴욕 타임스〉는 2011년 가장 발 빠르게 온라인 구독 비즈니스 모델을 도입했다. 이 회사는 프리미엄 비즈니스 모델freemium business model(기본 서비스와 제품을 무료로 제공해 이용자들을 끌어들인 후 추가적인 고급 기능에 대해 요금을 부과하는 비즈니스 모델─옮긴이)을 적용해 뉴스 상품 구독자를 끌어들인 한편 수많은 광고 기회를 제공했다. 얼마 전, 프리미엄이 대세가 되자 〈뉴욕 타임스〉는 게임 업체 워들Wordle을 인수해 게임 사업을 확장했다. 거대 신문사가 디지털 방식으로 접촉하는 젊은 고객들의 관심을 사로잡아 회사의 도달 범위를 확장할 준비를 마친 것이다. 여기서 그치지 않고 〈뉴욕 타임스〉는 게임 외에 오랫동안 이어온 국제 저널리즘 활동과 더불어 팟캐스트를 운영한다. 그러면서 2022년 2월, 〈뉴욕 타임스〉는 전체 유료 구독자 1,000만 명을 성공적으로 돌파했다.[28]

역동적인 생태계에서는 우리가 확인할 수 있듯이, 가치 창출 활동의 경계가 확장되는 동시에 한층 더 통합되며 이해당사자들의 상호의존성이 강화되고 있다. 디지털 플랫폼이나 생태계의 다양한 요소들은 전통적인 선형적 가치사슬 접근법과 달리 상호의존성을 가진다.[29] 그러니 그에 영향을 미치는 다양한 트렌드와 요인들을 다루기 위해 가치사슬 분석을 확대해야 한다.[30]

고객의 길잡이가 되어라

고객들은 시장에서 정보의 홍수 속에 빠져 있다. 이에 기업은 아래 프로세스를 따라 고객들에게 신뢰받는 항해사처럼 주도적으로 행동해야 한다.

플랫폼을 제공한다. 기업들은 고객들에게 물리적 디지털 플랫폼을 제공할 수 있다. 고객들은 이 플랫폼을 도구로 활용해 문제를 밝히고 해법을 찾아내어 대안을 얻는 법을 배울 수 있다. 여기서 고객들이 플랫폼의 이점을 즉시 이해할 수 있도록 하는 것이 중요하다. 플랫폼 전반이 특히 Y세대와 Z세대에게 적합하고 사용자 친화적이며 전체적으로 기능하도록 해야 한다.

대표적인 예로, 금융 서비스용 모바일 앱은 고객의 페인 포인트를 완전히 없애준다는 점에서 유용하다. '은행은 필요 없지만, 금융은 필요하다'는 흔한 말이 이를 잘 대변한다. 하나의 예로, 〈포브스 어드바이저Forbes Advisor〉 웹사이트에서 모바일 앱 리뷰가 보여주듯이, 모든 것이 갖춰진 모바일 금융 서비스는 계좌명세서, 지출 추적, 비대면 즉석 인증이 가능한 직불카드 잠금보안 기능 등 고객의 필요를 충분히 해소시켜준다.[31]

플랫폼에 협력자를 참여시킨다. 기업들은 각종 자원, 활동, 능력, 다양한 고객 니즈를 충족하는 역량까지 이 모든 요소를 뒷받침하기 위해 플랫폼에 적절한 협력자를 참여시켜야 한다. 이와 같은 협력자들의 참여는 매끄럽게 진행되어야 하고, 이로써 고객들에게 번거로움 없는 경험이 제공되어야 한다. 아키텍처 플랫폼architecture platform은 유연하게 운영되고 참여자들에게 호환되도록 하되 거버넌스governance(플랫폼 생태계 참여자, 가치 분배, 갈등 해결에 관한 일련의 규칙—옮긴이)가 엄격히 통제되어야 한다.

솔루션에 주력한다. 기업은 이 플랫폼을 통해 고객 여정의 각 접점에서 불편이 생기지 않게 고객들에게 완벽한 솔루션을 제공해야 한다. 그 일환으로 플랫폼 사용법을 제대로 이해하도록 해주고, 맞춤화와 개인화를 통해 고객의 핵심 문제를 처리할 솔루션을 생성해야 한다. 고객들과 함께 공동 창조와 협업을 할 기회도 제공해야 한다.

지원 서비스를 제공한다. 지원 서비스는 고객에게 확신을 제공하는 것을 목표로 하며, 언제 어디서나 접근이 가능해야 한다. 다시 말해, 기업들은 언제라도 고객들로부터 연락을 받을 준비가 되어 있어야 한다. 여기서 그치지 않고 모든 지원 서비스에 의해 고객과의 참여가 강화되어야 한다.

가치와 가치관을 전한다. 자사의 가치 제안이 경험, 그리고 변화나 전환에 집중되어 있는지 점검해야 한다. 자사의 가치, 특히 폭넓은 공동체의 이익과 관련된 가치가 비즈니스 모델에 녹아 있어야 한다. 이 가치는 고객들이 이해하고 높이 평가하도록 명쾌하게 전달되어야 한다. 고객들을 공동체에 참여시키는 활동도 중요하다. 공동체에 참여한 고객들은 상호작용하며 도움을 주고받고 아이디어를 나누며, 또 서로 조언하고 네트워크를 구성하고 즐거운 시간을 보낸다.

시장을 추종할 것인가 주도할 것인가

'시장 추종market-driven'과 '시장 주도market-driving'는 마케팅 분야에서 꽤 오랫동안 사용된 말이다. 버나드 자와스키Bernard Jaworski, 아제이 콜리Ajay Kohli, 아빈드 사헤이Arvind Sahay가 설명한 내용을 참고하면, 시장 추종은 특정한 시장 구조에서 시장 참여자들의 행동을 이해하고 그에 대응하려는 비즈니스 지향성을 말한다. 반면에 시장 주도라는 말에는 사업의 경쟁적 지위를 강화하는 방향으로 시장의 구조나 시장 참여자들의 행동(들), 혹은 양쪽 모두에 영향을 미친다는 의미가 있다.[32]

비즈니스 지향성은 선택적인 사항이면서도 조직의 자원(무형 또는 유형), 역량, 핵심 능력에 관한 요소 등 다양한 요인에 의해 크게 영향을 받는다. 매우 견고한 시장 지향성은 조직이 더 나은 성과를 달성하는 잠재력이 된다. 또 우리가 알고 있듯이, 비즈니스에서 발생하는 도전 과제는 기업이 단독으로 해결하기에 매우 심각한 난제인 경우가 많다. 그래서 디지털 비즈니스 생태계에 참여해야 기업이 장기간 생존하기 위한 더 나은 기회를 얻을 수 있다.(그림 4.2 참고)

시장 지향성과 기업 모델을 결합했을 때, 그림 4.2에서 왼쪽 아래로 내려갈수록 기업이 시장 추종적이라고 설명, 예측할 수 있다. 반면에 오른쪽 위로 이동할수록 시장 주도적 능력을 가진다고 말할 수 있다. 이 시장 주도적 능력은 특히 기업이 생태계에 참여하는 데 그치지 않고 생태계를 주도할 때 더욱 강력해진다.[33]

또한 그림의 왼쪽 아랫부분에 보수적인 기업들이 위치하고, 우측 윗

[그림 4.2] 보수-진보 퍼모그래픽 컨티넘

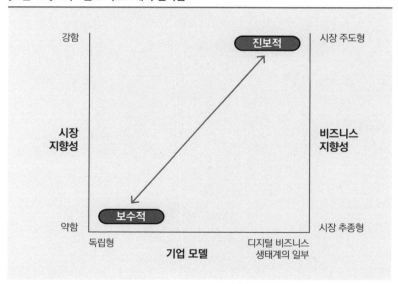

부분에 진보적인 기업들이 위치한다. 이처럼 두 기업의 특징 사이에 있는 연속선을 보수-진보 퍼모그래픽 컨티넘conservative-progressive firmographic continuum이라고 부르기로 했다. 기업들 대부분은 의도적으로 자신의 위치를 선택하든지 단지 우연히 해당 지점에 위치하게 되든지 상관없이 연속선 상 어딘가에 위치한다(혹은 어쩌면 연속선 밖에 위치할 수도 있다).

강력한 시장 지향성을 가진 진보적인 기업들은 디지털 비즈니스 생태계의 일부로 존재하며(이 생태계를 통제하는 힘을 가지기도 한다), 시장 주도적인 비즈니스 지향성을 드러낸다. 이와 관련한 대표적인 사례로, 틱톡TikTok은 모든 생태계에서 이용할 수 있다. 요컨대, 틱톡은 여타 플랫폼이 전례를 따를 수밖에 없을 정도로 인기를 끌며 짧은 동영상 콘텐츠 트렌드를 주도하고 있다. 틱톡은 4년도 안 되어 30억 다운로드 수를 기록했다.[34] 현재 틱톡을 통해 요리 동영상 등 최대 10분 분량의 동영상을 촬영해 카테고리에 올릴 수 있다.[35]

반면에 보수적인 기업들은 약한 시장 지향성을 가진다. 이런 기업들은 독립적이거나 디지털 비즈니스 생태계 밖에 존재하며, 비즈니스 지향성의 측면에서 시장을 추종한다.

보수적인 특성과 진보적인 특성을 다 갖춘 기업들도 존재하겠지만, 진보적인 기업들은 결국에 강력한 경쟁력을 쌓기까지 더 나은 기회를 얻는다. 그래서 보수적인 기업은 정적인 비즈니스 환경에 적합하다. 반대로 진보적인 기업은 우리가 현재 확인하고 있는 것처럼 매우 역동적인 비즈니스 환경에서 이상적인 역할을 한다(그리고 진보적인 기업은 2030년을 향해 계속해서 나아갈 것이다). 또한 진보적인 기업들은 자신들의 역동적인 능력에 기대어 시장 주도형 기업으로 나아갈 수 있다.

또한 보수적인 기업들은 정적인 경향이 있는 비즈니스 환경에서 생존할 수 있다. 어느 정도는 역동적인 비즈니스 환경에서 생존해나갈 수 있겠지만, 시장에서 입지를 견고히 다지지 못한다. 한편으로, 진보적인 기업들은 매우 역동적인 비즈니스 환경을 늘 뒤쫓는다(매우 역동적인 환경을 형성하는 데 도움이 된다).

게다가 보수적인 기업들은 전통적 가치사슬에 의존하는 독립적 모델을 가진다. 반면에 진보적인 기업들은 디지털 비즈니스 생태계 안에서 매우 조직화되고 상호의존적인 네트워크로 고객들에 대한 영향력을 강화할 수 있다. 예를 들어, 차량 호출 플랫폼인 그랩이 도입한 클라우드 키친cloud kitchen(공유 가능한 주방을 나눠 쓸 수 있는 서비스—옮긴이) 비즈니스 모델은 다수의 브랜드가 하나의 중앙 주방에서 음식을 조리하는 방식이다. 이 서비스는 주로 온라인 음식주문 배달 사업에 적합하게 설계됐다. 그래서 그랩 라이더들은 식당에서 음식을 수령할 때보다 더 빨리 음식을 수령하여 배달할 수 있다. 그랩은 2018년 도입한 이 비즈니스 모델에 기반해 팬데믹 기간에도 사업을 유지할 수 있었다.[36]

보수적인 기업들은 계속해서 전통적 마케팅 접근법을 사업에 적용하는 경향이 있다. 이런 경향은 디지털 마케팅 접근법으로 근본적이고 전체적으로, 또 능동적으로 고객들을 이끌어가는 진보적인 기업들과는 대조된다. DBS 디지뱅크 앱이 리브베터를 출시해 원스톱 디지털 플랫폼으로 발돋움한 것이 좋은 사례다. 주택 개조, 자동차 대출, 투자에 이르는 그린테일 금융 솔루션을 도입함으로써 친환경적인 삶으로의 전환을 돕는 것이 플랫폼의 목표였다. 고객들에게 양질의 서비스를 제공하려고 디지털 뱅킹 시스템을 도입하는 등 변화를 도모한 이래 싱가포르 최대 은행 DBS는 세계 최대 디지털 은행으로 변신했다.[37]

두 유형의 기업이 모두 고객들을 이끌어갈 수 있다. 그렇지만 보수적인 기업들은 다양한 플랫폼을 통해 정보획득 방법, 구매 방법, 결제 방법, 제품 사용 방법 등 본질적이지 않은, 흔히 기술적인 부분에서 오로지 제한된 방식으로 고객들을 인도한다. 반면에 진보적인 기업들은 이를테면, 게임의 규칙을 새로이 설정하고 수많은 기존 참가자들의 경쟁을 무의미하게 하고 고객과 경쟁자의 사고방식과 행동을 변화시키는 등 매우 본질적인 방식으로 고객들을 인도한다.

진보적인 기업들은 시장에 파괴적인 여파를 몰고 올 수 있으며, 거시환경에 상당한 영향을 미칠 수 있다. 즉, 정부 당국이 규제를 개선하고 사회·문화적 변화를 일으키거나 심지어 시장 구조에 영향을 미치도록 압박할 수 있다.

지금까지 설명한 내용을 바탕으로 보수적인 기업들이 대개 일시적인 경쟁우위를 가지는 이유를 이해할 수 있다. 그에 반해서 진보적인 기업들은 지속가능한 경쟁우위를 확고히 다진다. 이는 또한 기업이 진보적일수록 그 경쟁력이 더 높아지는 이유를 보여준다.(표 4.1 참고)

[표 4.1] 보수적 기업과 진보적 기업의 특성 요약

퍼모그래픽		
	보수적인 기업	진보적인 기업
비즈니스 환경	정적인 비즈니스 환경에 적합함	역동적인 비즈니스 환경에서 이상적임
전략적 능력	시장 추종	시장 주도, 동적 능력
기업 모델/ 플랫폼	전통적인 순차적 가치사슬을 가진 독립적 모델	디지털 비즈니스 생태계 안에서 매우 조화되고 상호의존적으로 존재하는 협력자들의 네트워크
교섭력	고객들이 강력한 협상 지위를 가진다	기업이 강력한 협상 지위를 가진다
조직	경직, 강력한 관성	적응성과 융통성
마케팅 접근법	전통적 마케팅	디지털 마케팅
고객 인도 수준	기본적, 좁은 관점, 반응적	근본적, 전체적, 주도적
무게중심	고객 중심	솔루션 중심
시장	틈새, 세분화, 특정 목표 시장, 규모의 경제에 집중	광범위함, 초월적, 일 대 일, 규모의 경제뿐만 아니라 범위의 경제에도 집중함
테크와 터치	로우테크, 로우터치	하이테크, 하이터치
브랜드와 포지셔닝	정확한 포지셔닝 없이 이름만 존재함	살아 있는 브랜드: 시공간을 초월, 적합성을 유지, 매끄러운 경험
차별화	제품과 서비스를 사용해서 얻는 기능적 감정적 혜택에 근거함	적극적인 참여를 통한 고객 경험 또는 전환에 근거함
판매 포인트	상품의 특징과 이점에만 집중함	각각의 접점에서 맞춤화되거나 개인화된 고객 경험/전환
제품과 서비스	변화가 미미한 표준 상품	맞춤화, 공동 창조, 협업으로 폭넓은 선택이 가능함

퍼모그래픽		
	보수적인 기업	진보적인 기업
가격	고정가격	다이나믹 프라이싱(동일한 제품이나 서비스에 대한 가격을 시장 상황에 맞춰 탄력 있게 변화시키는 가변적 가격 책정- 옮긴이)
충성도	고객들이 변심하기 쉽기 때문에 의도적으로 고비용 충성도 프로그램을 통한 록인(lock-in) 메커니즘에 기반함	기업이 고객의 삶에서 극히 중요한 의미가 있어 고객들이 쉽게 변심하지 않기에 자동적으로 '자연적인' 록인 메커니즘에 기반함

여기서 몇 가지 사항에 주의를 기울여야 한다. 첫째, 진보적인 기업은 보수적인 기업과 달리 단순히 고객의 관점을 들여다보는 차원을 넘어선다. 고객은 4C 다이아몬드 모델의 요소 중 하나에 불과하기에 진보적인 기업은 해당 모델의 다양한 측면을 종합해서 들여다본다. 이와 같은 맥락에서 기업들은 사업의 지속성을 보장하겠다고 고객의 관심을 끄는 제품과 서비스에 집착해서는 안 된다. 그보다는 거시환경과 경쟁업체에서 발생하는 쟁점을 포함해 비즈니스 환경의 역동성 전반에 관심을 기울여야만 한다.

둘째, 새로운 진보적 접근법, 특히 고객(그리고 고객의 커뮤니티)을 상대하는 방식이 효과를 내려면, 그것이 일상생활의 일부로 받아들여지고 선택되도록 고무적인 교육 활동이 필요하다. 시장을 교화해 이른바 크리티컬 매스critical mass를 만들어내는 것은 진보적인 기업들이 신중히 고려해야 하는 핵심 사안이다.

셋째, 진보적인 기업은 비즈니스 모델의 측면에서 보수적인 기업과 다르다. 보수적인 기업들이 주로 다양한 유형자산을 적절히 활용해 경쟁력을 구축하는 반면, 진보적인 기업들은 조직의 무형자산을 지렛대로 삼아 경쟁력을 구축한다. 그러한 무형자산은 모방하기가 매우 어렵고 시장에서 판매할 수 없거나 희귀하고 가치가 높은 자산을 말한다. 기업은 비즈니스 생태계의 구성원인 다수의 협력자들로부터 여러 자산을 얻을 수 있으며, 결국 생태계 우위를 창출한다.

넷째, 2030년은 시기상 전략 지점으로 2045년을 향한 디딤돌이다. 미래학자 레이 커즈와일Ray Kurzweil이 예측한 대로 수확 가속의 법칙에 따라 컴퓨터, 유전공학, 나노기술, 로봇공학, 인공지능 같은 기술이 기하급수적으로 발전할 것이다. 기술이 만들어낼 특이점Singularity은 결국에 인간과 인공지능이 자연스럽게 하나가 되는 지점이다.[38]

따라서 모든 기업이 지금부터 조직의 미래를 결정해야 한다. 그 이후의 시대에 살아남고자 한다면, 2030년을 향한 모멘텀을 놓쳐서는 안 된다. 이런 이유로 기업들은 보수-진보 퍼모그래픽 컨티넘에서 어디에 그 발판을 마련할지 계획해야 한다.

✓ 4C(고객, 변화, 자사, 경쟁사) 다이아몬드 모델의 구성요소인 고객은 오늘과 미래의 비즈니스 환경에서 핵심 위치를 차지한다.

✓ 고객들은 기존보다 더 연결되어 수많은 정보를 얻고 그 수준이 높아졌으며, 상당한 교섭력을 가진다. 그래서 고객을 만족시키고 유지하며 자사를 적극적으로 옹호하도록 하는 것이 쉽지 않게 됐다.

✓ 앞으로 기업들은 디지털 마케팅 능력을 조정하고 그들의 비즈니스 모델을 다시 점검해야 한다.

✓ 고객을 이끌어가기 위해 기업은 플랫폼을 제공하고, 협력자들을 참여시키고, 솔루션에 집중할 수 있다. 또한 지원 서비스를 제공하고, 다양한 영역의 가치를 전달할 수 있다.

✓ 기업들은 보수적인지 진보적인지 현재 상태를 평가하고, 미래에 대비해 어떻게 조직을 운영할지 고민해야 한다.

PART

5

조직의 능력을 통합하라

조직 내 마인드셋을 조화시키기

당신은 휴대전화로 음악이나 팟캐스트를 즐기고 싶은가? 노트북이나 태블릿, 또는 다른 기기들은 어떤가?

　올인원 솔루션과 관련해서는 스포티파이Spotify에 주목해보자. 다니엘 에크Daniel Ek와 마르틴 로렌트손Martin Lorentzon이 2006년 스웨덴 스톡홀름에서 창업한 스포티파이는 언제 어디서나 음악을 감상할 수 있는 플랫폼이다. 소비자들은 무료 또는 유료 구독 서비스를 선택할 수 있다.[1] 현재 스포티파이는 3억 5,000만 명에 이르는 구독자를 보유하고 있으며, 그중 1억 5,500만의 사용자가 프리미엄 구독 서비스를 이용하고 있다.[2]

　음악은 수천 년에 걸쳐 많은 이들이 기본적 필요로 여기는 예술이다. 스포티파이는 어떻게 이 음악을 선택해 오늘날 연결성의 표준을 충족했을까? 분명히 음악업계는 라이브 음악에서 음반으로, 또 축음기에서 테이프 카세트, 콤팩트디스크, 이후 아이팟으로 옮겨가며 크게 발전해왔다. 이 모든 혁신은 목적에 부합했다. 그런데 스포티파이는 기술을 지렛대로 삼아 누구나 어디서나 원하는 음악을 즐길 수 있는 환경을 조성했다.

이 회사가 어떻게 공격적으로 전 세계로 영역을 확장했는지 살펴보자. 분명한 사실은 지난 몇 년 동안 성장 가도를 달려온 과정이 보여주듯 음악 애호가들의 욕구를 충족시켰다는 점이다. 이 회사는 2018년부터 2021년까지 직원 수가 대략 3,600명에서 6,500명 이상이 될 정도로 성장했다.[3]

이 속도를 따라잡고자 스포티파이는 문화적 배경이 저마다 다른 다양한 지역 출신의 사람들을 직원으로 채용했다.[4] 이는 간단한 일이 아니다. 최고인사책임자CHRO 카트리나 버그Katrina Berg가 밝힌 것처럼 혁신과 민첩성, 독특한 문화를 유지하면서도 올바른 인재를 계속 끌어들이는 것이 가장 어려운 과제였다(수백 명의 직원을 고용한 적도 있다).[5]

이런 난관을 극복하고 리더의 지위를 유지하기 위해 이 회사는 스쿼드squad라고 하는, 6~12명 사이의 인원으로 운영되는 자율적인 교차기능 팀을 구성했다. 스쿼드는 회사의 핵심 목표에 헌신해나가는 한편 맡은 역할에 대한 책임을 다하고 팀의 혁신과 민첩성을 유지하고자 애쓴다.[6]

스쿼드는 신제품의 기획부터 개발, 출시에 이르기까지 처음부터 끝까지 책임을 진다.[7] 조직 전체를 볼 때, 여러 스쿼드가 모여 트라이브tribe가 조직되며, 각각 트라이브도 자율적으로 움직인다.[8] 트라이브 리더의 의무는 모든 스쿼드에 적합한 업무 환경을 조성해주는 것이다.[9] 동시에 동일한 기술을 가진 트라이브 멤버들은 챕터chapter로 조직된다. 또한 챕터에 속한 누구나 길드에 참여할 수 있다. 길드는 공통의 관심

분야를 가진 개인들로 구성된다.

이 독특한 형식이 조직 안에서 조화를 이루도록 스포티파이는 기술을 활용해 가상 타운홀미팅을 진행한다. 스포티파이의 팀 구성원이라면 누구나 이 회의에 참여할 수 있다.[10] 기술은 또한 스포티파이 직원들이 어디서나 원격으로 일을 하도록 해준다.[11] 스포티파이는 명확한 지침에 따라 직원의 성장을 추적하고 투철한 성장 마인드셋을 유지시킨다.[12]

스포티파이의 독특한 조직구조는 사일로 현상을 줄이는 것을 목표로 한다.[13] 그에 따라 조직구조의 구현과 창의성 촉진, 이 양자 사이에서 그 미묘한 균형을 유지할 수 있다. 직원들이 몰입하고 만족하고 잘 관리될 뿐만 아니라 혁신과 성장에 적극적으로 참여하게 하는 것도 이 조직구조의 목표다.

스포티파이의 성공 사례를 따르려는 기업들은 조직 내 다양한 마인드셋과 기능, 자원을 조화롭게 유지해야 도움이 된다. 여기서는 그 목표를 완수하는 전략을 논하겠다. 이어서 옴니하우스 모델을 살펴보며 논의를 이어가겠다.(그림 5.1 참고)

먼저 기업가정신 클러스트의 다양한 요소들을 하나로 통합하는 법을 고찰하고, 이어서 전문성 클러스터의 요소들을 분석해보자. 그리고 창의성과 혁신의 관계와 기업가정신과 리더십의 관계CI-EL를 면밀히 살펴보겠다. 생산성과 개선의 연관성, 전문가 정신과 관리의 연관성PI-PM도 들여다보겠다. 6장에서는 마케팅과 재무의 통합, 기술과 휴머니티의 통합을 자세히 다루겠다.

[그림 5.1] 옴니하우스 모델의 양분된 요소들

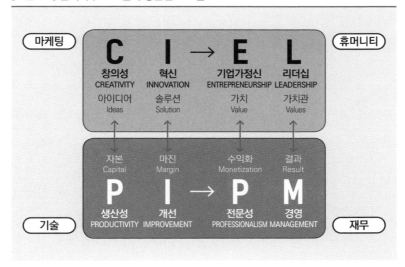

창의성과 혁신의 마인드셋

혁신과 창의성은 예술 분야뿐만 아니라 모든 지식 분야와 교육 활동에서 기본이 되는 개념이다. 혁신은 가치를 창출하는 새로운 것(아이디어, 방법론 또는 제품)과 관계가 있다. 혁신은 아이디어, 생산, 출시와 같은 활동의 결실이자 무언가를 바꿔서 새롭게 한다는 의미가 있다. 참신한 아이디어를 실현하려고 공을 들이는 과정도 혁신에 포함된다. 창의성은 혁신의 밑바탕이 되는 적극적인 과정이다. 창의적 과정은 혁신의 핵심이다.[14]

창의성과 혁신은 서로 보완되는 두 개의 독립된 구조를 지닌다.[15] 창의성만으로는 항상 혁신이 일어나지는 않는다.[16] 창의성을 발휘하려면 아이디어와 통찰, 문제 해결을 위한 솔루션이 있어야 하는 반면, 혁신이 실현되려면 아이디어가 실행되어 발전으로 이어져야 한다.[17] 요컨대, 창의성은 혁신을 결정하는 근간이나 근원이며, 혁신은 창의성이 구체화됐거나 적용된 형태를 말한다.

예측적이고 적응적인 아이디어를 가진 사람은 창의적 사고방식을 가졌다고 평가받는다. 창의적 사고방식을 가진 개인은 고객의 불편을 해결할 솔루션을 제공할 줄 아는 사람으로 인식된다. 전반적으로 이런 역량을 가진 기업은 관련 경쟁업체들보다 더 유리한 입지를 다진다.

기업가정신과 리더십의 마인드셋

일반적으로 볼 때, 기업가의 마인드셋을 가진 개인은 다양한 문제를 식별, 이해하고, 그 문제에 대한 기회를 보고, 예측된 위험을 감수하며, 다수의 협력자들과 협업하여 문제 해결 방법을 찾는다. 이 과정에서 궁극적으로 고객들뿐만 아니라 회사를 위한 가치가 창출된다. 한편으로, 개인이 자신의 지적, 정서적, 영적 능력을 바탕으로 영향력을 만들어 다른 사람들에게 행사할 때 리더십이 발휘된다.

전 세계에서 변혁의 리더십을 발휘해 성공한 기업가의 사례를 우리는 수없이 접한다. 그런 기업가들은 조직의 문제를 해결할 뿐 아니라 세계가 직면한 긴급 사안을 해결하는 역할을 한다. 그들은 다른 사람들이 과거에 문제를 해결했던 방식보다는 그 이면의 보편적 진실에 더 관심을 가진다. 이런 태도를 바탕으로 창의적 솔루션을 생산해내는 것이다.

빌 게이츠Bill Gates나 테드 터너Ted Turner 같은 구세대 기업가들부터 래리 페이지Larry Page와 세르게이 브린Sergey Brin, 또는 아담 단젤로Adam D'Angelo 같은 신세대 기업가들에 이르기까지 성공한 기업가들은 하나같이 인간의 사고와 행동에 존재하는 한계를 넘어서려고 한다. 그들의 기업가정신과 리더십 능력은 그들의 조직과 세상에 영향을 미칠 정도로 엄청난 잠재력이 있다.

생산성과 개선의 마인드셋

생산성은 간단히 말해 투입과 산출의 관계를 나타내는 비율이다. 이를테면, 투입을 줄이고 산출을 늘리면 생산성의 수준을 높일 수 있다. 이 접근법은 특히 제조 공정에서 두드러지게 나타나는데, 특정한 투입량으로 생산된 산출량을 측정할 수 있다.

이보다는 좀 더 복잡하긴 하지만, 다른 관리 영역에서도 생산성을 측정할 수 있다. 가령, 전체 직원 수(투입) 대비 달성한 판매량(산출)을 계산할 수 있다. 일반적으로 기존보다 더 적은 인원수로 기존보다 더 많은 판매량을 달성할 때, 회사의 생산성이 높아진다. 흔히 생산성은 사업의 수익성에 직접 비례한다.

흔히 효율성과 효과성의 조합으로 생산성을 측정하기도 한다. 효율성이나 효과성의 수준(혹은 양쪽 모두의 수준)이 낮아지면, 생산성의 수준도 낮아진다. 간단히 말해, 효과성에는 적절한 일을 한다는 의미가 있으며, 효율성에는 일을 적절하게 한다는 의미가 있다. 따라서 적절한 일을 적절한 방법으로 할 때, 최적의 생산성을 달성하는 적절한 지점에서 일을 시작하는 셈이다. 이런 이유로 효과성과 효율성은 서로 다른 개념이지만, 생산성을 따질 때 양쪽을 따로 분리해서 생각할 수 없다.

그래서 효율성을 높이기 위해 우리는 동일한 투입으로 산출을 늘리려고 노력한다. 같은 맥락에서 효과성을 높이기 위해 자원에 초점을 맞춘다. 여기서 조직의 목표에 따라 최상의 결과가 나오는 자원에 우선순위를 둔다.

기업이 최적의 생산성을 달성하려면 효과적이면서도 효율적인 작업을 해야 한다. 생산성의 마인드셋을 가진 사람은 조직의 자원을 활용하고 다양한 가치사슬 프로세스를 효율적으로 운영할 뿐 아니라 효과적인 작업을 다양하게 수행한다. 한편으로 어제보다 오늘 더 나은 결과를 얻는 일에 주력하는 사람은 개선의 마인드셋을 가졌다고 평가받는다. 이런 사람들은 내일도 계속 최적의 성과를 낼 것이다.

전문성과 관리의 마인드셋

전문성은 대개 특정한 기준(성문화된 기준 또는 비성문화된 기준)에 따라 평가된다.[18] 진실성, 정직, 상호존중 같은 특징을 비롯해 지식과 능력이 전문성을 의미하기도 한다. 전문성은 대개 장기간의 형성 과정을 거친다.[19]

책임(전문성의 일부로서의 책임)은 약속을 지키는 방식으로 표현된다. 체계, 잘 짜인 계획, 일을 미루지 않는 태도도 책임에 포함된다. 책임을 다하려는 노력을 견지하지 않으면, 직원들의 성과가 줄어들 수밖에 없다. 비즈니스와 경영 분야에서 세계 최고 수준의 연구 교육 기관으로 꼽히는 LSE(런던정경대학) 경영학부가 진행한 연구에 따르면, 약속이 이행되지 않을 때 직원들의 정신 에너지가 고갈되고 그로 인해 다른 사람들에게 의도치 않은 해가 될 수 있다.[20]

전문성은 회사 경력에 있어 매우 중요한 요소다. 그런데 그보다 더 중요하게는, 비즈니스 생태계의 다양한 당사자들 사이에서 전문성이 전체적으로 뛰어난 평판과 신뢰를 형성한다. 전문성은 기업 전체의 성과 향상에 긍정적인 영향을 미치기도 한다. 그래서 전문성 개발에 매진하는 것은 선택이 아니라 필수 사항이다. 더구나 전문성은 가치나 기업 문화로 드러나야 한다.[21]

호주에서 실시된 한 연구가 기업 조직에서 전문성이 왜 중요한지를 잘 보여준다. 연구 논문에서는 개개인이 전문성을 추구하는 태도가 조직의 평판에 영향을 미친다고 강조한다. 여기서 그치지 않고 전문성은 조직의 전략적 우위에도 영향을 미친다.[22]

전문성이 기업 조직에서 핵심을 이루는 이유가 있다. 특정한 공동체에서 대체로 용인되는 수준(그리고 용인되지 않은 수준)이 전문성에 의해 분명해지기 때문이다. 이 전문성의 마인드셋에서 근간이 되는 요소들은 하나의 보편적 규약으로서 기능성을 넘어 화합을 이루게 한다. 이런 규약은 동일한 조직의 개별 구성원들이나 둘 이상의 다양한 조직 구성원들 사이에서 발생하는 비생산적인 갈등과 분쟁을 방지하는 데 도움이 된다.

기업 조직에서는 전문성을 경영에서 따로 분리하여 생각하기 어렵다. 전문성을 가진 사람이 뒤에서 움직이지 않으면, 경영 기능이 의도한 대로 작동하지 않는다. 호주에 있는 7개 병원에서 2,580명을 대상으로 한 설문조사에 따르면, 전문가답지 않은 행동이 환자 치료, 오류의 빈도, 또는 서비스의 질에 보통 정도 또는 상당한 정도로 부정적인 영향을 미쳤다. 간호사, 비임상 종사자, 경영진과 행정직원이 의사들보다 이러한 영향을 보여줄 가능성이 더 높았다.[23]

일반적으로 경영 부문은 구체적인 목표와 계획을 가지고 여러 일을 다루고 이루어낸다. 그래서 계획 수립은 경영 프로세스에서 핵심을 이룬다. 전략(그리고 전술)은 조직의 목표를 달성하는 방법을 반영한다. 전략의 내용에 따라 어떤 자원을 사용할 수 있는지, 어떤 역량이 필요한지, 경쟁우위를 확보하기 위해 어떤 역량에 집중해야 하는지에 대한 방향이 상당히 달라진다.

조직은 미리 정해진 목표를 달성하기 위해 함께 일하는 사람들이 모인 곳이다. 기업들은 실적을 높이는 데 효과적인 프로젝트 관리가 매우 중요하다고 인식한다. 글로벌 경영 컨설팅 업체 베인앤드컴퍼니Bain & Company는 2027년까지 대부분의 업무가 프로젝트 중심으로 운영될 것으로 판단했다. 그 결과 프로젝트 관리자의 필요성이 다른 전문직에 대한 수요에 비해 더 빠른 속도로 확대되고 있다. 올바른 프로젝트 관리가 기업의 실적에 영향을 미친다는 인식이 확대되고 있으며, 이는 프로젝트 관리자의 역할 비중이 높아지는 현상에 반영된다.[24]

경영은 사전에 수립한 계획이나 전략을 이행하는 활동과도 연관된다. 전략을 이행하거나 실행하는 일은 종종 벽에 부딪힐 수 있다. 역동적인 비즈니스 환경에서 예상치 못하게 새로운 제약이 발생하는 탓에 잘 수립된 계획과 전략을 조정해야 할지도 모른다. 사람들이 말보다 실행이 어렵다고 말하는 것도 다 그런 이유 때문이다.

이와 관련하여 프로젝트 관리 연구소Project Management Institute(이하 PMI)의 후원으로 EIUEconomist Intelligence Unit(영국 경제 주간지 이코노미스트의 산하 연구기관—옮긴이)가 〈왜 좋은 전략이 실패할까: 경영자와 고위임원을 위한 교훈 Why Good Strategies Fail: Lessons for the C-suites〉이라는 제목의 보고서를 발표했다. 이 보고서는 C 레벨 임원들이 어떻게 전략 실행에 참여하는지 보여준다. 전 세계적으로 고위 임원 587명이 설문에 참여한 결과가 연구에 반영됐다. 이 조사에서 응답자 중 61%는 자신의 회사가 전략 수립과 일상적 실행, 이 양자 간의 격차를 잘 해소하지 못하는 경우가 많다고 밝혔다. 더욱이 응답자들의 주장에 따르면, 지난 3년 동안 그들의 회사에서 전략적 구상의 56%만이 제대로 이행됐다고 한다.[25]

이 전략 실행의 과정에서 방향설정과 조정에 대한 소통이 조직의 모든 자원과 역량을 효과적이고 효율적으로 사용하는 데 매우 중요한 기능을 한다. 예를 들어, 조직의 경영에서는 재무, 마케팅, 인적자원, 운영, IT 등 각 기능부서 간에 조정이 원활히 이루어져야 한다. 기업은 비즈니스 환경에서 예측할 수 없는 역동성에 대처해야 하지만, 조정에 의해 조직의 가치사슬 프로세스가 큰 무리 없이 계속 작동하게 된다.

마지막 경영 요소로 표준을 유지하려는 노력도 있다. 이 표준은 회사와 관련된 모든 이해관계자들이 잘 이해하고 동의하는 사항이다. 정확하고 적절한 측정 없이 목표 평가를 수행하는 일은 불가능하다.

카길Cargill Inc.(미네폴리스에 본사를 둔 식자재 생산업체이자 유통업체)은 전 세계 15만 5,000명의 직원들에게 동기와 참여의식을 고취하는 데 어려움을 겪고 있었다. 그러던 중 일상 업무 중에 격려와 통제가 이루어지도록 2012년 EPM을 선보였을 때, 카길은 말 그대로 유행 선도자가 됐다. 과거를 돌아보는 방식보다는 건설적이고 앞을 내다보는 평가방식을 도입한 이후 눈에 띄는 개선을 확인했다고 카길은 밝혔다.[26]

따라서 늘 조직에 적합한 역량을 개발하고, 엄격한 규율을 갖고, 현장에 적용되는 규범을 따를 때, 그 사람을 두고 전문가의 사고방식을 가졌다고 말한다. 마찬가지로 조직에서 계획수립, 체계화, 전략실행 프로세스 통제와 관련해 늘 적절하고 신중하게 행동하는 사람은 올바른 경영자의 사고방식을 가졌다고 평가받는다.

지금까지 살펴본 것처럼 기업가정신 클러스터뿐만 아니라 전문성 클러스터에서 다양한 요소들이 통합될 때 최적의 성과가 도출된다. 이처럼 연결성을 확립하고 각 마인드셋의 기여를 평가해나갈 때 갈등의 위험이 줄어든다. 여기서 그치지 않고 협력이 강화되고 혁신적인 아이디어가 촉진되어 여러 이점이 생기며, 조직을 앞으로 나아가게 하는 시너지가 창출된다.

| 핵심 요약 |

- ✔ 창의성의 마인드셋으로 아이디어를 창출하고, 혁신 정신으로 가능성을 실질적인 해법으로 전환해 문제를 해결한다.
- ✔ 기업가정신은 기업들이 혁신의 상업적 가치를 지렛대로 삼게 하는 힘이다. 리더십은 전략과 방향설정, 조직의 사기에 영향을 미친다.
- ✔ 생산성 향상에 역량을 집중하는 사람은 효과성과 효율성을 높일 방법을 찾는다. 개선을 중시하는 부서는 이전보다 더 나은 성과를 달성할 방법을 찾는다.
- ✔ 전문성을 가진 사람들은 규범을 확립하는 데 기여한다. 경영자들은 프로세스와 규약의 실행을 감독한다.
- ✔ 직원들의 마인드셋이 조화를 이룰 때 가치가 상승하고 조직의 경쟁우위가 구축된다.

조직의 기능을 통합하라

조직 내 부서들을 하나로 결합하기

기업은 필요한 활동을 수행하기 좋은 방식으로 구성된다. 우리는 흔히 사업부 또는 부서로 알려진 사내 부문들을 접한다. 각각의 부문은 독립적으로 또는 다른 사업부들과 함께 상호의존적으로 활동을 수행한다.

사업부가 공개적인 의사소통을 꺼릴 때도 있다. 그로 인해 사업부 간에 정보가 제대로 보급되지 않기도 한다.[1] 의사소통과 정보교환이 일어나지 않으면, 조직의 목표 달성을 위한 조정이 원활하지 않게 된다.[2]

앞서 설명했지만, 사일로 사고방식이 역효과를 낳는 것은 사내 여러 사업부의 최고위 임원들이 불건전한 경쟁에 휩쓸리기 때문이다. 조직 내에서 다양한 계층의 사람들이 각자의 이익을 위해 속마음을 숨길 때도 마찬가지다.[3] 사일로의 특징 중 하나를 소개하면, 조직에 관련된 사람들이 저마다 회사 내 다른 사업부나 부서에 매우 중요하거나 필요한 정보를 공유하지 않으려 한다는 것이다.[4]

이런 문제를 다루기 위해 옴니하우스 모델에서 서로 구분되는 네 기능(마케팅, 기술, 휴머니티, 재무)을 들여다볼 수 있다(걱정하지 않아

[그림 6.1] 옴니하우스 모델에서 양분되는 기능

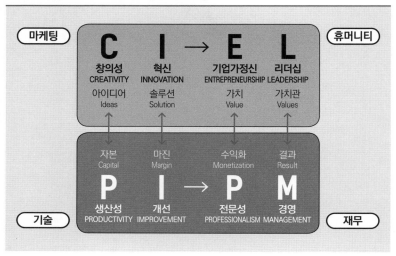

도 된다. 나중에 운영 부분에 대해 설명하겠다). 마케팅과 재무가 분리되어 가장자리에 놓였다는 점에 주목하자. 기술과 휴머니티도 마찬가지다. 이렇게 배치된 구조는 이 기능들이 대개 사일로화되거나 분리된다는 사실을 두드러지게 보여준다. CI-EL과 PI-PM 요소 간에도 모순된 성격이 드러난다. 이처럼 옴니하우스 모델에서 여러 이분법적 구조를 발견할 수 있다.(그림 6.1 참고)

이번 장에서는 사일로의 벽을 허물어뜨릴 방법을 살펴보겠다. 먼저 마케팅과 재무 기능을 연결하는 방법을 분석하고, 이어서 자원을 하나로 모으는 일, 특히 인간과 기술의 연결에 대해 고민해보겠다.

마케팅과 재무의 연결

1장에서 논의한 것처럼 전형적인 마케팅의 맹점은 마케팅 기능과 재무 기능이 양립하지 못하는 것(가장 눈에 띄는 이분법적 구조)이다.(그림 6.2 참고) 이를테면, 마케팅 담당자들은 오로지 재무와 상관없는 평가지표에 매달리는 경향이 있다. 또 재무 담당 임원은 보통 예산을 집행할 때 마케팅 담당자에게 달성하고자 하는 목표를 묻는다. 그러면 마케팅 담당자는 브랜드 인지도 강화, 특정한 인식 생성, 가치 제안 전달 따위를 들어 답한다.

이와 같은 답변에 재무 담당 임원이 얼굴을 찌푸리곤 한다. 어쩌면 재무 담당 임원이 마케팅 부서가 달성하려는 모든 것의 가치, 특히 재무 관련 표준 용어가 아닌 마케팅 관련 용어의 개념을 이해하지 못했을 수도 있다. 이때 재무 담당 임원은 서둘러 다른 질문으로 넘어간다. 마케팅 담당자에게 지원하는 예산으로 거둘 수 있는 수익이 얼마

[그림 6.2] 옴니하우스 모델-마케팅과 재무의 이분법적 구조

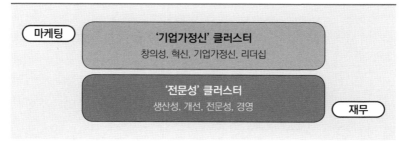

나 될까?

　재무 영역에서 측정되는 주요한 항목은 대부분 수익의 개념, 이를테면 매출수익률Return On Sales(이하 ROS), 자산수익률Return On Asset(이하 ROA), 투자수익률Return On Investment(이하 ROI)을 말한다. 반면에 마케팅 담당자들은 대개 고객 충성도 지수, 고객 만족도 지수, 최초상기도TOM(소비자가 여러 경쟁 브랜드 중 제일 먼저 떠올리는 브랜드로 브랜드의 시장 점유율을 추정할 수 있는 지표—옮긴이), 시장점유율 같은 비재무적 지표를 사용한다.

　게다가 일부 마케팅 담당자들은 회사의 재무제표에 관심이 없을지도 모른다. 마케팅 실무에서 일반적으로 재무적 성과측정과 유일하게 관련되는 부분이 매출이다. 매출은 손익계산서의 맨 윗줄에 표시된다. 수단과 방법을 가리지 않고 매출 목표를 달성할 수 있겠지만(초과할 수도 있겠지만), 그러면 순이익이 적자가 될 수도 있다. 손익계산서의 맨 아랫줄은 주주들이 관심을 집중하는 부분이다. 순이익에 따라 주주들이 받을 배당이 결정되기 때문이다.

　그런데 재무 담당자들은 지출이 비재무적 결과를 축적한다는 점을 보지 않고 비용을 억제하는 데만 온 신경을 쏟곤 한다. 비재무적 결과는 특정한 조건에서 재무적 결과로 전환될 수 있는 것이다. 그래서 비용을 지출로만 보지 말고 투자로 봐야 한다.

　재무 담당자들은 다양한 부서들이 상황을 이해하는 관점을 파악해야만 다른 부서에 도움이 되도록 예산 지출을 결정할 수 있다.[5] 앞서 얘기한 것처럼, 부서 간의 협업이 실현될 때 하나의 회사라는 마음가짐

이 강화되어 고객들에게 최고의 상품과 서비스를 전달하고 회사의 매출이 증가하는 효과가 일어난다.[6]

기술과 휴머니티를 결합하라

디지털 시대에 기계의 정의는 오로지 기계적 측면에서 작동하는 장치에 국한되지 않는다. AI 등의 기술이 적용된 기계는 로봇 기술 덕분에 매우 정확하고 일관되게 인간의 일을 수행해낼 수 있다. 이런 기계들은 사물 인터넷IoT과 블록체인 기술이 적용되어 서로 연결되기도 한다.

이상적으로는 이 지능적인 기계들이 기업 조직을 지원해야 한다. 기업 내부에서 일하는 사람들(직원들), 다양한 기업 지원 서비스를 구매하고 사용하는 외부 고객들, 심지어 사회에까지 기계가 혜택을 제공해야 한다.

사람에 대한 혜택. 우리는 효율성을 발휘하려고 기계를 설계하고 사용한다. 더욱이 생산성을 높이면서도 직원이 더 쉽고 인체공학적으로 혹시나 모를 부상의 위험 없이 업무를 하도록 기계를 사용한다. 직원들은 기술에 기대어 책임을 완수할 수 있다. 언제나 원격으로 다양한 데이터와 정보에 연결되고 접근할 수 있어서 어디서든 일을 할 수 있다.

고객에 대한 혜택. 기술을 통해 개인화와 맞춤화, 인간답거나 온정이 느껴지는 탐색 서비스를 제공할 수 있다. 조직 구성원들이 인간다운 삶을 살고 기술의 도움을 받을 때, 궁극적으로 고객들에게 한층 더 인간다운 서비스를 제공할 수 있다. 고객 착취의 시대는 오래전에 막을 내렸으며, 이제 기술과 함께 삶의 질을 높이는 해결책이 제공되어 고객들이 온전히 인간다운 삶을 구현하는 시대가 됐다.

사회 전반에 대한 혜택. 기업이 판매하는 상품이 팔리지 않더라도 기업이 폭넓은 공동체의 이익을 무시해선 안 되는 시대가 됐다. 메르세데스-벤츠의 사례가 보여주듯이, 모든 생산시설에서 에너지원을 재생전기로 전환하여 환경의 질을 개선하는 책임을 지기도 한다. 기업들은 재활용 기술을 활용해 폐기물을 급격히 감소시킬 수 있다. 이와 마찬가지로 다양한 제품에 생분해성 소재를 적용하는 것은 환경에 대한 기업의 관심을 보여주는 지표로 통한다.

최근의 기술 발전은 일상에서 멸종 위기종을 관찰하고 밀렵을 감시하는 활동을 비롯한 야생동물 보호 프로젝트에 녹아들었다. 드론, 데이터, 디지털 매핑을 이용해 멸종 위기 야생동물을 추적할 수 있다. 아프리카에서는 밀렵이 성행해서 가람바 국립공원Garamba National Park에서 서식하는 코끼리의 수가 엄청나게 감소했다. 가람바의 코끼리 떼는 한때 2만 2,000마리에 달했으나 2017년에 고작 1,200마리로 확 줄었다. 그로부터 3년 동안 가람바에서는 코끼리 밀렵이 97%까지 감소했다. 이를 위해 로케이션 인텔리전스location intelligence가 도입됐으며, 그에 따라

[그림 6.3] 옴니하우스 모델-기술과 휴머니티의 이분법적 구조

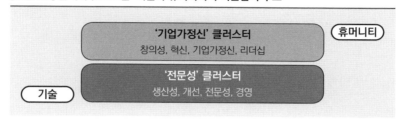

밀렵 전문 감시팀이 GIS(지리정보시스템)와 IoT를 이용해 하루 24시간 각 개체를 추적하고 있다.[7]

디지털 기술이 적용된 지능형 기계를 이용해 이해관계자들에 대한 의무를 다할 수 있다. 인간과 기술이 사람과 고객, 사회 전반에 인간다운 삶을 보장하는 것이 이상적인 그림이다.[8] 기술을 인간답게 하는 문제의 본질(즉 기술과 휴머니티의 이분법적 구조를 하나로 결합하는 일)은 앞으로 기업의 우선순위로 떠오를 것이다.

통합이 핵심이다

사일로 현상을 허물어뜨리는 것은 여간 어려운 일이 아닐 것이다. 조직을 통합하기 위해 흔히 넘어서야 할 두 가지 장벽을 생각해보자. 이어서 통합이 핵심 열쇠인 이유와 그 과정에서 성공을 측정하는 방법을 들여다보자.

- **첫 번째 장벽: 조직의 경직성**

조직이 내외부에서 직면하는 온갖 압력에 대응하려면 유연성을 갖춰야 하는데, 이 유연성에 반대되는 개념이 경직성이다. 기업은 유연성을 발휘해 직원 부서 배치를 다양화하는 것은 물론 하나의 사업부에서 다른 사업부로 다수의 자원을 배분한다. 만약 직원들이 CI-EL과 PI-PM의 다양한 마인드셋을 통합하려 하지 않거나 할 수 없다면, 장차위기에 대응하고 생산성을 발휘하는 일을 매우 어렵게 느낄 것이다.[9]

이에 기업들은 더 이상 효과가 없는 전략, 지나치게 경직되고 반응이 느린 조직구조, 현재 상황에 적합하지 않은 조직문화와 마인드셋을 폐기하는 등 역동성이 심한 환경에서 경직성을 내려놓아야 한다. 본질적으로 경직성은 급속한 변화의 시대에 기업이 사업을 유지하는 데 큰 걸림돌이 된다.[10] 그래서 유연성이 해법이 된다. 이분법적인 여러 마인드셋과 경영 기능, 자원을 통합하는 방법의 하나이기 때문이다.

- **두 번째 장벽: 조직 관성**

일반적으로 성숙기에 도달한 기업은 오로지 그 궤도를 계속 유지하는 식으로 미래로의 여정을 이어간다. 그러한 기업 조직은 강한 관성 때문에 그 궤도를 바로 수정하지 못한다. 역사가 길고 다양한 전통적 가치사슬 프로세스를 이용하는 기업이 갑자기 매우 진보적인 접근법으로 변화를 꾀하려다 어려움을 겪는 것은 전혀 놀라운 일이 아니다.

딥워터 호라이즌Deepwater Horizon 폭발사고를 떠올려보자. 이 사고로 현장 인력 126명 중 11명이 사망하고 17명이 부상당했으며, 3개월간 원유가 유출됐다. 연방정부의 조사에 따르면, '빈약한 위기관리, 마지막 순간의 계획 변경, 이상 징후를 감지, 대응하지 못한 상황, 불충분한 제어 대응, 비상대응훈련 부족'이 재앙의 원인으로 꼽혔다.[11] 간단히 말해, 외부의 도전과 다양한 상황에 적응하지 못할 때 조직에 재앙이 닥칠 수 있다.

신생창업 기업과 시장을 선도하는 기술 기업들은 성장하기까지 저마다 다른 상황을 겪는다. 그들은 창업한 이래 매우 역동적인 비즈니스 환경에 적합한 진보적 접근법을 도입했다. 물론, 당분간 그들은 궤도를 다시 조정하지 않아도 된다. 그렇다 해도 파괴적인 변화의 흐름이 닥칠 때, 접근법을 다시 점검하여 적용해야 한다. 이런 측면에서 시작부터 문제를 겪다가 발전은 고사하고 성장하지 못하는 신생창업 기업들도 적지 않다.(그림 6.4 참고)

[그림 6.4] 신생창업 기업의 발전 단계와 잠재된 문제

1 단계 출범	2 단계 성장	3 단계 발전
• 약한 기업가의 마인드셋 • 불분명한 비전과 사명 • 불확실한 전략과 전술 • 허술한 계획수립과 평가 • 자원과 역량의 부족	• 창의성과 혁신의 정체 • 강력한 리더십의 부족 • 약한 전문성 • 부실한 경영	• 거시환경의 변화를 간과함 • 경쟁을 무시함 • 고객을 보살피지 않음 • 상품과 브랜드를 중요시하지 않음 • 비전과 사명을 재검토하지 않음 • 비즈니스 모델을 변경하지 않음 • 약한 디지털화 지향

역사가 오래된 대규모 사업체라도 실제로 관성을 피할 수 있다. 이 대목에서 듀폰Dupont이라는 이름을 들려주면 아마도 미래지향적인 기업이 떠오를 법하다. 그런데 프랑스 출신의 창업자 E. I. 듀폰E. I. du Pont 이 화약 제조 경험을 가지고 1802년 델라웨어 주에서 듀폰을 설립한 사실을 아는 사람은 많지 않다. 듀폰은 1804년 브랜디와인 크릭에 첫 화약 공장을 설립했으며, 버드나무 껍질을 태운 숯으로 흑색 화약을 제조했다. 이때부터 이 회사는 염료, 스웨터용 섬유, 그중에서도 특히 할리우드 영화용 필름을 제조했다. 2015년 듀폰은 다우케미칼Dow Chemical 과 합병했다. 이후 2018년 새로운 로고, 혁신에 대한 초점, 광범위한 솔루션을 내세우며 브랜드를 다시 선보였다.[12] 그해 듀폰은 연구 개발에 대략 9억 달러를 지출했다. 당시 듀폰은 바로 앞의 5년간 출시된 제품들로 2018년 매출액을 5% 이상 신장시켰다고 밝혔다.[13]

왜 통합해야 하는가

통합은 많은 이점을 갖지만, 그중에서도 세 가지 주요한 이점이 두드러진다. 시장 적합성, 생존 가능성, 지속가능성을 생각해보자. 각각의 이점은 하나로 모여야 하는 이유를 분명히 보여준다.

• 시장 적합성

이분법적 구조를 뛰어넘어 회사를 통합하면 특정한 경쟁 환경에서 적합성을 확고히 할 수 있다. 그런데 이는 경쟁에 참여할 입장권을 가지는 것처럼 보이지만 경쟁에서 이긴다는 보장은 없다는 점을 시사한다. 시장 적합성은 필요조건(특정한 경쟁에 참여하기 위한 조건)이지 충분조건(경쟁에서 이길 수 있는 조건)이라고는 할 수 없다. 시장에서 적합성을 유지하려면, 조직에 적합한 인력이 있어야 한다. 이런 이유로 기업들은 적어도 가치와 문화, 직무능력 자격에 있어 관련 인력이 높은 수준의 적합성을 갖추도록 해야 한다.

〈포춘〉 선정 500대 기업을 1955년과 2017년의 현황으로 비교해보면, 대략 12%에 불과한 60개 기업만이 여전히 존재하는 것으로 나타난다. 1995년 선정 500대 기업 중 상당수가 현재 알아볼 수 없거나 잊혔다(예를 들어, 콘밀스Cone Mills, 암스트롱 러버Armstrong Rubber, 퍼시픽 베지터블 오일Pacific Vegetable Oil, 하인즈 럼버Hines Lumber, 리겔 텍스타일Riegel Textile). 그리고 1955년 순위에 올랐던 기업 중 88%가 파산했거나 다른 회사와 합병했으며(인수됐으며), 혹은 여전히 사업을 운영하면서도 500대 기업 명단(총매출액 기준으로 선정된 명단)에서 탈락했다.[14]

• 생존 가능성

경쟁자들보다 높은 수준으로 조직의 응집력을 유지하는 기업이 시장에서 강력한 입지를 다진다. 기업 조직의 생태계는 생존 가능성을 보장하기 위해 조직이 참여한 비즈니스 생태계와 양립해야 한다. 끊임없이 급변하는 비즈니스 생태계에 적응할 때 민첩성이 매우 중요하며, 기업들은 민첩성 형성의 기본 요건인 동적 능력을 갖춰야만 한다. 매달 수많은 소규모 신생 기업이 경쟁에 참여하지만, 폐업률이 꽤 높은 실정이다. 2019년 신생창업 기업의 폐업률은 90%를 뛰어넘었다. 신생창업 기업의 21.5%가 창업 1년 차에 폐업하고, 2년 차에 대략 30%가 폐업한다. 이 수치는 3년 차에 더욱 높아지고, 급기야 창업 10년 차에 70%에 도달한다.[15]

• 지속가능성

거시환경에서 주요한 동인들의 변동성으로 인해 비즈니스 환경이 급변하고 있다. 이에 여러 이분법적 요소들의 통합을 유지하면서 동시에 비즈니스 환경의 변화에 맞춰 비즈니스 생태계의 모든 이해당사자들과 함께 전환을 이행해야 한다. 모든 요소가 하나로 결합할 때 약간의 충격이 동반될 수 있어 발 빠른 소통과 조정이 일어나야 한다. 이런 영구한 전환 능력이 있어야 거시환경과 미시환경에서 다양한 변동성 동인에 직면해 지속가능성을 유지해나갈 수 있다. 딜로이트Deloitte에 따르면, 기업들은 디지털 전환을 이행함으로써 재정 수익, 인력의 다양성, 환경 목표를 실현하는 방향으로 22% 더 빠른 발전을 이룰 수 있다.[16]

지속가능성을 향한 단계

조직 내 여러 이분법적 요소를 파악한 후 (그리고 통합한 후) 하나의 모델로 단순화할 수 있다.(그림 6.5 참고)

이제 해당 모델에 대한 설명을 들여다보자.

- 0 단계: 잠재/패자 기업

신생 기업이든 기존 기업이든지 간에 모든 기업은 다양한 잠재력을 가진다. 조직이 지나치게 경직되거나 관성이 너무 강한 경우처럼

[그림 6.5] 지속가능성을 향해 나아가는 기업의 단계

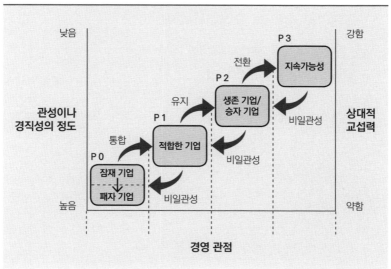

극복할 수 없는 장벽에 부딪힌다면, 여타 참가자들 사이에서 밀려날 것이다.

- 1 단계: 적합한 기업

잠재적 기업은 경직성과 관성이 별로 강하지 않을 때 조직 내 여러 이분법적 요소를 통합할 가능성을 높일 수 있다.

여기서 그치지 않고 경영진은 관련 경쟁자들과 고객들로 구성된 경쟁 상황으로 시야를 확대한다. 그에 따라 해당 기업은 생존하지 못할지라도 경쟁에 적합한 기업이 되는 단계까지 올라가기도 한다. 그렇지만 통합적 프로세스를 지속해서 이행하지 않는다면, 다시 단계를 내려가 잠재적 기업이 되거나 즉각 패자 기업이 되고 만다.

- 2 단계: 생존/승자 기업

잠재 기업은 경직성과 관성이 낮은 수준일 때 그간 이행한 여러 이분법적 기능들에 대한 통합을 유지할 가능성이 높다.

해당 기업의 경영진은 보다 넓은 관점을 가지고 비즈니스 생태계에 관여하여 전통적 방식이나 디지털 방식으로 다양한 협력자들과 연결되는 동시에 적합한 경쟁자들과 고객들에게도 관심을 기울인다.

이런 방법으로 해당 기업은 다음 단계로 올라가 생존 기업이 된다. 특정한 조건에서 경쟁자들보다 더 높은 성과를 달성할 때 승자 기업이 될 수 있다. 동시에 해당 기업은 비즈니스 생태계의 다양한 구성요소들을 가지고 상대적으로 강력한 교섭력을 가진다.

그러나 이분법적 구조에 대한 통합 활동을 일관되게 유지하지 않을 때, 그로 인해 이전 단계로 되돌아가기도 한다.

- 3 단계: 지속가능한 기업

생존/승자 기업이 경직성과 관성을 거의 가지고 있지 않다면, 이전에 완수한 다양한 통합 활동을 유지하면서 지속가능한 전환을 실현할 것이다.

해당 기업의 경영진은 거시환경의 주요한 동인들, 비즈니스 생태계, 관련 경쟁업체들, 고객들을 비롯한 비즈니스 환경 전반에 전체적 관점을 가지고 관여한다. 따라서 모든 기업이 추구하는 궁극의 목표이기도 한데, 해당 기업은 가장 높은 단계에 도달해 지속가능한 기업이 될 수 있다. 또한 해당 기업은 비즈니스 환경의 다양한 요소와 요인들을 대상으로 강력한 상대적 교섭력을 가지게 된다.

그런데 끊임없는 전환을 이행하는 과정은 말할 것도 없고 여러 성공적인 통합의 과정이 일관되지 않다고 가정해보자. 이런 경우 해당 기업은 생존 기업의 단계로 내려가겠지만 여전히 특정한 조건에서 경쟁에서 승리할 수 있다.

요컨대, 변화가 일상에서 수시로 일어나기 때문에 늘 변화에 준비되어 있어야 한다. 관련 사례를 들면, 기업 조직들은 지난 3년 동안 다섯 단계의 중대한 전사적 변화를 겪었으며, 75% 이상이 향후 3년 동안 중대한 변화의 주도권을 장악할 것으로 예상된다.[17]

어느 기업이나 조직은 현재 위치한 단계를 이해해야 한다. 그 과정에서 내부에 존재하는 역동적인 요소들, 무엇보다도 조직의 경직성과 관성과 관련된 요소들을 분석할 수 있다. 여기서 그치지 않고 특히 거시환경의 주요한 동인들을 비롯한 외부의 요소들도 들여다볼 수 있다. 그러고 나면 생존·지속가능한 기업이 되는 방법을 알 수 있게 된다.

―――――――――――――― | 핵심 요약 | ――――――――――――――

✔ 마케팅 부서와 재무 부서 간에 긴밀한 관계를 형성하여 상당한 재정적 우위를 확보할 수 있다.

✔ 직원들이 자동화 기술의 지원을 받고 높은 수준의 직무에 집중하는 등 기술과 휴머니티의 균형을 유지함으로써 인적 자원을 강화할 수 있다.

✔ 조직의 경직성은 회사가 통합으로 나아가는 길에 큰 걸림돌이 된다.

✔ 하나의 기업으로 통합하지 않고선 적합성, 생존 가능성, 지속가능성을 실현하지 못한다.

✔ 하룻밤 사이에 사일로를 허물 수는 없다. 지속가능한 기업으로 나아가는 단계를 밟아나가는 것이 시장에서 장수를 보장하는 비결이다.

창의성과 생산성을 융합하라

아이디어 창출부터 자본 최적화까지

2008년 디에고 A. 카르데나스 랜더로스Diego A. Cárdenas Landeros가 멕시코에서 뱀부사이클스Bamboocycles를 설립했다. 뱀부사이클은 대나무 자재만 85%를 사용해 디자인하고 설계한 친환경 자전거 제품이다. 사탕수수처럼 생긴 열대식물인 대나무는 내구성이 뛰어난 소재로 알려져 있다.

카르데나스는 멕시코 국립 자치대학교 출신의 엔지니어로 2007년 말 대나무 자전거 프로젝트를 시작했는데, 처음에는 학교 과제의 일환으로 프로젝트를 수행했다.

그러던 중 카르데나스는 기발한 묘안을 떠올렸다. 대나무는 진동을 흡수하고 주로 금속 재료가 받는 피로를 막아준다. 탄소 섬유는 초경량 소재이지만 세게 부딪히면 깨질 수 있다. 반면에 대나무는 쉽게 부서지지 않는다.

지속가능성의 측면에서 대나무는 다른 나무들보다 산소를 30%나 더 생산한다. 게다가 다른 유형의 나무들이 성숙하기까지 너무 긴 시간이 걸리는 것과 달리 대나무는 3년 안에 수확할 수 있는 상태로 자란다. 카르데나스는 집 근처에 머물다가 문득 남동부 멕시코에서 대나무를 생산할 수 있겠다고 생각했다.

마침내 카르데나스가 처음으로 출시한 모델이 2010년부터 길거리에서 꽤나 관심을 받기 시작했다. 곧이어 카르데나스는 주말 워크샵을 개최해 대나무 자전거 만드는 법을 선보였다. 이후 카르데나스는 3시간짜리 멕시코시티 대나무 자전거 투어를 마련했다.

카르데나스는 지속가능한 교통에 대한 인식을 높이고 자동차 운행 같은 틀에 박힌 방식을 깨기 위해 온 힘을 다했다. 2020년 멕시코 국립통계지리연구소의 보고서에 따르면, 멕시코시티의 자동차 등록 대수가 600만 대를 넘어갔다. 이는 1980년의 수치에 대비해 거의 3배나 되는 수치였다. 그토록 거리에 가득한 차량이 도시 곳곳에서 교통을 마비시켰다. 특히 주말에 교통 체증이 심각했다. 이 상황에서 대나무 자전거 이니셔티브는 또 하나의 대안으로 제시되어 교통 혼잡을 해소하고 운동량을 늘리고 자동차를 구매할 때보다 비용을 절감할 수 있었다.

이 사례에서 창의성의 목적이 생산량을 추구하는 것도 아니고 재무적 실적과 비재무적 실적을 의미하는 기업 조직의 성과와도 관련이 없다는 점을 알 수 있다. 카르데나스는 환경에 긍정적인 변화를 일으키고 싶었다. 문제를 이해한 카르데나스는 자신의 창의성을 발휘해 해법을 찾았고, 그다음 계획을 생산성 있게 실행했다.

이번 장에서는 창의성('기업가정신' 클러스터)과 생산성('전문성' 클러스터)을 융합하는 문제를 논하겠다. 혁신을 구현하려면 창의성이 필요하다. 다만, 창의성만 발휘하면 된다는 생각을 버려야 한다. 창의성

[그림 7.1] 옴니하우스 모델-창의성과 생산성의 요소들

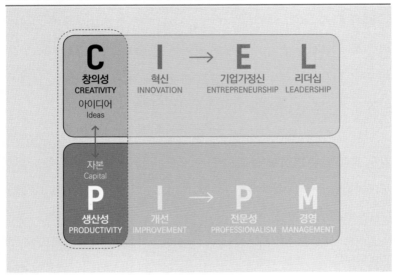

은 다양한 기술로 실현 가능한 아이디어로 구체화되어야 한다.(그림 7.1 참고)

따라서 창의성의 발현은 명확히 정의된 문제에서 시작되어야 한다. 생산성도 측정해야 하는데, 이는 조직이 제공하는 자본을 이용하는 문제와 상관관계가 있다. 생산성을 계산할 때는 투입-산출 분석에만 의존해서는 안 된다. 특히 무형 투입 요소들이 있는 경우에 더욱 그러하다. 요컨대, 뱀부사이클의 스토리에서 확인한 것처럼 생산성의 영향뿐만 아니라 결과까지 포함하여 폭넓은 관점에서 생산성을 살펴봐야 한다.

창의성에 얽힌 문제

많은 사람이 창의성의 개념을 쉽게 이해하지만, 조직에 창의성을 주입하고 구현하는 것은 여간 어려운 일이 아니다. 창의성과 관련해서 대개 여러 요인으로 인해 문제가 발생한다. 각각의 문제를 파헤쳐보자.

• 규모가 커질수록 약화되는 창의성

소규모로 운영되는 기업을 접할 때, 그 소유주가 보기 드문 창의성을 가진 사실을 발견하곤 한다. 소규모 기업은 자원이 한정되고 생산성이 낮은 경향으로 인해 모든 걸 다 실현하지는 못한다. 그렇지만 기업이 커질수록 경영진이 수많은 운영상의 문제에 사로잡히면서 복잡하고 난해한 생산성 계산에 집중하는 경우가 많다.

만약 창의성을 갈고닦는 일을 게을리한다면, 창의성은 갈수록 약해지고 매우 제한적인 상태가 되며 결국에 사라지고 만다.[1] 이미 몸집을 키운 기업들은 주로 상업이나 무역 지향성을 띠는 상업화 중심 태도에 갇히는 경향을 보인다. 상품화 접근 방식을 사용하는 기업들은 보통 강렬한 창의성을 필요로 하지 않는다. 상품화는 기업을 가격수용자로 전락시킬 수 있는 촉매로 시장균형에 따른 가격으로 제품을 판매하게 만든다. 이런 유형의 기업은 기꺼이 낮은 가격을 수용하고 나중에 좁은 이윤 폭을 가지고 가격 경쟁에 휘말리게 된다(가격수용자는 가격에 영향을 미칠 시장지배력이 없고 유사하거나 동일한 제품을 판매하는 수

많은 경쟁업체를 마주하고 있어 고객들의 관심을 끌지 못한다). 이런 현실에서 창의성을 발휘하는 기업만이 차별화를 실현하고 가격결정자가 되어 마침내 엄청난 마진을 실현한다.

- ### 모호해지는 창의성의 목적

기업이 매우 뛰어난 창의성을 발휘하더라도 창의성의 목적이 분명하지 않아 자원을 헛되이 쓰는 사례가 많다. 조직의 비전과 사명에 어긋나는 방향으로 창의적 프로세스를 따라서는 생산성을 발휘하지 못한다. 처음부터 가치 창출 프로세스에 적임자들을 참여시켰다 해도 이 사람들의 성향이 조직의 가치와 맞아떨어지고 조직의 사명을 완수하기에 적합한지 사전에 분명히 확인해야 한다.

창의성을 발휘하더라도 목적이 분명하지 않으면 상업적으로나 사회적으로나 가치 있는 결과를 창출하지 못한다. 이런 식으로 창의성을 발휘한다면, 조직의 자본을 낭비하는 담론에 그치며 조직의 경제적 목표에 반하는 결과로 이어질 게 분명하다. 전 세계의 사회적, 환경적 문제가 심화되는 가운데 많은 기업이 목적 중심의 접근 방식을 기반으로 조직을 운영하는 시대로 접어들었다. 이를 고려한다면, 기업들은 강력한 창의적 능력을 갖추고 이해관계자들과 함께 일하며 문제를 극복해야 한다. 그래서 창의성, 조직의 비즈니스 목표, 이 양자 사이에 뚜렷한 정렬이 반드시 실현되어야 한다.[2] 모든 기업이 그처럼 효과 있는 정렬을 실현하지는 못한다는 사실이 안타까운 일이다.

- **강렬한 창의성, 실행은 제로**

아무리 창의성이 넘치는 아이디어라 해도 실행할 수 없다면, 무형이든 유형이든 기존 자본이나 자산을 낭비하게 된다. 때로는 많은 창의적 아이디어 때문에 조직에서 장기간 이어진 일상 업무에 지장이 초래되기도 한다. 경영진이 종종 창의적 아이디어를 새로운 부담으로(심지어 문제로) 여기는 것도 다 그런 이유 때문이다. 다시 말해, 경영진은 오래된 습관이나 일상의 규칙을 버려야 한다는 관념에 거부감을 보인다. 그래서 여러 문제를 처리하기 바쁘다는 이유로 새로운 도전을 거부하기도 한다.[3] 위대한 아이디어가 나오는 족족 칠판에 남고 마는 현상은 놀랄 일이 아니다.

- **이상과 현실**

기업의 경영진이 내외부의 조건이 이상적이라는 가정을 바탕으로 창의적 아이디어를 발전시킬 때가 있다. 그러나 실제 조건이 가정과 다를 때 위험이 발생할 수 있다. 경영진이 현실과 동떨어진 창의적 아이디어를 고집할 때도 있다.

조직에서 팀을 실속 있게 꾸린다는 것은 실용적 성격과 이상적 성격을 모두 갖춰야 한다는 의미다. 그래서 다양한 사고방식과 작업방식을 조합하여 팀은 적절한 균형을 이루고 궁극에 최고의 결과를 창출할 수 있다. 이상적인 비전은 사람들에게 의욕을 북돋우고 참여를 독려하는 효과가 있다. 한편으로는 현실의 어려움도 받아들여야 한다. 또한 이상

주의를 하나의 비전으로 바라봐야 한다. 조직과 구성원들이 중대하고 숭고한 목표를 위해 일한다고 인식하도록 이끌고 동기를 유발해야 한다는 것이다. 그런데 이를 실현하기까지 모든 어려움을 고려할 때, 여전히 비전만으로 충분하지 않다(조직의 리더들이 현실에 밝고 창의적 아이디어를 실현하는 등 기꺼이 직접 개입하고 참여한다는 점을 직원들이 알아야 한다). 다시 말해서, 하나의 목표를 고수하는 태도는 칭찬할만하지만, 사업을 수행하는 사람의 창의성이 제한될 수 있다. 그래서 실용주의가 창의적 잠재력의 한계를 극복하는 데 도움이 된다.[4]

• 창의성에 대한 평가절하

창의성은 간혹 당연한 것으로 여겨진다. 다시 말해서, 창의성을 공짜로 얻을 수 있는 것으로 생각하는 사람들이 있다. 이런 사고방식이 만연한 기업은 특히 결과가 실적이 눈에 띄지 않고 수익화하기 어렵다며 창의성 관련 프로젝트에 좀처럼 투자하지 않는다.

기업들이 보통 (생산설비와 생산용품이 포함된) 물리적 자산 같은 유형의 자산에만 비용을 지출한다는 생각에 갇히는 이유가 있다. 투입-산출과 투자수익률의 측면에서 생산성을 계산하기 좋기 때문이다. 만약 누군가가 창의성과 관련된 물리적 시설에 자금을 투입하라고 요구한다면, 일부 경영진이 언짢은 표정을 지을지도 모른다.[5]

1차 산업혁명 시기에 주요한 기업 활동이 광산업, 섬유업, 유리업, 농업에 치중됐는데, 이 업종들은 땅과 공장, 천연자원 같은 유형의 자산에 기반했다. 반면에 4차 산업혁명 시기에는 기업의 실적이 브랜드 가치평가, 지적재산, 문제해결에 유용한 지식자산에 의해 결정된다. 이 것들은 무형의 자산인데도 회사의 이익에 계속 영향을 미친다.[6]

• 불분명한 창의성의 지향점

고객 문제는 창의적 프로세스의 분명한 지향점이라는 점에서 매우 좋은 시작점이 된다. 그러나 때때로 고객 문제를 정의하는 일이 쉽지 않다. 회의에서 고객의 실제 고충에 집중하지 않은 채 아이디어만 논의 하는 일이 많다.

잘 정의된 문제가 창의성의 시작점이 될 때(문제를 문서로 분명히 했을 때), 특히 그 취지가 비전과 사명, 전략에 반영된 회사의 정책과 일치한다면, 경영진이 수월하게 확실한 이유를 가지고 창의적 활동을 지원할 수 있다. 창의성이 생산성을 높이는 여부는 문제를 설정하는 과 정에 달려 있다.(그림 7.2 참고)[7]

어떻게 압박감이 창의적 능력을 저해하는지에 대해서도 관심을 기 울여야 한다. 일각에서는 강제로 창의성을 발휘하게 할 수 없다고 주장 한다. 우리는 대개 압박감이 매우 심한 환경에서 창의성이 발휘되지 않 는다고 여긴다. 그렇다 해도 사고하는 사람들의 집단이 이례적으로 강 한 동기를 가지면, 아무리 압박감이 심하더라도 그 때문에 창의성을 발 휘하지 못할 일은 없다. 오히려 혁신으로 이어지는 다양한 창의적 아이 디어를 낼 수 있다.

[그림 7.2] 문제 정의부터 해법 도출까지 핵심 고려사항들

문제	→ 유발 →	창의성	→ 전환 →	혁신	→ 연결 →	해법

문제	창의성	혁신	해법
• 고객 중심과 목적 중심 접근법으로 문제가 정의되어야 한다. • 경영진은 해결해야 할 문제가 조직의 비전과 사명, 가치와 맞아떨어지는지 분명히 해야 한다. • 쟁점이 분명하고 이해하기 쉬운 문제로 정의되어 설명되어야 한다.	• 잘 정의된 문제의 근본 원인을 쟁점으로 삼아야 한다. • 조직의 자산이 창의적 프로세스에서 생산적으로 사용되어야 한다. • 프로세스는 유연성을 우선시하되 체계적인 방식으로 구성되어야 한다.	• 아이디어가 실질적인 형태로 상업화의 단계에 접어들 준비가 됐다. • 이용가능한 자원, 능력, 역량과 정렬된다. • 고객들이 이해하기 쉽고, 고도로 차별화되고, 어떻게든 모방하기 어렵게 가치가 표현되어야 한다.	• 고객의 삶을 개선하는 상품과 서비스의 형태여야 한다. • 회사가 실현할 수 있고 조직의 성과를 개선할 수 있는 비즈니스가 되어야 한다. • 지속적 개선을 위해 객관적으로 평가되어야 한다.

생산성에 얽힌 문제

창의성 관련 쟁점으로 논의를 마치는 것은 태만한 일이 될 수 있다. 분명한 사실은 생산성의 측면에서도 도전 과제가 생긴다는 점이다. 이런 문제는 창의성과 생산성 사이의 궁극적인 연결을 저해할 수도 있다. 이 영역에서 자주 발생하는 여러 주요한 도전 과제를 간략히 들여다보자.

- **생산성의 현상 유지**

생산성은 대개 일상적인 활동에 관련되며, 평소와 다름없는 흐름에서 경영이 정체 현상에 놓이기도 한다. 이 현상 유지 상황에서는 대체로 창의성이 고갈된다. 창의성이 으레 일으키는 현상을 '긁어 부스럼 만드는 일'로 보는 관점은 적절치 않다. 안정성, 지속성, 엄격한 표준화가 선호되는 문화도 원인으로 지적된다.

여기에 문제가 발생한다. 생산성 계산의 기반이 되는 현상 유지의 사고방식으로는 창의성을 발휘할 여지가 많지 않다는 것이다. 이 대목에서 창의성(혁신으로 전환된 창의성)이 직간접적으로 생산성에 영향을 미친다는 사실을 잊지 말아야 한다.[8] 이 개념이 대세로 보이지 않는다고 해서 경영진이 문제를 회피하려 들기도 한다. '여기서 개발한 게 아니다'라는 배타적 태도 때문에 이 개념이 무시될 때, 불행하게도 조직이 혁신하지 못하고 결국 스스로 위기에 빠지고 만다. 이런 위기에서 벗어나지 못하는 기업이 어떻게 고객의 문제를 두고 사고할 줄 알겠는가?

- **생산성이 전부라는 관점**

기업이 생산성을 꾀하다 보면 직원들에게 과도한 부담을 안길 수 있다. 그러면 직원들은 인정받지도 충분한 보상을 받지도 못하고 의욕과 동기가 사라졌다고 느낀다.[9] 한편, (직원들이 스트레스를 줄이겠다고) 시간 관리에 지나치게 치중해도 역효과를 초래한다.[10] 휴식과 직원 복지는 말할 것도 없고 여러 활동을 할 여지가 있어야 한다.[11]

- **생산성에 대한 기계적 접근**

일관성이 없으면 생산성을 측정하기가 어렵다. 기업들 대부분은 표준 운영 절차를 통해 이 일관성을 높인다. 이 절차가 간혹 너무 복잡한 경우에 이 절차를 따르는 사람들이 머리를 쥐어짜기도 한다. 본질적으로 이 절차의 목표는 높은 효율과 일정한 수준의 생산성을 달성하는 것이다.

딜로이트는 한 출판물에서 효율성이 창의성을 저해한다고 밝혔다. 절약을 유념하며 낭비를 줄이는 가운데 생산성이 실현되기에 창의적 아이디어와 색다른 접근법 등 새로운 일을 시험할 여지가 줄어든다.[12] 우리는 측정 없는 적절한 관리는 어렵다는 말을 종종 듣는다. 아쉽게도 응용 측정법이 기계와 장비, 여러 물리적 자산, 운전자본 같은 유형의 자산에 집중되는 경우가 많다. 게다가 경영진이 '기계적' 접근법으로는 계산하기 어려워서 무형의 자산을 보지 못하고 지나칠 때가 많다.

- **투입-산출의 관점**

일부 기업들은 생산성을 계산할 때 오로지 투입을 생산요소로 다룬다. 이 투입은 여러 프로세스를 거쳐 마지막으로 회사의 산출요소가 된다. 아쉽게도 이 접근 방식에서 다양한 무형의 자산과 간접적 요소들이 포함되지 않는다. 이 구성은 산출과 관련이 있지 성과를 의미하지는 않는다. 셀 수 있는 구체적인 항목들이 비교 대상이기 때문에 기업이 창의적 아이디어의 실현에 좀처럼 비용을 지출하지도 투자하지도 않는 것은 놀랄 일이 아니다.

창의적 사고에서 비롯된 아이디어를 수량화하는 것은 여간 어려운 일이 아닐 것이다. 더군다나 실행과 평가를 하기 전까지 창의적 아이디어의 영향력을 아무도 판단하지 못한다. 실제로 투입-산출 접근법을 계속 사용해야 하지만, 그걸로 충분하지 않다는 말이다. 마침내 우리는 단지 산출만 따지지 않고 성과와 영향도 따지게 됐다.(그림 7.3 참고)

산출물은 생산 프로세스의 즉각적인 결과물로 우리는 흔히 (재화뿐만 아니라 서비스까지 포함해서) 제품이라고 부른다. 정해진 생산 프로세스가 완료된 후 산출을 즉시 계산할 수 있다. 쉽게 말해서, 정해진

[그림 7.3] 투입부터 영향까지[13]

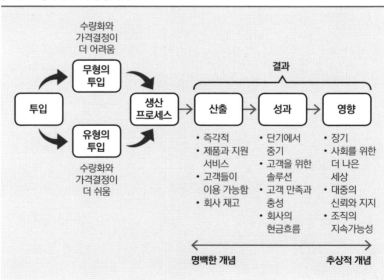

프로세스에서 발생한 산출의 긍정적 효과가 성과이며, 조직 구성원들, 고객들, 공동체, 자사 등 다수의 이해관계자들이 성과를 이루고 누린다. 성과는 단기간, 중기간에 확인할 수 있는 반면에 영향은 장기간에 걸쳐 확인할 수 있는 결과다.[14]

고객과 투자자의 마음을 사로잡아라

기업들은 새로운 아이디어를 창출하고 활용해 창의적 프로세스를 통해 고객과 투자자의 마음을 사로잡을 수 있다. 고객들은 흔히 신제품이 출시될 때까지 지름신을 자제하지 못하는 것 같다. 그런 고객들은 신제품이 물리적 형태로 출시되지 않았어도 흥미로운 아이디어에 이끌려 선뜻 사전예약 주문을 할 것이다. 마찬가지로 투자자들도 참신한 비즈니스 아이디어를 가진 기업에 관심을 가지기 마련이다. 이제 창의성과 생산성 요소의 측면에서 양 부문의 균형을 유지하는 방법을 살펴보자.

• 인내심 없는 고객들

고객은 기업의 생존을 지켜주는 생명줄이다. 고객의 기대가 기업의 창의성과 생산성이 실현되는 방식에 영향을 미치기도 한다. 지금의 환경에서는 고객을 상대해나가면서 다음과 같이 여러 주요한 문제를 처리해야 한다.

소비자들은 점점 더 많은 것을 요구한다. 소셜 미디어와 디지털 기기로 영향력이 막강해진 소비자들은 언제, 어디서, 어떻게 브랜드와 상호작용할지에 대해 통제권을 확대하고 있다. 소비자들은 지금 개인화된 서비스 이상으로 점점 더 큰 요구를 하고 있다. 이 때문에 옴니채널의 모든 접점에서 고객 경험이 매끄러워야 한다. 제품과 서비스는 적당한 가격에 신속하고 번거롭지 않은 배송으로 제공되어야 한다. 이 조건을 충족하려고 기업들은 고객들과 협업과 공동 창조를 하는 방법으로 (B2C와 B2B를 모두 활용해) 높은 수준의 참여를 보장해야 한다.

갈수록 소비자를 만족시키기 어렵다. 다양한 플랫폼에서 사람 대 사람을 연결하면 정보를 교환하고 다수의 고객을 교육하기가 한결 수월해진다. 고객들은 점점 더 높은 기준을 요구하고 끊임없이 가능한 다양한 대안을 비교하며 선택에 신중을 기하고 있다. 다른 고객들이 남긴 평가를 자세히 살피는 것도 다 그런 이유 때문이다.

고객 충성도를 높이기 어렵다. 설사 우리가 고객을 만족시킨다고 해서 고객이 우리와 계속 함께한다고 보장하지 못한다. 베린트 시스템 Verint® Systems Inc.(고객 참여 분석 전문 회사로 고객 참여 관리 소프트웨어와 하드웨어를 판매한다.─옮긴이)이 전 세계 34,000명이 넘는 소비자를 대상으로 한 연구는 고객 충성도와 유지도가 떨어지고 있는 사실을 보여준다. 좀 더 구체적으로 말하면, 조사에 참여한 소비자의 2/3가 최상의 고객 서비스나 특별한 경험을 제공하는 경쟁업체로 이동하겠다는 의향을 내비쳤다.[15]

고객은 신제품을 갈망한다. 소비자들의 실용적 욕구와 정서적 욕구,

취향, 그리고 현대 트렌드가 하루가 다르게 변하고 있다. 이에 소비자들은 현재에 만족하지 못하고 가능한 한 빨리 구할 수 있는 더 나은 신제품을 찾아 나선다. 그래서 신제품이 시장에 출시되기도 전에 미리 비용을 결제하기도 하는데, 그렇게 해서 최초 소유자나 사용자라는 타이틀을 얻기도 한다.

• 돌다리도 두들겨보는 투자자들

투자자들은 회사의 자금을 조달하는 중요한 원천이다. 그런데 회사에 창의적인 사람들이 넘쳐나면서 회사가 엄청 뛰어난 창의적 능력을 갖추게 됐다 해도 투자자들에게 회사의 성장에 기여해달라고 설득을 하기는 쉽지 않다. 다시 말해, 투자자들은 투자금에 대한 수익률을 제공하는 회사의 잠재력에 관심을 가지기 마련이다. 만약 설득력 있는 투자수익률 예상치를 제시하지 못한다면, 투자자들도 좀처럼 투자금을 맡기지 않을 것이다.

여기서 투자자들이 창의성에 대해 회의적인 태도를 보이는 이유를 따져보자.

기업이 막대한 투자를 요구한다. 창의성을 발휘하기까지 엄청난 노력과 에너지를 쏟아야 한다. 그렇다고 해도 원하는 결과가 바로 나오는 경우는 거의 없다. 이해당사자들이 진취적인 프로젝트에 막대한 자금을 투자하길 꺼려서 조직에서 창의성이 고갈되기도 한다.[16]

가치를 평가하기 어렵다. 흔히 투자 제안이 이해하기에 너무 난해할 때 투자자의 망설임이 커진다. 창의성은 추상적 개념이어서 바로 결과를 확인할 수 없다. 창의성이 가치가 크고 고려할만한 투자 요소라는 점을 투자자들이 확인하고 이해하도록 방법을 찾아야 한다.[17]

실패할 확률이 높다. 하버드경영대학원 교수 클레이튼 크리스텐슨Clayton Christensen에 따르면, 매년 시장에 도입되는 신제품이 대략 30,000개에 달한다. 그중 95%가 실패로 끝난다. 한편, 토론토대학 교수 이네즈 블랙번Inez Blackburn은 식료품점에 입점한 신제품의 실패율이 70%에서 80%에 이른다고 밝혔다.[18]

조심스러운 태도를 취한다. 창의성을 바라보는 경영진의 관점이 불신으로 가득할 때가 있다. 이런 경영진은 '합리적' 투자 활동을 하지 않고 으레 창의적 활동에 충분한 예산을 할당하지 않는다. 그래서 아무런 결과가 나오지 않는 일을 사소한 손실로 여긴다. 투자자들도 마찬가지로 신중한 태도를 취한다. 재무적 측면에서 창의적 활동의 결과를 확인할 수 없기 때문이다.[19]

해결되지 않은 문제가 숨겨져 있다. 투자자들은 대개 투자금액을 따져보는 데 더해 위험을 증가시키는 숨겨진 문제를 찾는다. 조직 문화가 창의성의 정신과 흐름을 같이 하지 않고, 혹은 경영진이 조직의 창의성을 키우는 일을 지원하지 않는다면, 투자자들의 의심을 살 것이다.[20]

창의적 제안에 대해 지나친 약속을 한다. 실현 불가능해 보이거나 너무 난해한 제안을 접할 때, 투자자들은 투자를 주저한다. 투자자들은 창의적 아이디어를 자주 접했을 법하다. 서류상으로 괜찮아 보이지만 예상과 달리 실현되지 않고 실패로 끝나는 사례가 넘쳐난다. 투자자들이 자신들의 관점에서 더 합리적으로 보이는 투자 포트폴리오에 이끌리는 것은 당연한 일이다.

세그웨이Segway(개인형 이륜이동장치)의 창립자들은 이륜이동장치가 운송업계에서 게임 체인저가 될 것으로 예상했다. 더욱이 그들은 판매량이 주당 10,000대까지 폭발적으로 증가하는 것은 물론 역대 어느 업체보다도 더 빨리 매출 10억 달러를 달성할 것으로 전망했다. 그렇지만 그런 일은 실제로 일어나지 않았다. 사실, 세그웨이는 4년 동안 이륜이동장치를 24,000대밖에 팔지 못했다. 세그웨이가 범용적 목적의 제품을 만들었다는 사실에 문제의 원인이 있었다. 결국에 세그웨이는 오토바이와 자전거, 자동차 같은 다른 운송 수단과 경쟁하지 못했다. 세그웨이를 이용하지 않고 걷는 편을 택하는 사람들도 있었다(걸으면 비용이 들지 않는다).[21]

이 장벽들을 이해하고 극복할 해결책을 찾아 투자자들의 마음을 사로잡을 가능성을 높일 수 있다. 투자자들의 지원은 조직의 창의성을 높이는 마중물이 된다. 핵심은 그들의 투자가 중요하다는 것이다.

━━━━━━━━━━━━━━ | 핵심 요약 | ━━━━━━━━━━━━━━

✓ 대규모 기업의 상업화 중심 태도, 실행 없는 모호한 목표, 현실과 동떨어진 관점, 평가절하, 불분명한 지향점이 창의성을 가로막는 장벽이 된다.

✓ 생산성에 지나치게 치중하면, 현상 유지에 따른 문제들, 직원 번아웃, 경직성, 투입-산출 관점이 생긴다.

✓ 오늘날의 고객들은 날이 갈수록 더 많은 것을 요구하고, 웬만해선 만족하지 못하며, 늘 신제품을 갈망한다.

✓ 투자자들은 여러 이유로 창의적인 활동에 대한 투자를 주저한다. 막대한 비용이 투입되고, 가치를 평가하기 어렵고, 실패할 확률이 높기 때문이다. 조직 내에서 지원이 제대로 이루어지지 않고 기업의 제안이 이해하기에 너무 난해한 것도 원인이 된다.

✓ 창의성과 생산성의 균형을 유지함으로써 고객들을 유지하고 투자자들의 마음을 사로잡을 수 있다.

창의성과 대차대조표

창의적 능력을 높이는 투자 확보하기

강력한 창의적 능력을 보유하여 수익성으로 이어지는 혁신을 실현할 수 있다면, 혹은 적어도 미래에 이익을 창출할 잠재력을 가지고 있다면, 이 기업은 투자자들을 끌어들일 수 있다. '투자'라는 말에는 투자자들이 기업에 자본을 대고 수익을 기대한다는 의미가 담겨 있다. 이 투자자들은 자연스레 회사의 주주가 된다. 투자라는 말이 암시하듯이, 투자자는 대출 제공자는 아니다.

　대출을 제공하려는 쪽은 회사가 일정한 기간 내에 대출 이자를 지급하고 대출 원금을 상환할 능력이 있는지 그 여부만 확인하려고 한다. 자금을 대여하는 쪽은 다양한 창의적 아이디어나 해당 기업의 프로세스에는 관심을 가지지 않는다. 대출 원금에 더해 약정된 이자를 반환할 능력이 있는지가 유일한 관심 대상이다. 채무 불이행 상황에서는 채무자가 파산 신청서를 제출할 것이다. 그러면 채권자가 대출금 대신 기존 자산을 소유할 권리를 가진다.

　이와 같은 현실을 고려한다면, 어느 한 이해당사자가 창의성을 평가하는 방법, 또 창의성을 주요한 고려사항으로 삼는지에 대한 여부에 따라 창의적 능력이 회사의 대차대조표에 미치는 영향을 따져볼 수 있다.

대출 제공자의 관점

대출 기관이나 채권자는 오로지 채무 기업의 수입에 관심을 가진다. 왜냐하면 그 기업이 수입에서 대출 원금과 이자를 지불할 것이기 때문이다. 기업들은 때때로 부채를 상환할 목적으로 지분의 일부를 매각해 현금을 창출하기도 한다.

좋은 예로, 사업을 공격적으로 확장하던 에버그란데Evergrande(중국 최대 부동산개발 회사)는 해외 채권자들로부터 3,000억 달러가 넘는 금액을 차입했다. 그러다 팬데믹이 닥치자 에버그란데의 부동산 사업은 침체에 빠졌다. 이 상황은 에버그란데의 대출 상환 능력에 영향을 미쳤다. 이에 2021년 12월 피치Fitch(국제 신용평가 회사)가 에버그란데를 디폴트 등급으로 강등했다. 해외 채권자들에 대한 12억 달러의 채무 상환 기한을 넘긴 에버그란데는 자산의 일부를 매각해 부채를 상환할 수밖에 없었다.[1]

투자자의 관점

반면에 어느 한 이해당사자가 회사에 투자할 의향이 있다면, 회사가 처음 몇 년간 손실을 겪을지라도 회사가 제안한 창의적 아이디어를 완전히 확신한다는 의미다. 자본을 투자하는 이해당사자는 투자자라고

[그림 8.1] 대출 제공자와 투자자의 관점

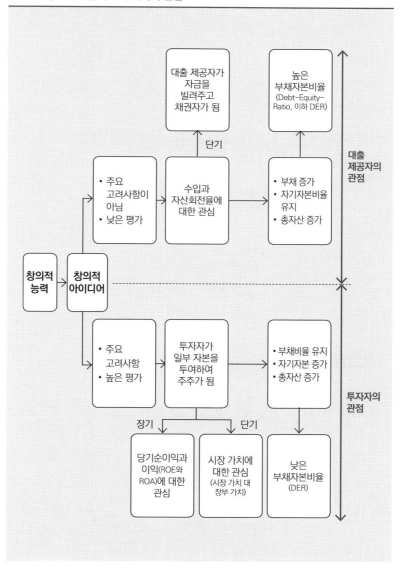

불리며, 회사 지분의 일부를 보유한다. 이와 관련하여 대차대조표에서 자기자본의 증가분을 확인할 수 있다. 투자자들은 자기자본이익률과 총자산이익률의 수치를 보며 투자자본의 생산성을 점검한다.

투자자들은 또한 회사에 대한 시장 가치의 움직임을 관찰하며, 시장 가치가 장부 가치보다 높은지 낮은지 평가한다. 이 회사의 시장 가치가 급격히 증가한다고 가정해보자. 이는 회사의 다양한 무형 자산이나 비금융 자산이 시장에서 온전히 인정받는다는 사실을 시사한다(무형 자산에 포함되는 창의성은 실제로 매우 가치가 있지만 보통 드러나지 않고 대차대조표에서 자산으로 기록되지 않는다). 더욱이 투자자들이 자신들의 지분을 상승된 가격으로 매각하기에 좋은 시점을 기다릴지도 모른다.(그림 8.1 참고)

창의성의 본질

기업의 창의성이 중요한 이유를 이해했다면, 더 나아가 창의적 프로세스의 본질을 확인할 필요가 있다. 그 시작점은 다수의 변화 동인이 촉발하는 다양한 동적 조건을 확인하는 일이다. 이 변화 동인은 과학/기술, 정치/법, 경제/비즈니스, 사회/문화라는 거시환경의 네 요소로 이루어진다. 여기에 미시환경의 요소인 산업/시장도 포함된다. 산업/시장은 미시환경의 두 요소, 즉 경쟁자와 고객을 잇는 다리의 기능을 한다.

• 선택 만들어내기

먼저 다섯 가지 변화 동인을 탐색하고 그다음 분석한다. 이 과정은 발견으로 이어진다. 다음 단계에서 상상력을 발휘해 가상의 조건을 시각화하고, 각각의 접점을 연결하여 다수의 가능성을 살피고, 이후 좀 더 검토할 아이디어를 종합적으로 도출한다. 선택을 만들어내는 과정에서 기업은 구성원들의 노력을 끌어내는 공간이 되며, 직원들은 인적 능력을 끌어내 탐구하고 상상한다. 이와 같은 상상의 프로세스가 다양한 아이디어의 발상을 촉발하며, 이렇게 도출된 아이디어는 솔루션 개발의 기반이 된다. 우리는 탐구하고 상상하는 과정에서 발산적 접근법을 따라 유연성을 극대화해야 한다.

• 선택 선정하기

이어서 평가 프로세스를 바탕으로 실현 가능한 대안의 우선순위를 정한다. 기업은 창의적 아이디어를 실현할 자원과 능력을 갖췄는지 확인하고자 한다. 그리고 이 과정을 도식화하여 중요한 시장참여자나 밀접한 경쟁업체들과 비교한 경쟁우위의 범위를 확인한다.

우선순위를 정한 후 다음 단계에서 콘셉트 시험으로 유효성을 검증한다. 이 대목에서 기업은 창의적 아이디어가 기술적으로 실현 가능한지 판단해야 한다. 시험 과정에서 어떤 것들이 실행 가능한지에 대

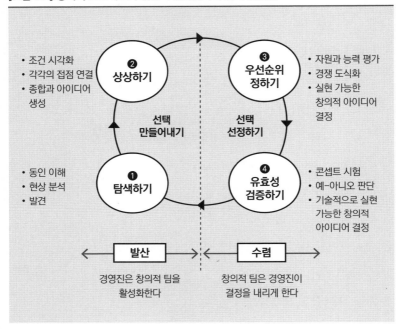

[그림 8.2] 창의적 프로세스의 발산적 접근법과 수렴적 접근법

• 조건 시각화
• 각각의 접점 연결
• 종합과 아이디어 생성

❷ 상상하기

❸ 우선순위 정하기

• 자원과 능력 평가
• 경쟁 도식화
• 실현 가능한 창의적 아이디어 결정

선택 만들어내기

선택 선정하기

• 동인 이해
• 현상 분석
• 발견

❶ 탐색하기

❹ 유효성 검증하기

• 콘셉트 시험
• 예-아니오 판단
• 기술적으로 실현 가능한 창의적 아이디어 결정

← 발산 → ← 수렴 →

경영진은 창의적 팀을 활성화한다

창의적 팀은 경영진이 결정을 내리게 한다

한 통찰을 얻을 수 있다. 이런 이유로 수렴적 접근 방식을 따라야 한다.(그림 8.2 참고)

기술적으로 실현 가능한 창의적 아이디어를 도출한 이후에는 이 창의적 프로세스의 사이클을 한 번 더 초기 단계로 이동시켜야 한다. 이처럼 적용 가능한 아이디어는 대체로 회사의 대차대조표에 긍정적인 영향을 미친다. 앞서 설명한 것처럼 기업은 그 조직 자체, 대출 제공자, 또는 투자자로부터 자금을 조성할 수 있다.

창의성의 생산효과 측정하기

생산효과의 측면에서 창의성을 측정하는 일이 쉽지 않아도 먼저 한 가지 사항에 동의할 수 있다. 생산효과는 재무적 접근법에서 비롯된 것으로 효과성과 효율성이 합쳐진 개념이다. 개념상 회사의 자산인 창의적 팀은 특정한 기한(T_1) 내에 기술적으로 실현 가능한 창의적 아이디어를 창출해야 한다. 이 기술적으로 실현 가능한 창의적 아이디어 중에서 특정한 기한(T_2) 내에 실제 제품으로 개발할 수 있는 아이디어(부분 또는 전체)를 선정해야 한다.(그림 8.3 참고)

• 창의성의 효과

우리는 기술적으로 실현 가능한 아이디어의 총 건수(I: Ideas)를 창의적 팀에 참가한 사람들의 수(P: People)로 나눠서 창의성의 효과(C_Effectiveness)를 계산할 수 있다.

$$C_{Effectiveness} = \frac{I}{P}$$

[그림 8.3] 창의적인 사람들, 창의적 아이디어, 창의적 아이디어의 실현

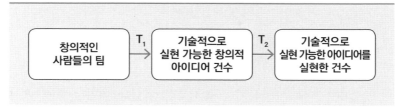

[표 8.1] 계수 t_1 값

계수	조건
$t_1 = 1$	창의적 팀은 머지않아 또는 규정된 기한에 기술적으로 실현 가능한 창의적 아이디어를 특정한 건수만큼 제시할 수 있다.
$0 < t_1 < 1$	창의적 팀은 규정된 연장 기한 내에 기술적으로 실현 가능한 창의적 아이디어를 특정한 건수만큼 제시할 수 있다. 아이디어 제시 기한이 가까워질수록 t_1 값이 낮아진다.
$t_1 = 0$	창의적 팀은 규정된 기한 내에 기술적으로 실현 가능한 창의적 아이디어를 특정한 건수만큼 제시하지 못한다. 혹은 창의적 팀은 규정된 연장 기한 이후에 그와 같은 아이디어를 제시할 수 있다(그 모든 아이디어를 어느 정도 제시하거나 전혀 제시하지 못한다).

사람의 수 대신에 창의적 프로세스의 자금을 조성하는 데 투입된 예산 총액(B: Budget)을 넣어서 자본 투입량 한 단위 당 기술적으로 실현 가능한 아이디어의 총 건수를 정할 수 있다.

$$C_{Effectiveness} = \frac{I}{B}$$

잠재 고객의 문제를 해결해야 할 상황을 접한 후 기업은 몇 가지 창의적 아이디어를 기술적으로 실현하기 위한 기한을 설정할 수 있다. 만약 창의적 팀이 기한을 놓친다면, 마켓 타이밍market timing의 모멘텀을 잃을 것이고, 창의적 아이디어의 참신함이 희석되기 시작한다. 기한이 지난 후에는 특정한 조건에서 기한을 연장할 수 있다. 이는 이제 오로지 연장된 시간이 다하기 전에 창의적 팀이 어떤 기발한 아이디어나 여러 창의적 아이디어를 내놓을 수 있는가에 달려 있다. 따라서 표 8.1에서

[그림 8.4] 계수 t_1 값 타임라인

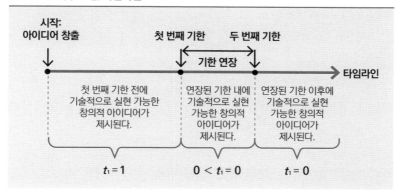

보여주는 조건으로 위 창의성의 효과 공식에 0에서 1 범위에 있는 계수 (t_1)를 추가할 수 있다.

그림 8.4는 이 조건들을 보여주는 타임라인이다.

이제 창의성의 효과를 계산하는 두 공식은 다음과 같이 수정된다.

$$C_{Effectiveness} = \frac{I}{P}t_1 \text{ 또는}$$

$$C_{Effectiveness} = \frac{I}{B}t_1$$

• 창의성의 효율

구체적 상품의 형태로 실현된 창의적 아이디어의 총 건수(R)를 기술적으로 실현 가능한 창의적 아이디어의 총 건수(I)로 나눠 창의성의 효율($C_{Efficiency}$)을 가정적으로 계산할 수 있다. 구체적 상품은 고객들을 위한 솔루션으로 입증되어 상업화 준비가 된 것을 말한다. 공식은 다음과 같다.

$$C_{Efficiency} = \frac{R}{I}$$

창의성의 효과를 계산했을 때와 마찬가지로 이 효율을 계산할 때 다양한 창의적 아이디어를 기술적으로 실현하는 기한을 정한다. 만약

[표 8.2] 계수 t_2 값

계수	조건
$t_2 = 1$	회사는 머지않아 또는 규정된 기한에 창의적 아이디어를 특정한 건수만큼 기술적으로 실현할 수 있고 상업화 준비가 돼 있다.
$0 < t_2 < 1$	회사는 규정된 연장 기한 내에 창의적 아이디어를 특정한 건수만큼 기술적으로 실현할 수 있고 상업화할 준비가 돼 있다. 상업화의 준비가 기한에 가까워질수록 t_2 값이 낮아진다.
$t_2 = 0$	회사는 규정된 연장 기한 내에 창의적 아이디어를 기술적으로 실현하지 못하고, 규정된 연장 기한 내에 상업화할 준비가 돼 있다. 그게 아니면 회사는 규정된 연장 기한 이후에 창의적 아이디어를 기술적으로 실현할 수 있으며(그 모든 아이디어를 어느 정도 실현하거나 전혀 실현하지 못한다), 상업화할 준비가 돼 있다.

[그림 8.5] 계수 t_2 값 타임라인

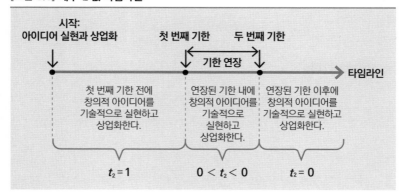

창의적 팀이 정해진 기한과 연장된 기한을 초과하면, 아이디어를 실현하고 상업화하는 활동이 너무 늦게 진행되어 계속 진행해도 소용없는 일이 된다. 따라서 표 8.2에서 보여주는 조건으로 창의성의 효율 공식에 0에서 1 범위에 있는 계수(t_2)를 추가할 수 있다.

그림 8.5는 이 조건들을 보여주는 타임라인이다.

이제 창의성의 효율을 계산하는 두 공식이 다음과 같이 수정된다.

$$C_{Effectiveness} = \frac{R}{I}t_2$$

• **창의성의 생산효과**

두 공식, 즉 창의성의 효과와 효율을 합쳐서 창의성의 생산효과($C_{Productivity}$)를 측정할 수 있다. 다시 말해, 비재정적으로 사람을 자산(즉, 머릿수 당 창의성의 생산효과)으로 삼거나 재정적으로 사람에게 할당된 예산액(즉, 지출된 비용 단위 당 창의성의 생산효과)을 바탕으로 계산할 수 있다.

$$C_{Productivity} = \frac{I}{P}t_1 \times \frac{R}{I}t_2$$
$$C_{Productivity} = \frac{R}{P}t_1\,t_2$$
$$\text{만약 } T = t_1\,t_2 \text{ 라면, } C_{Productivity} = \frac{R}{P}T$$
$$C_{Productivity} = \frac{I}{B}t_1 \times \frac{R}{I}t_2$$
$$C_{Productivity} = \frac{R}{B}t_1\,t_2$$
$$\text{만약 } T = t_1\,t_2 \text{ 라면, } C_{Productivity} = \frac{R}{B}T$$

물론, 창의성의 생산효과를 측정하는 공식은 단순화한 요소들로 채워져 있다. 창의적 프로세스가 작동하는 동안 발생할 수 있는 많은 다른 요인(이를테면, 창의적 아이디어의 독창성, 모방하기 어려운 정도, 창의적 팀에 대한 압박 등)과 다양한 변화는 공식에 적용되지 않았다. 이 모든 요소가 공식에 영향을 미칠 수 있다. 그렇다 해도 이 공식을 이용해 목적을 달성할 수 있다.

생산적 자본을 위한 창의성

이와 같은 맥락에서 '자본'은 기업이 창의성을 뒷받침하려고 사용하는 자산의 가치를 의미한다. 여기서 창의성은 판매 가능한 상품이 생산되고 수익이 창출되는 방향으로 실현되어야 한다. 이런 이유로 기업들은 창의성을 뒷받침해 최적의 결과를 달성하기 위해 얼마나 많은 자본을 할당해야 하는지 이해해야 한다. 이를 단순화하는 차원에서 창의성을 뒷받침하는 자본 할당을 기술적으로 실현 가능한 아이디어의 창출과 관련짓는다. 그러면 할당된 자본이 증가할 때마다 창의적 아이디어를 기술적으로 실현하는 건수가 다양한 비율로 증가한다. 그러다 어느 시점에 창의적 아이디어의 건수가 감소한다. 창의성을 뒷받침하기 위해 사용되거나 투자된 자본, 기술적으로 실현 가능한 창의적 아이디어, 이 둘의 관계를 살펴보기 위한 네 가지 조건이 있다. 각각의 조건을 들여다보자.

• 과소투자 범위

추가 투자가 일어난다면, 기술적으로 실현 가능한 창의적 아이디어의 건수가 증가율의 패턴으로 늘어날 것이다. 이 조건은 창의적 팀의 능력이 아직 충분히 사용되지 않았고 창의적 아이디어를 뒷받침하는 투자가 여전히 매우 낮은 정도에서 중간 정도인 상태를 보여준다. 그 때문에 기업들은 추가 자본을 할당해 창의성을 뒷받침해야 하고, 그러면 기술적으로 실현 가능한 창의적 아이디어가 늘어난다. 창의적 팀의 동기는 대개 이 범위에서 매우 높고 반면에 압박은 여전히 낮다.

2011년 스탠퍼드대학 재학생인 에반 스피겔Evan Spiegel, 레지 브라운Reggie Brown, 바비 머피Bobby Murphy가 공동 창업한 짧은 동영상 소셜네크워크서비스 스냅챗Snapchat 이야기를 해보자. 스냅챗의 시작은 제품 디자인 수업을 듣던 스피겔이 재밌는 순간들을 24시간 동안 친구들과 공유하는 앱을 제안한 것이 계기가 됐다. 그 순간들은 일정한 시간이 지나면 삭제되는 방식이었다. 스냅챗을 개발하는 동안에는 (심미적이거나 완벽해 보이는 것뿐만 아니라) 모든 범위의 인간 감정과 소통한다는 사명을 달성하겠다는 팀의 동기는 무척 높았다.[2] 하지만 당시 모두 대학생이었던 창업자들이 상업적인 부분에 치우치지 않았기에 스냅챗의 사업성이 매우 유망했을지라도 개발에 대한 투자는 발생하지 않았다.

• 최적에 가까운 투자 범위

이와 관련한 상황에서는 일정한 금액에 이르는 모든 추가적인 투자로 인해 기술적으로 실현 가능한 창의적 아이디어의 건수가 감소율로 증가한다. 이 조건은 창의적 팀이 능력을 최대로 끌어올리기 시작했다는 점을 시사한다. 여기서 기업은 두 가지 선택을 내릴 수 있다. 첫째, 창의적 팀에 관련 인력을 확충하고 투자를 확대해 창의성을 향상하고, 둘째, 투자를 확대하되 창의적 팀이 새로운 창의적 아이디어를 내지 못하는 능력의 한계에 도달할 때까지 인력의 수를 유지한다. 창의적 팀의 동기는 이 범위에서 여전히 높고, 압박은 중간에서 높음 사이에 있다.

2022년 1월 28일 쿠알라룸푸르에서 에어아시아 그룹이 지주회사의 명칭을 캐피털 A로 변경했다. 항공업을 넘어 시너지를 내는 여행과 라이프스타일 업종으로 확대해나가기 위한 핵심 사업 전략이 새로운 명칭에 반영됐다. 코로나19 기간에 에어아시아의 수입은 대폭 감소했으며, 팬데믹 이전에 기록했던 수입을 회복하는 것이 엄청나게 어려운 일이 됐다. 이에 캐피털 A는 인력을 확대해 전자결제 서비스 빅페이BigPay, 교육 사업, 식료품 사업으로 사업 분야를 다각화했다. 이에 에어아시아 그룹의 변화에 긍정적 반응을 보인 한국의 대기업 SK 그룹이 아시아에서 빅페이를 확장하고자 1억 달러를 투자했다. 캐피털 A의 CEO 토니 페르난데스Tony Fernandes는 단순히 새로운 로고로서 의미가 있는 게 아니라 그룹이 항공사의 범위를 넘어 새로운 시대를 열었다는 점에서 상당히 획기적인 일이라고 말했다.[3] 이 대목에서 핵심이 파악된다. (피보팅 때문에) 비즈니스의 범위를 확대하려면 인력을 늘리고 투자를 확대해야 한다는 점이다. 그래야 고도의 비즈니스 수요에 맞춰 창의적 능력을 갖출 수 있다.

• 최적의 투자 시점

만약 기업이 최적에 가까운 조건에서 인력의 수를 늘리지 않기로 했다면, 창의적 팀은 머지않아 그들의 능력을 최고조로 끌어올릴 것이다. 이 시점에서 창의적 팀이 일에서 느끼는 압박이 극에 달한다. 작업 상황은 갈수록 불편해지고 창의적 아이디어의 발상에 도움이 되지 않게 된다. 이즈음 기업은 창의성을 뒷받침하기 위해 할당한 투자와 관련해 최적의 지점에 도달한다. 기업은 생산적 자본을 위해 창의성의 두 번째 변곡점을 만들 수 있는데, 인력의 수를 늘려 창의적 팀의 역량을 높일 수 있다. 이 시점에 창의적 팀은 극도의 압박에 시달리며, 그들의 동기는 매우 약해진다.

실리콘밸리라고 하면 처음에는 기술직 노동자들이 일하는 꿈의 직장을 연상케 한다. 그 공간에 있는 기업들 대부분은 무료 점심식사와 경쟁력 있는 급여를 제공해 최고의 인재를 끌어들인다. 하지만 최고의 성과를 내는 노동자들은 대부분 혁신적인 상품을 만들고 회사의 매출을 끌어올려야 한다는 압박감에 시달린다.

'꿈의 회사'에서 일한다고 해서 꼭 동기가 부여되거나 회사에 대한 충성도가 높아진다고 할 수 없다. 어느 정도는 팬데믹 시기와 겹치는 대퇴직의 시기에 수많은 직장인이 회사를 그만둔 것도 다 그런 이유 때문이다. 사람들은 원격 근무와 탄력근무제, 보다 의미 있는 일에 시간을 할애할 수 있는 기회 등 새로운 혜택을 찾아 나섰다.[4] 우리가 확인할 수 있듯이, 매우 많은 것이 요구되는 작업 환경이 모든 사람과 맞아떨어지지는 않는다(급여가 아무리 높다 해도 그러하다).

- ## 과잉투자 범위

이 범위에서는 추가 자본을 투입할 때마다 기술적으로 실현 가능한 창의적 아이디어가 감소하는 것을 확인할 수 있다. 이에 기업은 즉시 투자를 멈추고 곡선을 상승시킬 조치를 검토해야 한다.(그림 8.6 참고) 만약 기업이 최적의 시점에 창의적 팀의 인력을 늘리지 않기로 하되 투자를 확대하고 창의적 팀이 더 창의적인 아이디어를 창출해야 한다고 계속 요구한다면, 그 결과는 역효과를 낳을 것이다. 과도한 작업량은 창의적 팀에 극도의 부담이 되고, 결국 팀의 의욕이 꺾이게 된다. 그 결과 기술적으로 실현 가능한 창의적 아이디어의 건수가 감소한다.

퀸시 어패럴Quincy Apparel은 젊은 직장인 여성들을 위해 저렴한 가격에 하이앤드 브랜드의 분위기와 느낌이 나는 출근복을 디자인, 생산, 판매한 회사였다. 이 회사는 시장 침투를 확대하려고 투자자들을 설득하고 나섰다. 그렇지만 투자자들이 퀸시의 사정을 악화시키면서 투자 유치의 결과는 반대 방향으로 흘러갔다. 퀸시의 창업자들은 빠른 성장에 집중하라고 압박한 벤처캐피털리스트의 요구에 실망했다(투자자들은 정보기술 분야 신생창업 기업에 더 익숙했다). 이로써 퀸시는 생산 공정의 문제를 해결하기도 전에 재고를 쌓아두고 현금을 소진해버렸

[그림 8.6] 창의성에 대한 투자 범위

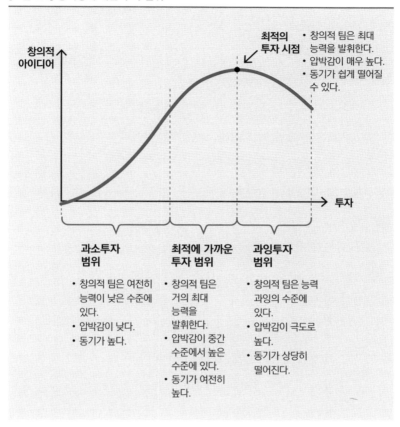

다. 창업자들은 극도의 압박에 시달렸다.[5)]

　이 대목에서 자본, 특히 창의성 관련 활동을 두고 자본을 할당하는 탁월한 경영능력이 요구된다는 점을 확인할 수 있다. 경영진은 또한 언제 투자를 늘리고 투자의 속도를 늦추며 투자를 멈춰야 하는지 알아야 한다. 그에 더해 조직의 창의적 능력이 실제로 가치가 있다는 점을 투자자들에게 이해시켜야 한다. 창의적 능력이 있어야 강력한 차별화를 달성하고 다음 단계에서 아이디어를 상업적으로 실현할 수 있다는 사실을 보여줘야 하는 것이다.

더군다나 투자가 늘어나면, 그에 직접 비례해 창의적 팀에서 업무량이 늘어나고 업무 압박이 커진다. 그래서 창의적 팀의 구성원들이 동기를 유지하며 계속 최선을 다해주기를 경영진은 바라기 마련이다. 생산성의 감소로 이어지는 정신 피로와 의욕 상실을 방지할 전략이 해법의 열쇠다.

모든 회사가 크런치 문화crunch culture(IT 업계 용어로 마감기한을 맞추려고 야근과 특근을 반복하는 근무 형태─옮긴이)를 운영하기에 적합하다고 할 수 없다. 경쟁이 극심한 업종의 근무 문화에서 창의적 팀이라고 다 생산성을 발휘한다고 볼 수 없다. 긴박한 기한을 맞춰야 해서 업무 압박이 너무 심한 경우 의욕이 상실되고 창의성이 고갈되기도 한다. 이런 점에서 인재 관리가 매우 중요하다. 마찬가지로 창의성이 뛰어난 사람들이 동일한 업무 환경에서 저마다 다른 성과를 내는 것도 각 개인이나 인재가 독특한 개성과 심리학적 프로파일을 가지고 있기 때문이다. 이런 이유로 인재와 업무공간이 공존하는 환경이 점점 더 경쟁력의 핵심원천이 되고 있다.

옴니하우스 모델에서 창의성과 생산성 간에 화살표가 교차하는 모습은 우리가 늘 이 두 측면의 균형을 유지해야 한다는 것을 의미한다. 창의성의 측면에서 매우 강세를 보이는 중소 규모의 기업들은 다양한 자본의 생산성, 특히 창의성을 뒷받침하려고 사용한 자본의 생산성을 왜 평가해야 하는지 깊이 생각해야 한다. 반면에 생산성을 평가하기 위해 난해한 계산에 갇혀 있는 듯한 기존 중견기업들은 약해진 창의적 능력을 되살리고 강화해야 한다.

요컨대, 창의성과 생산성의 균형을 유지하는 이유와 그 본질을 이해해야 한다. 그래야 성과(산출)를 극대화할 수 있는 것은 물론 조직의 창의적 능력을 키우기 위해 투입한 자본의 생산성을 점검하고 올바른 판단을 내릴 수 있다.

| 핵심 요약 |

✓ 대출 제공자들은 창의성에 큰 가치를 두기보다는 무엇보다 대출금 상환 능력 여부를 따진다.
✓ 투자자들은 수익을 발생시키고 시장 가치를 높이는 다양한 창의적 아이디어에 투자한다. 자신들의 지분을 팔아서 이익을 거둘 때도 있다.
✓ 창의성은 효과, 효율, 생산효과의 수준에서 측정될 수 있다.
✓ 기업들은 창의적 아이디어로 최적의 결과를 얻기 위해 적절한 규모의 자본을 투자해야 한다.

혁신과 개선을
하나로 집중하라

이윤을 높이는 솔루션 중심의 접근법

혁신할 때 늘 개선이 되는가? 꼭 그렇지 않다. 사실, 일이 잘못된 방향으로 흘러가는 경우가 많다. 혁신이 진행될 때 수많은 것들이 영향을 미치기에 아무것도 보장되지 않는다. 눈에 띄는 개선을 보이려면 조직화된 노력을 엄청나게 쏟아야 한다.

바이트댄스Bytedance를 예로 들어보자. 2012년에 설립된 바이트댄스는 '앱 공장'이라는 별명을 얻었을 정도로 수많은 앱을 제작했다. 그중 틱톡과 토우티아오Toutiao가 가장 잘 알려져 있다. 이 회사는 최근 혁신을 이뤄내 2021년 매출액을 60%나 증가시키는 등 엄청난 성장세를 몰아갔다.[1] 그해에 기업가치는 4,250억 달러를 넘어섰다.[2] 틱톡과 토우티아오의 혁신이 어떻게 엄청난 성장으로 이어졌는지 좀 더 자세히 살펴보자.

틱톡은 짧은 동영상 공유 플랫폼으로 2017년 정식 서비스를 시작했다. 틱톡은 여타 소셜 미디어 기업들보다 더 빨리 사용자 수 10억 명에 도달했다. 틱톡이 보유한 가장 실질적인 경쟁우위는 다채로운 제품과 서비스를 함께 제공하는 속도와 능력, AI 기술에서 비롯됐다. 예를 들어, 틱톡 앱으로 해시태그, 오디오 비디오 편집, 이미지 필터 기능을 사용할 수 있다(이 모든 것을 한 공간에서 제공한다). 이전에는 하나의 앱이 이 모든 기능을 다 제공하지는 않았다. 지금은 사용자들이 필요한 정보를 쉽게 얻고 아주 매끄럽게 콘텐츠를 생산할 수 있다.[3)]

토우티아오('헤드라인')는 뉴스 앱으로 동일한 비즈니스 모델을 기반으로 한다. 이 앱은 공식 뉴스 기관을 비롯한 다양한 미디어의 뉴스와 콘텐츠를 제공한다. 블로거와 인플루언서들도 이 앱에 참여한다. 이와 같은 통합된 앱은 사용자들이 가장 높이 평가하듯이 수많은 정보를 결합한다. 사용자들은 매일 이 앱에서 평균 74분을 머문다고 한다.

여기서 끝이 아니다. 토우티아오는 봇bot을 적용해 2016년 올림픽 같은 실시간 이벤트를 자체 보도했다.[4)] 또한 사람찾기Missing Person Alert

[그림 9.1] 옴니하우스 모델-혁신과 개선의 요소들

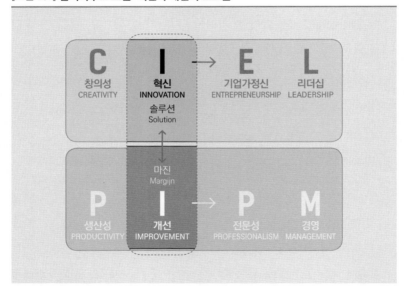

로 알려진 위치추적 기능을 도입했다. 이로써 특정한 범위 안에 있는 모든 사용자에게 푸시알림을 보내 실종자를 찾게 했다.

바이트댄스의 사례에서 고객 솔루션 중심의 혁신이 실현되어야 조직의 성과가 개선된다는 것을 배울 수 있다.(그림 9.1 참고) 그 프로세스는 적합성, 실현 가능성, 지속성을 기반으로 한다.[5] 고객들은 자신들의 문제를 해결해주는 것만을 원하기 마련이다. 이를 실현 가능하게 하려면 적절한 자원과 능력, 핵심 역량이 최적화되어야 한다. 실행 가능한 혁신은 단기간으로나 장기간으로나 비즈니스의 성장으로 이어진다. 단기간에는 고객 수용, 사용자 만족도의 상승, 록인 메커니즘이나 충성도 형성 등의 현상이 일어난다. 장기간의 성장은 수익성이 증가해 이윤이 개선되는 결과로 나타난다. 혁신이 공동체 전반에 영향을 미칠 때 지속가능성이 계속 실현된다. 분명히 바이트댄스는 혁신(예컨대, 고객 솔루션 제공)과 개선(예컨대 조직의 이익률 증가) 사이에 다리를 이은 것처럼 보인다. 두 요소 중 어느 하나라도 충족하지 못하면 최상의 결과를 얻지 못한다. 이번 장에서 이 두 요소를 하나로 묶고 그렇게 함으로써 경쟁우위를 구축하는 단계들을 펼쳐보겠다.

4C 분석

3장에서 다섯 가지 변화 동인(기술, 정치/법, 사회/문화, 경제, 시장)

에 대해 자세히 다뤘다. 이 동인들이 창의적 아이디어를 촉발하고, 이 창의적 아이디어가 조직의 내부 자원과 합쳐질 때 솔루션 중심의 혁신이 발생한다. 기업가형 마케팅의 마인드셋을 가진 사람은 변화 속의 다양한 현상을 볼 줄 안다. 이 사고방식이 (경쟁자의 측면에서 비롯되는) 기존의 도전뿐만 아니라 (고객의 측면에서 비롯되는) 기회를 보기 위한 기초가 된다.

기업가의 마인드셋으로 접근하는 방식은 조직의 이윤을 높이는 한편 동시에 고객들에게 제공할 수 있는 혁신적인 솔루션에 집중된다. 이 단계에서 4C 모델의 다른 세 요소(고객, 경쟁사, 자사)를 이해하는 통찰의 정도로 나타나는 것처럼 기업가형 마케팅의 마인드셋을 얼마나 제대로 실천했는지 확인할 수 있다. 이를 실천하여 솔루션 중심의 혁신을 확실히 할 수 있다.[6] 이제 4C의 세 요소를 각각 분석해보자.

- **고객 분석**

고객은 데이터에 기반해 파악해야 한다. 이는 우리가 제공하려는 솔루션에 따라 정성적 데이터나 정량적 데이터, 혹은 1차 데이터나 2차 데이터가 될 수 있다. 고객의 취향, 의견, 제안, 고객이 직면한 문제에 관한 정보를 찾는 것이다.

이와 관련해 이탈리아의 기술 기업 아리스톤Ariston이 모범 사례가 됐다. 이 회사는 완벽한 샤워를 바라는 소비자 취향을 바탕으로 와이파이로 연결되는 스마트 온수기를 개발했다. 이 제품이 발명된 덕분에 소비

자들이 전화를 이용해 원격으로 물의 온도를 조절할 수 있게 됐다.[7]

소비자들은 온도를 낮추는 방법으로 에너지를 절약할 수 있다. 온수기는 알고리즘을 이용해 소비자의 행동을 이해하고 그에 따라 조절된다.

- 경쟁사 분석

고객에 이어 경쟁사(직접 경쟁사와 대체 기업)를 이해해야 자사가 제공하는 솔루션이 확실히 우위를 점하고 그에 따라 경쟁에 강해진다. 여기서 목표는 최고의 지각된 가치를 창출하는 것이다. 그와 같은 솔루션의 가치는 기존의 다른 솔루션들에 의해 높아진다.

좋은 예로 메르세데스-벤츠는 경쟁사들이 선택하지 않은 솔루션 지향의 접근법을 발견했으며, 이를 이용해 경쟁우위를 창출했다. 이런 노력에 힘입어 고객의 의견이 반영되어 설계, 제작되는 대형 운송 트럭 모델 악트로스가 탄생하기에 이르렀다. 메르세데스-벤츠는 개발 프로세스에 가상 현실 기술을 적용하며, 독일 뵈르트Wörth에 소재한 주요 공장에서 매일 각 모델당 470대를 생산한다. 악트로스는 B2B 거래 조건에 맞춰 맞춤 제작되기도 한다.[8]

- 자사 분석

자사의 자원과 능력, 역량으로 실현할 수 있는 것을 결정하고 이 솔루션을 시장에 내놓기 위해 자사를 파악해야 한다. 이 분석 과정에서

[그림 9.2] 고객, 경쟁사, 자사 분석

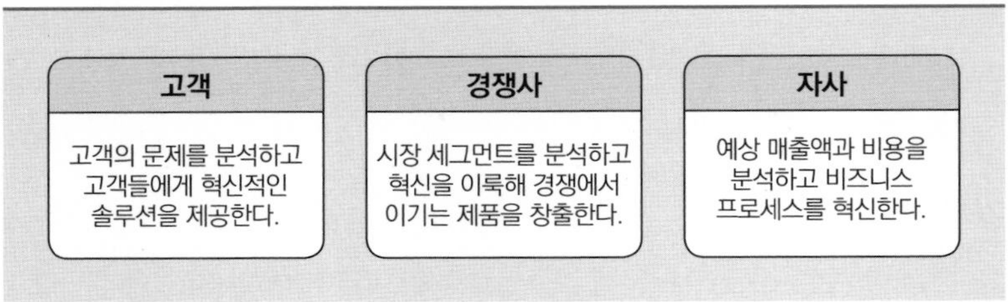

고객	경쟁사	자사
고객의 문제를 분석하고 고객들에게 혁신적인 솔루션을 제공한다.	시장 세그먼트를 분석하고 혁신을 이룩해 경쟁에서 이기는 제품을 창출한다.	예상 매출액과 비용을 분석하고 비즈니스 프로세스를 혁신한다.

가장 중요한 활동이 자사의 핵심 역량을 식별하는 것이다.(그림 9.2 참고) 앞으로 실현하려는 혁신이 이 핵심 역량에서 너무 벗어나지 않도록 해야 한다.

한 예로, 일본 패션 브랜드 유니클로는 전 세계에서 캐주얼 의류로 인기를 끌고 있다. 이 밖에도 유니클로는 고객들에게 획기적인 패션 셀렉션을 제공하기 시작했다. 체온을 유지해주는 히트텍 제품, 땀을 빠르게 건조하는 에어리즘, 자외선을 차단해주는 유브이 컷 등이 대표적이다. 이렇게 회사의 자원이 사용된 솔루션 덕분에 혁신적인 기능성 소재가 더해진 용도에 맞고 편안한 의류를 찾아 고객들이 돌아오고 있다.[9)]

이와 같은 분석은 두 가지 접근법을 이용해 실시할 수 있다. 바로 내부지향적 접근법과 외부지향적 접근법이다.

– 내부지향적 접근법

혁신적인 솔루션을 창출하기 위해 회사가 보유한 자원을 들여다보는 일부터 시작해야 한다. 이 접근법은 자원 기반 관점의 개념과 일치한다. (유형의 자원뿐만 아니라 무형의 자원까지) 기존의 자원을 평가한 후 그 결과로 창출되는 혁신적 솔루션에 대한 적절한 시장을 찾는 방법이다.

– 외부지향적 접근법

시장에서 기회를 탐색하고 관측하여 혁신적 솔루션을 개발할 수 있다. 이 접근 방식은 시장 기반 관점(또는 시장 포지셔닝 관점)의 개념과 일치한다. 필요 자원과 능력을 (유기적으로 또는 협력적으로) 제공해 시장 수요에 맞는 혁신적 솔루션을 전달하는 방법이다.

보수적 접근법 VS 급진적 접근법

우리가 어떤 접근법을 선택하는가는 옳고 그름의 문제가 아니다. 그것은 선택의 문제이며, 우리가 직면하는 상황에 따라 접근법이 달라지는 것이다. 그와 상관없이 기업들은 위 프로세스를 수행하는 동안 보수적이거나 급진적인 방법을 선택할 수 있다.

보수적 접근법을 취하는 기업은 경쟁업체의 행보와 고객의 성장에 초점을 맞추면서 안전책을 강구하는 경향이 있다. 이런 기업은 그 이후에 어떤 적절한 솔루션을 제공해야 할지 고려한다. 이 접근 방식을 선택한 기업은 변화에 잘 반응하며 시장의 흐름을 따라간다. 이런 기업이 이루는 변화는 사실상 점진적이며 대개 시장 지향적인 특징을 보인

[그림 9.3] 시장 추종 기업의 4C 모델

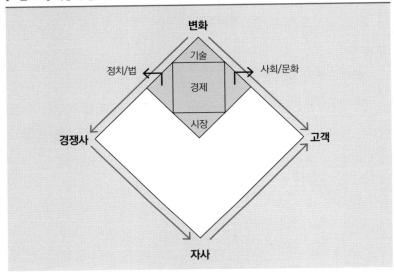

다.(그림 9.3 참고)[10]

한편, 급진적 접근법을 선택하는 기업은 다섯 가지 변화 동인을 분석하여 의미 있는 영향을 미치는 요소들을 식별한다. 그다음 시장 파괴를 가속화할 솔루션을 찾아내고 시장 참가자들과 고객들에게 영향을 미칠 새로운 게임의 규칙을 만들어낸다. 이 과정을 수행하는 조직을 흔히 시장 주도 기업이라고 한다.(그림 9.4 참고)

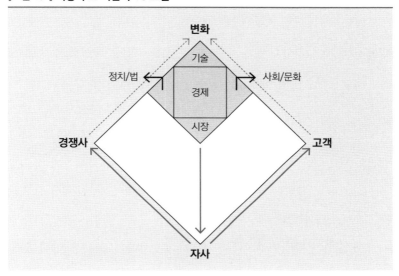

[그림 9.4] 시장 주도 기업의 4C 모델

마진을 개선하는 혁신적 솔루션

기업가의 마인드셋을 가진 사람이라면 비재무적 성과에 머물지 않는다. 우리가 달성한 비재무적 결과가 꽤 괜찮다 해도 재무적 결과가 만족스럽지 않으면 뭔가 문제가 있는 것이다. 이때 실행이나 운영의 측면을 살펴봐야 한다.

혁신적 솔루션은 조직의 수익성 마진을 늘리는 해법이 되어야 한다. 여기에 매출총이익, 영업이익률, 순이익률, EBITDA(법인세 이자 감가상각비 차감 전 이익)가 포함된다.

혁신하는 방법

자사는 비즈니스 모델과 제품, 또는 고객 경험을 혁신할 수 있다.[11] 비즈니스 모델을 변화시킴으로써 기업 조직은 비즈니스 생태계에서 입지를 더욱 강화할 수 있다. 이와 관련한 모범 사례로 제트엔진을 제조하는 롤스로이스는 항공기 엔진 가동 시간만큼 요금을 부과하는 가입 모델을 도입했다. 이에 시간당 엔진을 임대하고 롤스로이스에 비용을 지불하는 항공업체들은 엔진 설치부터 점검, 유지보수, 해체까지 엔진 관련 서비스를 받았다.[12]

고객 경험의 측면에서 혁신은 옴니채널, 서비스, 브랜드 따위를 통해 전달될 수 있다. 유전자 검사 전문기업 23앤드미23andme는 손쉬운 개인용 DNA와 게놈 검사 서비스를 제공한다. 23앤드미의 첫 서비스인 '가계 + 특성 개인 유전자 검사 서비스'는 사람들이 자신의 기원이라는 측면에서 자신의 진정한 자아를 이해하는 데 도움이 된다. 23앤드미는 개인용 타액 수집 키트를 고객에게 전달하고 이후 이메일로 검사 결과를 보낸다. 고객들은 습득한 정보를 온라인 대화를 통해 공유한다. 사람들은 자신에 대해 더 잘 알고 싶어 하기 마련이며, 그들이 말하는 것처럼 DNA 검사는 실제로 개인 경험이다.[13]

기업에서는 자원과 능력, 역량이 한정되어 있어 혁신이 늘 실현되지는 않는다. 그래서 많은 경우에 다양한 이해당사자들과 협업하여 혁신을 실현할 수 있다. 인터넷 전문은행 넘버26N26의 뱅킹 서비스, 레고

Lego의 크라우드소싱, AXS랩AXS Lab의 크라우드 소싱 플랫폼이 좋은 사례다. 넘버26은 양질의 은행 간, 국가 간 송금 서비스를 제공하기 위해 트랜스퍼와이즈Transferwise와 협업한다.[14) 레고의 크라우드소싱은 성공 브랜드 전략으로 고객들과 직접 상호작용하여 가장 인기 있는 제품을 전달하는 방법이다.[15) AXS랩은 PwC와 파트너십을 맺고 협업하여 장애인들에게 지도를 제공하고 있다.[16)

세 가지 전략적 지속가능성

혁신적 솔루션을 확실히 달성하려면, 기업가형 마케팅의 마인드셋을 적용하며 세 가지 요건에 부합하는지 점검해야 한다.

- 문제-해법 적합성

이 고객 중심 접근법은 해법 중심 원칙을 적용하기 위한 필수 기반이다. 먼저 고객의 관점에서 실제 고객의 문제를 파악해야 한다. 고객의 문제를 충분히 이해했다면 고객의 사정에 적합한 솔루션을 전달하는 문제가 남는다. 문제에 적합한 해법이 나와야 자사의 제품이 고객이 갈망하는 해법이 될 수 있다.

- 상품-시장 적합성

기업들은 이미 혼잡한 시장에 폭넓은 범위의 다양한 제품을 제공한다. 그래서 자사가 제공하는 제품은 특정한 시장 세그먼트에 가장 적합

[그림 9.5] 전략적 지속가능성이 손익에 미치는 영향

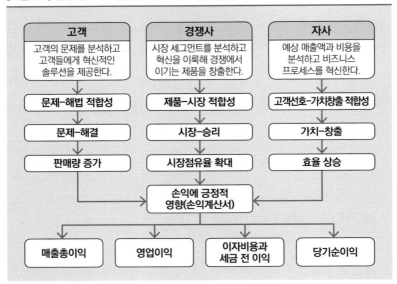

해야 한다. 차별화, 최상의 품질, 잊지 못할 고객 경험, 심지어 매우 경쟁력 있는 가격으로 고객 인식 가치를 최대한 높일 수 있다.

- 고객선호-가치창출 적합성

고객이 구매하는 제품의 기능적 정서적 혜택이 클수록, 또 고객들이 제품을 구매하고 소유하는 비용이 줄어들수록, 제품에 대한 선호도가 높아진다. 그런데 이와 같은 고객 선호는 또한 가치 창출로 이어져야 한다. 따라서 기업은 의미 있는 가치 창출을 확실히 하는 판매 수준과 비용을 파악해야 한다.(그림 9.5 참고)

이윤-점진적 변화 VS 급격한 변화

기업의 혁신이 이미 고객 세그먼트에 적합한 해법을 제공하는 방향으로 이행된다고 한다면, 혁신으로 얼마나 강력한 차별화가 달성됐는지, 경쟁업체들이 자사의 솔루션을 얼마나 모방하기 어려운지 평가해야 한다. 확실한 차별화를 달성한 기업은 가격 결정자가 될 수 있다. 반대로 차별화 정도가 약한 경우 해당 기업은 가격 수용자가 될 수밖에 없다.

이런 점에서 기업이 달성하는 이윤의 네 가지 조건을 확인할 수 있다.

- 단기 저 마진

이미 사용 가능한 솔루션들에 비해 혁신으로 인한 차별화가 두드러지지 않을 때 발생하는 상황이다. 차별화를 목적으로 제공된 가격이 그리 높지 않아서 약간의 이윤만 발생한다. 더군다나 차별화 요소를 경쟁업체들이 쉽게 모방한다면, 자사의 제품이 단기간에 일상재화가 되어 장기간 마진을 누리기 어려워진다. 급기야 점차 이윤이 떨어지는 상황에서 제품을 시장 가격으로 판매해야 한다. 따라서 이윤은 단기간에 한해 점진적으로 증가할지도 모른다.

- 단기 고 마진

이윤이 단기간에 한해 급격히 증가할 수 있다. 기존에 존재하는 다양한 솔루션에 비해 차별화가 확실히 이뤄질 때 발생하는 상황이다. 차

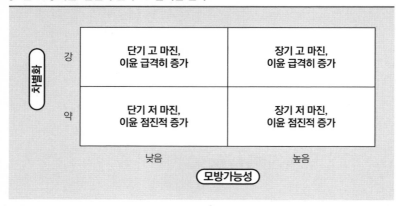

[그림 9.6] 이윤-점진적 변화 VS 급격한 변화

별화를 위해 제공된 가격이 매우 높고 그래서 큰 이윤이 발생한다. 그러나 차별화 요소를 경쟁업체들이 쉽게 모방할 수 있는 것으로 판가름될 때 장기간 큰 이윤을 누리지는 못한다. 빠른 모방이 일상재화로 이어지고, 결국 마진이 미미한 시장 가격으로 되돌아간다.

- 장기 저 마진

기존에 존재하는 다양한 솔루션에 비해 차별화가 확실해질 때 발생하는 상황이다. 차별화를 위해 제공된 가격은 비교적 낮고 그래서 미미한 이윤이 발생한다. 그렇지만 경쟁자들이 차별화 요소를 쉽게 모방하지 않는다면, 오랫동안 미미한 마진을 누릴 수 있다. 따라서 일상재화의 과정이 금세 일어나지 않는다. 이윤은 점진적으로 증가하지만 꽤 오랫동안 유지되기도 한다.

- 장기 고 마진

이 조건은 혁신으로 인한 차별화가 기존의 다양한 솔루션에 비해 상당히 강화되는 상황을 말한다. 차별화를 위해 제공된 가격이 매우 높아서 순조롭게 큰 이윤이 발생한다. 경쟁자들이 차별화 요소를 쉽게 모방하지 않는다면, 장기간 상당한 마진을 누릴 수 있다. 게다가 일상재화가 빠르게 일어나지 않으며, 이윤이 급격히 증가하고 장기간 유지된다.(그림 9.6 참고)

기업가의 마음가짐을 가지고 위 설명을 바탕으로 마진을 높일 기회를 계속 모색해야 한다. 마케팅의 관점에서는 차별화를 강화하여 고객들에게 적합한 솔루션을 제공해야 한다. 장기간 경쟁자들이 모방하기 어려운 솔루션을 창출해야 한다는 말이다.

혁신과 수익성의 상호관계

옴니하우스 모델에는 혁신과 개선의 요소 사이를 오가는 화살표가 두 측면의 상호관계를 나타낸다. 혁신은 고객의 문제에 적합한 솔루션을 내놓는다. 그와 동시에 자사의 이윤 개선을 기대할 수 있다.

이는 혁신에서 마진의 개선으로 향하는 화살표로 설명된다. 그렇다면 반대 방향은 어떻게 될까? 수익성이 상승하지 않지만, 자사의 핵심역량과 일직선에 있는 혁신 능력에 투자가 보류된다. 그와 반대로 마진을 개선하는 혁신 능력을 유지하거나 강화하기 위해 예산을 더 많이 할당해야 한다.

PwC가 공개한 '글로벌 혁신 1000The Global Innovation 1000' 연구를 이용해 자사의 매출액, 연구개발 지출R&D expenditure, 연구개발 집약도R&D Intensity(총매출액에 대한 연구개발 지출 비율, 그림 9.7에 그려진 거품 모양)를 확인할 수 있다. 이 데이터를 이용해 혁신 능력을 유지하는 데 자사의 헌신도를 나타낼 수 있다. PwC가 공개한 혁신기업 순위에서 25개 기업만 선별했는데, 이 기업들은 인터브랜드Interbrand(세계 최대 규모의 브랜드 컨설팅 그룹—옮긴이)가 발표한 베스트 글로벌 브랜드에도 포함된 업체들이다.[17]

이렇게 재가공한 데이터에서 몇 가지 흥미로운 점이 발견된다. 먼저

[그림 9.7] 매출, 연구개발 지출, 연구개발 집약도[18]

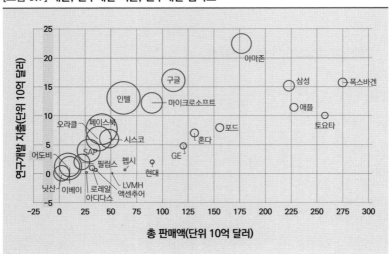

[표 9.1] 매출 2,000억 미만의 첫 번째 집단(기술 기반 기업)[19]

기업	연구개발 지출 (단위 10억 달러)	매출 (단위 10억 달러)	연구개발 집약도 (%)
인텔	13.10	62.76	20.9
페이스북	7.75	40.65	19.1
어도비	1.22	7.30	16.8
오라클	6.09	37.73	16.1
구글	16.23	110.86	14.6
SAP	4.02	28.17	14.3
마이크로소프트	12.29	89.95	13.7
이베이	1.22	9.57	12.8
아마존	22.62	177.87	12.7
시스코	6.06	48.01	12.6

25개 기업들을 세 집단으로 분류할 수 있다. 첫 번째 집단은 기술 기반 기업이고, 두 번째 집단은 자동차 제조 기업이며, 세 번째 집단은 대부분 소비재 기업들로 다양한 업종의 기업들이 뒤섞여 있다.

매출액 2,000억 미만의 기술 기반 기업 집단을 보면, 기업들의 총판매액과 상관없이 연구개발 집약도가 대략 10~20%에 이른다.(표 9.1 참고)

기술 기업 집단에서 유일하게 애플이 다른 기술 기반 기업들에 비해 낮은 연구개발 집약도(5.10%)를 보인다.(표 9.2 참고) 매출액이 2,000억 달러를 초과한 애플은 거의 12억 달러의 연구개발 가치를 가졌다는 점에서 25개 기업 중 7위를 기록했다. 매출액 2,000억 달러를 넘긴 삼성(모바일 기기, TV, 가정용 전기제품 등 폭넓은 상품군을 갖춘 기업이

[표 9.2] 매출 2,000억 이상의 첫 번째 집단(기술 기업)[20]

기업	연구개발 지출 (단위 10억 달러)	매출 (단위 10억 달러)	연구개발 집약도 (%)
삼성	15.31	224.27	6.8
애플	11.58	229.23	5.1

다)은 애플보다 약간 높은 연구개발 집약도(6.8%)를 보였지만, 연구개발 가치와 관련해서 150억 달러가 넘는 연구개발 지출로 4위에 올랐다.

자동차 제조 기업 집단에서는 연구개발 집약도가 2%에서 거의 10%에 이른다.(표 9.3 참고) 그런데 여기서 닛산이 엄청난 연구개발 집약도를 보이지만 매출의 측면에서 25개 기업 중 최하위를 기록한 사실에 주목해야 한다. 매출의 측면에서 닛산과 가장 가까이 위치한 어도비는 닛산보다 네 배 이상의 매출을 기록했다. 닛산을 제외하고 자동차 제조 기업 집단의 연구개발 집약도는 평균 4.5%가량에 이른다. 매출이

[표 9.3] 두 번째 집단(자동차 제조 기업)[21]

기업	연구개발 지출 (단위 10억 달러)	매출 (단위 10억 달러)	연구개발 집약도 (%)
닛산	0.16	1.70	9.6
폭스바겐	15.77	277.00	5.7
혼다	7.08	131.81	5.4
포드	8.00	156.78	5.1
토요타	10.02	259.85	3.9
현대	2.12	90.22	2.3

[표 9.4] 세 번째 집단(다양한 업종의 기업)[22]

기업	연구개발 지출 (단위 10억 달러)	매출 (단위 10억 달러)	연구개발 집약도 (%)
필립스	2.12	21.35	9.9
GE	4.80	121.25	4.0
로레알	1.05	31.25	3.4
액센추어	0.70	34.85	2.0
펩시	0.74	63.53	1.2
아디다스	0.22	25.48	0.9
LVMH	0.16	51.20	0.3

높을수록 연구개발 지출도 높아진다.

다양한 기업들로 구성된 마지막 집단은 연구개발 집약도가 대체로 5% 미만이다.(표 9.4 참고) 유일하게 필립스가 10%에 가깝지만, 이 회사의 매출이 이 집단에서 가장 낮다는 점에 주목해야 한다.

세 집단에서 여러 흥미로운 사실이 발견된다. 대체로(연구개발 집약도와는 별개로) 기업의 매출이 높을수록 연구개발 지출도 높아진다는 점이 확인된다. 이 결과는 매출, 혁신에 대한 예산 할당, 이 양자가 긍정적 관계에 있다는 점을 시사한다. 이 기업들은 경쟁력을 유지하기 위해 강력한 혁신 능력을 갖추는 데 주력한다는 점을 보여준다.

혁신을 순조롭게 추진하는 기업은 고객의 문제를 해결하는 쪽으로 필요 자원과 직접적 노력을 투입한다. 비즈니스 방식을 전환하고 틈새시장에 적합한 신제품을 출시하고 특히 고객의 걱정과 불안을 해소할 때, 매출과 이윤이 증가한다. 혁신과 수익성의 긍정적 상호관계는 자사의 성장을 뒷받침하며 경쟁우위의 기반이 된다.

───────────── | **핵심 요약** | ─────────────

✓ 솔루션 중심의 혁신을 확실히 하기 위해 고객과 경쟁사, 자사에 대한 분석을 수행해야 한다. 이런 유형의 평가에는 보수적이거나 급진적 태도와 더불어 내부지향적 접근법과 외부지향적 접근법이 다 유용하다.

✓ 비즈니스 모델, 제품, 또는 고객 경험에 변화를 주는 것도 혁신의 일환이다.

✓ 기업가형 마케팅에서는 혁신적 해법을 두고 문제-해법 적합성, 상품-시장 적합성, 고객선호-가치창출 적합성, 이 세 가지 적합 요건을 평가해야 한다.

✓ 혁신은 네 유형의 이윤, 즉 단기 저 마진, 단기 고 마진, 장기 저 마진, 장기 고 마진을 창출한다.

✓ 혁신과 수익성은 상호호혜적 관계에 있다.

리더십과 경영의
균형을 유지하라

강력한 리더십으로 시장 가치 높이기

넷플릭스의 설립자 리드 해이스팅스Reed Hastings는 환경 문제에 관심을 보이면서 재정적 성과까지 추구하는 방향으로 회사의 비전을 설정했다. 이에 넷플릭스는 공급망에서 배출되는 탄소 배출 문제를 해결하고자 이산화탄소를 저장하는 자연의 능력을 재생, 보존하는 프로그램에 자금을 투자하고 있다. 이 회사는 전 세계 삼림 보호 관련 프로젝트에도 투자하고 있다.[1]

　넷플릭스는 원래 DVD 우편 배송 서비스를 시작했으며 고객이 DVD를 제때 반납하지 않더라도 연체료를 부과하지 않았다. 고객들은 구독료를 내고 DVD를 빌리면 그만이었다. 그러면 고객들이 선택한 DVD가 선납 반송 봉투와 함께 우편으로 배송됐다.[2]

　시간이 지난 후 넷플릭스는 온디맨드 스트리밍 서비스를 추가해 성공을 증명해보였다. 2010년 블록버스터Blockbuster가 파산을 맞이한 이후 넷플릭스는 급격히 성장하기 시작했다. 팬데믹 기간에 큰 기회를 잘 활용한 넷플릭스는 적절한 마케팅 기법을 적용하여 고객 수를 극적으로 증가시켰다.[3] 2020년에 3,700만 명, 2021년에 1,820만 명이 신규 구독자로 넷플릭스에 가입했다.

넷플릭스를 분석한 사례에서 리더십이 기업가형 마케팅의 핵심을 이룬다는 점을 알게 된다. 리드의 리더십은 그가 어떻게 회사를 창립한 이래 혁신을 계속 실현해왔는지 보여준다. 넷플릭스는 팬데믹 기간에 계속 성장하고 사업을 확장했다. 회사의 지속가능성에 투자함으로써 소비자들뿐만 아니라 지구의 웰빙을 달성하는 데 상당히 헌신한 것이다.

이 사례에서 옴니하우스 모델로 이동해보면, CI-EL 요소 중 가장 오른쪽에 리더십이 위치한다는 사실이 확인된다. 이전 순서에서 창의성과 생산성을 자세히 다뤘고, 전문성에서 기업가정신으로 전환되는 부분도 들여다봤다. 이제 마지막 두 요소, 즉 경영과 연결되어야 하는 리더십을 다룰 차례가 됐다.(그림 10.1 참고)

[그림 10.1] 옴니하우스 모델-리더십과 경영

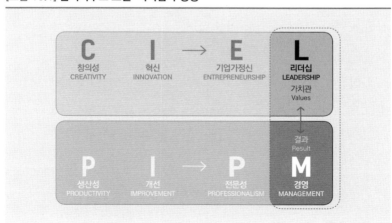

이번 장에서는 리더십과 기업가형 마케팅의 관련성에 대해 다루겠다. 이어서 리더십과 경영의 관계도 들여다보겠다. 마지막으로 주주들에게 중요한 가치 구성요소들을 모아서 연관성을 따져보고 이 요소들을 평가하는 방법을 들여다보며 정리하겠다.

리더십과 기업가형 마케팅

그간에 리더십이라는 주제로 수많은 연구가 진행됐으며 연구의 결과물이 출판되기도 했다. 다양한 문헌에서 리더의 유형, 리더십 스타일, 위대한 리더의 특성이 심도 있게 다뤄졌다. 지금까지 리더와 부하직원이 상호작용하는 과정은 물론 리더십에 대한 광범위한 연구가 진행되고 있으며, 여러 이론과 모델이 개발됐다.[4] 전문직 종사자들과 학자들 사이에서도 변혁적 리더십, 상황적 리더십, 진성 리더십 등 리더십에 관한 다양한 관점이 유행처럼 다뤄지고 있다.

리더십에 관련한 요소를 하나 꼽으면, 흔히 조직이 미래에 달성할 비전 또는 꿈을 들 수 있다. 리더십은 조직을 변화시키는 활동과 관련되는 경우가 많다.[5] 이 변화는 금전적 목표 외 여러 목표를 의미하기도 한다. 가장 영향력 있는 경영사상가로 꼽히는 대니얼 골먼Daniel Goleman이 견해를 밝혔듯이, 리더의 주요 임무는 재무적 측면을 넘어서는 결과를 달성하는 것이다.[6]

갤럽Gallup이 50년에 걸쳐 연구한 내용에 따르면, 위대한 리더의 다섯 가지 주요한 역할은 다음과 같다.

- 팀이 이례적인 일을 하도록 고무시킨다.
- 팀이 탁월한 성과를 내도록 목표를 설정하고 자원을 제공한다.
- 다른 사람들이 행동하도록 영향을 미치고, 역경과 저항을 뚫고 나간다.
- 끈끈한 유대감을 가지고 헌신하고 협력하는 팀을 구축한다.
- 분석적 접근 방식으로 전략을 수립하고 의사결정을 내린다.[7]

일반적으로 사람들은 리더십, 기업가정신, 또 마케팅과 리더십을 따로 분리해서 논의한다. 리더십과 기업가형 마케팅의 관련성을 보여주는 자료를 찾는 일도 여간 힘든 일이 아닐 것이다. 과학 학술지 데이터베이스에서 '리더십'과 '기업가형 마케팅'이라는 검색어로 검색할 때, 대개 두 분야가 함께 논의된 결과물이 나오지 않는다.

리더십과 기업가정신

러스 건터 맥그래스Ruth Gunther McGrath와 이안 맥밀란Ian MacMillan은 2000년 최초로 '기업가형 리더십' 개념을 제시했다. 맥밀란은 저서《기업가형 마인드셋The Entrepreneurial Mindset》에서 "전통적인 리더십 전술을 채택하기에는 세상이 너무 불안정하고 예측하기 어렵다"고 밝혔다.[8] 기업가형 마인드셋이 비즈니스에서 작동하는 사례가 지금도 폭넓게 논의되고 있다.

직업상 업무에 기업가형 접근법을 적용하는 개인은 적합한 리더십 역량을 갖춰야 한다. 그런데 이 리더십 역량(비전을 개발하고 비전을 가지고 소통하고 다른 사람들에게 본보기가 되며 새로운 리더를 양성하는 역량)이 간혹 당연한 일로 여겨진다는 점이 안타깝다.[9] 과학적 연구에 따르면, 본성과 양육이 결합된 효과가 리더십 개발에 있어 핵심적인 부분을 차지한다. 관련 데이터는 환경의 영향이 사람들의 리더십 경로에 매우 실질적인 효과를 일으킨다는 점을 보여주었다.[10]

기업가형 리더십은 기업의 성과에 긍정적 영향을 미칠 수 있다. 강력한 리더십이라고 하면, 조직의 목표에 부합하도록 관리 팀을 지휘하고 팀의 사기와 자신감을 높여 결국 직원들의 적극적인 참여와 헌신을 끌어내는 능력으로 간주된다.[11] 이런 점에서 강력한 기업가형 리더십은 조직의 경쟁우위를 구축하기 위한 필수 요건이다.

또한 기업가형 리더십은 조직의 인력 개발에 있어 핵심 기능을 한다. 개발도상국의 제조업종에서 수집된 데이터에서 기업가형 리더십이 직원의 창의성과 긍정적으로 연관된다는 점이 발견됐다.[12] 중국에서 진행된 또 다른 연구에서는 기업가형 리더십이 직원 이직률을 감소시킨다는 결과가 나왔다.[13] 본질적으로 리더십은 코칭, 멘토링, 실제 체험을

통한 학습, 기타 정규 교육과정 등의 인력 개발 통해 경쟁우위를 구축
하는 능력이어야 한다.

리더십과 마케팅

강력한 리더십이 없으면 마케팅은 단지 규범적이거나 절차대로 작
동하는 데 지나지 않으며 디지털 기술의 중요성이 커지면서 촉발되는
빠른 변화에 부합하지 않게 된다. 단지 '전문적인' 접근 방식에만 의존
해서는 마케팅을 실행하지 못한다. 마케팅 임원이 달성하는 비즈니스
영향의 55% 이상은 리더십 요인에 기인하며, 15%가량은 기술적 마케
팅 역량의 기여에서 비롯된다. 이 대목에서 확인할 수 있는 사항은 마
케팅에서 고객 솔루션의 형태로 가치를 제공할 때 리더십이 중요한 기
능을 한다는 점이다. 게다가 리더십은 조직의 자원을 생산성 있게 활용
하여 최적의 결과를 내게 한다.[14]

마케팅 전략을 실행할 때도 강력한 리더십이 필요하다. 마케팅은 리
더십 없이 작동하지 않는다. 마케팅 리더의 포지션은 그 중요성이 갈수
록 커지고 있다. 이 현상은 코로나19 같은 불확실성이 닥친 시기에 점점
더 분명해졌다. 조직 내 모든 팀이 잠재력을 발휘하도록 지휘할 때도 강
력한 리더십이 필요하다. 이런 팀들이 창출하는 확고한 고객 중심 접근
법이 자사의 시장점유율을 결정하는 것이다.[15] 리더는 역동적인 고객들

에게 초점을 맞추면서 자신의 팀이 늘 적응하도록 이끌어야 한다.[16]

마케팅 리더의 책임이 매우 광범위한 활동 범위로 확대됨에 따라 CEO와 CFO가 임원회의에 마케팅 리더를 참석시키는 경우가 늘어나고 있다. 고위 마케팅 담당자의 거의 1/3(31.5%)이 어닝콜earning call(주식 시장에 상장된 기업이 분기별로 실적을 발표하고 향후 운영 전망을 발표하는 행사로 기업들의 실적발표를 지칭한다.—옮긴이)에 거의 항상 참석한다고 한다. 이사회에도 고위 마케팅 담당자의 절반 이상(53.5%)이 거의 매번 참석한다고 한다.[17]

탁월한 리더십은 마케팅의 성공을 위해서 반드시 필요하다. 특히 마케팅 부서를 통합, 지휘하고 팀원들의 동기를 유발하여 예정된 전략과 전술에 따라 움직이도록 해야 한다. 마케팅 전략을 수립, 실행할 때도 리더십이 중요한 기능을 하는데, 재무적 결과는 말할 것도 없고 고객 충성도, 제품 리더십, 확고한 브랜드 자산 같은 비재무적 결과로 나타날 것이다.[18] 이 대목에서 리더가 목표를 달성하기 위해 마케팅의 역할을 이해하고 성장을 확실히 하기 위해 마케팅 기능을 이용해야 하는 이유가 확인된다.[19]

디지털 시대에 마케팅 리더들은 데이터와 인텔리전스 도구를 수용할 때 성장형 리더가 된다. 딜로이트의 설문 조사에 따르면, 마케터의 56%는 자신들의 성장 계획을 밟아나갈 때 데이터와 인텔리전스 도구가 도움이 된다고 생각한다. 반면에 마케팅 담당자의 18%만이 제품군을 깊이 있게 이해해야 성장의 다음 단계로 나아가는 데 도움이 된다고 여긴다.[20]

리더십과 경영

오늘날 경쟁이 심해지고 날이 갈수록 역동적으로 변모하는 비즈니스 환경으로 인해 경영에서 리더십 역량이 매우 중요해졌다. 기업은 단순히 표준화된 경영의 성공 방식에만 의존해서는 안 된다. 자질 있는 리더가 경영에 참여해야 한다는 것은 강력한 리더십이 필요하다는 의미다. 따라서 기업들은 조직의 리더십 능력이 현재와 미래에 여전히 타당성을 유지하도록 주의를 기울여야 한다.[21]

세계 최고의 리더십 전문가 워렌 베니스Warren Bennis에 따르면, 리더십은 비전을 현실로 만드는 능력이다. 그렇다면 우리는 이 비전을 여러 구체적인 목표로 만들어야 한다. 또한 이 목표들을 달성하기 위해 전략을 수립해야 한다. 이제 다음 단계로 넘어가 이 전략을 한층 더 실행 가능한, 다양한 운영 계획이나 전술 계획으로 전환해야 한다. 하버드경영대학원 교수 데이비드 가빈David Garvin의 말을 빌리자면, 전략을 올바로 이행하고 실행한다는 것은 '시간, 예산, 품질, 최소한의 변동성을 두고 계획하고 약속한 것을 (심지어 예상치 못한 사건과 우발사고에 직면해서도) 전달한다는 의미도 있다.'[22]

이와 같은 새로운 기업가형 마케팅 모델에서 마케팅 전략과 전술은 포지셔닝, 차별화, 브랜드(또는 PDB 삼각형)를 기준점으로 결합된 아홉 가지 요소(시장세분화, 타기팅, 포지셔닝, 차별화, 마케팅믹스, 판매, 브랜드, 서비스, 프로세스)를 말한다. 아홉 가지 요소는 고객 관리,

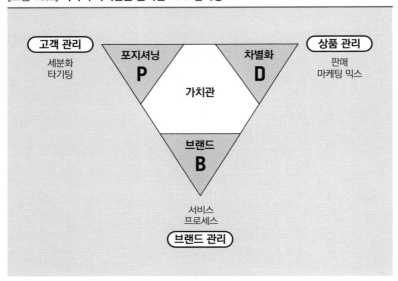

[그림 10.2] 자사의 가치관을 둘러싼 PDB 삼각형

고객 관리
세분화
타기팅

포지셔닝
P

차별화
D

가치관

상품 관리
판매
마케팅 믹스

브랜드
B

서비스
프로세스

브랜드 관리

제품 관리, 브랜드 관리라는 세 가지 마케팅 관리 능력으로 그룹화할 수 있다.(그림 10.2 참고) 이와 같은 방식으로 자사의 가치관을 유지하고 아홉 가지 마케팅 핵심 요소로 구현하는 능력은 리더십의 이행을 의미한다.

자사의 가치관을 의미하는 고객, 제품, 브랜드에 대한 관리로 단기간에 현금흐름 창출이 기대된다. 미래에는 브랜드 또는 자사의 시장 가치가 높아져야 한다. 이는 자사가 고객, 제품, 브랜드를 관리하여 달성해야 하는 결과다.

마케팅 전략의 일환인 고객 관리는 목표 시장을 식별, 선정하고 기존의 포지셔닝과 일치하는 적절한 고객 경험을 제공하는 일을 의미한다. 그 결과 록인 메커니즘 형태인 고객 참여와 강력한 충성도가 달성된다. 다국적 회계 컨설팅 기업 KPMG는 20개가 넘는 국가에서 18,520명의 고객을 대상으로 고객 충성도 관련 주제로 설문 조사를 실시했다. 이 설문 조사에서 브랜드와 소매업체들이 고객 충성도 프로그램을 개선해 고객 충성도를 끌어올리고 유지하는 방식이 관찰됐다. 이 조사에서 소비자의 56%가 고객 서비스를 통한 의뢰인 관리 방식이 자신들의 충성도를 결정한다고 보았다.[23]

제품 관리는 목표 시장 세그먼트에 솔루션을 제공하기 위한 제품 개발부터 상용화에 이르기까지 제품 포트폴리오 관리에 초점이 맞춰진다. 판매 활동에 이어서 차별화의 수준이 마케팅 믹스 전술의 요소들로 전환되는 과정도 포함된다. 제품의 중요성과 관련해서는 2018년 주말 쇼핑 습관에 대한 딜로이트의 보고서에서 응답자들 대부분이 고품질 제품(71%)과 제품의 다양성(68%)을 찾는다고 밝혔다.[24]

브랜드 관리는 서비스와 프로세스로 브랜드 자산을 강화하여 고객 가치를 높이는 전략이다. 브랜드 관리를 효과적으로 수행하는 사례로 애플이 좋은 본보기가 된다. 애플은 정서적 측면을 우선시하고 자극하는 브랜딩 전략으로 고객들을 열광시켰다. 애플 스토어 네트워크에서 제공되는 프리미엄 서비스는 자사 제품의 브랜드 고객 충성도를 높이게 만들어준다. 2021년 애플은 세계에서 가장 가치 있는 브랜드로 등극했다.[25]

리더십과 시장가치

리더십을 하나의 능력으로 볼 때, 기업에서 최고 경영진이 발휘하는 리더십이 질적이고 비전문적인 기술이라는 사실을 자주 확인할 수 있다. 그러나 최고 경영진의 성과는 일반적으로 양적으로 평가된다. 회사의 이익 증가율, 주식 가치, 직원 생산성, 기타 척도는 일반적으로 리더의 핵심 성과지표가 된다.

한 360도 다면평가에서 리더십에 따라 회사의 재무적 성과가 양적으로 상당히 달라진다는 사실이 드러났다. 이 연구에서 리더들은 세 집단으로 분류됐다. 상위 10%는 최고의 성과를 낸 집단이고, 하위 10%는 최악의 성과를 낸 집단이며, 중간 80%는 나머지 집단을 의미했다. 결과적으로 가장 저조한 성과를 내는 리더들은 손실을 낸다. 반면에, 중간 집단의 리더들은 이익을 발생시킨다. 상위 10%는 나머지 90%와 비교해 회사의 이익을 두 배 이상 달성한다.[26]

조직에서 리더십을 적용할 때, 이해관계자들의 요구를 충족시키기 위한 가치 창출 프로세스를 적절히 감독해야 한다. 이해관계자는 직원, 고객, 사회 집단, 주주나 투자자를 말한다.

아메리칸 익스프레스가 의뢰하여 EIUEconomist Intelligence Unit가 개발한 비즈니스 리얼리티 체크는 비즈니스 리더들의 견해, 그리고 국가, 해외, 전문가의 데이터 소스에서 수집된 시장 데이터, 이 두 가지 관점을 비교하는 방법이다. 이 조사에 따르면, 경영진의 34%는 단기간의 실적을 창출하라는 주주의 압박이 전략 실행에 대한 실질적인 장벽이라고 생각한다. 게다가 경영진의 29%는 규모가 더 큰 이해관계자 집단에 책임을 다해야 한다는 압박이 상당한 장애가 된다고 생각한다.[27]

미시건대학 로스 스쿨 교수 데이브 울리히Dave Ulrich와 RBL 그룹 RBL Group의 수석 컨설턴트 앨런 프리드Alan Freed가 설명한 것처럼, 재정적 측면만을 따지는 전통적 접근 방식에 의존해서는 기업의 가치를 평가하지 못한다. 그들의 예측에 따르면 재정적 측면은 기업 시장 가치의 50%에 불과하다. 한편, 투자자들은 무형의 가치를 고려하는데, 이런 가치는 기업에서 필수 리더십 요소에 의해 실현될 수 있다. 그래서 투자자들은 이 리더십 요소를 의사결정 프로세스에서 신중히 따져야 한다.[28]

리더십은 견고한 조직 문화에 기반을 둔 경영 부서를 지휘, 동원하고 동기를 부여함으로써 조직 성과를 높이는 활동이라고도 할 수 있다. 행동 변화 컨설턴트 나타샤 우슬리스Natasha Ouslis의 연구에 따르면, 리더십은 기업 성과의 14%까지 기여할 수 있으며, CEO는 기업의 성과에 도움이 될만한 다각적인 활동에 거의 30%까지 기여할 수 있다. 또한 리더십 요소에 의해 무형의 가치가 증가하면, 장부 가치와 시장 가치 사이에 매우 큰 격차가 생긴다. 최근 수십 년 동안 그 격차는 매우 두드러졌으며, 시장 가치는 장부 가치의 여섯 배에 이를 수도 있다.[29]

딜로이트가 공개한 연구 논문에 따르면, 리더십은 여전히 등한시되는 경향이 있다. 리더십 능력을 개발하여 주주 가치를 높이고 장기간의

[그림 10.3] 리더십과 경영: 기업 가치에서 시장 가치로

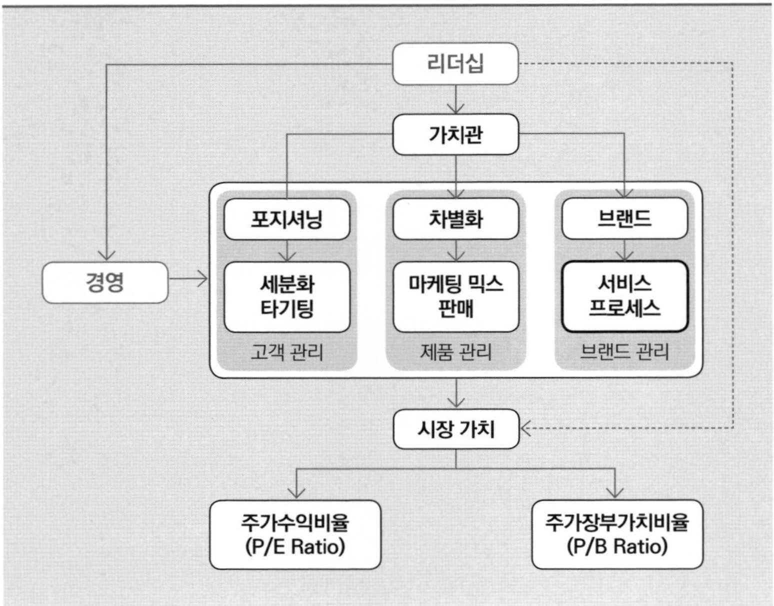

지속가능성을 보장할 수 있는 데도 리더십 개발의 높은 효과성에 동의하는 경영진의 비율이 여전히 낮다. 리더십의 중요성은 딜로이트의 연구 결과와 맞아떨어진다. 즉, 분석가들은 고위 리더십 팀의 효과성이 회사의 성공을 판단하는 기준이 되고 단순히 이익 예측치와 비율분석보다 더 중요하다고 생각한다. 그럼에도 효과적인 리더십이 기업의 평가 가치를 높이더라도 그 효과가 업종에 따라 다르게 나타난다는 점에 주목해야 한다.[30]

　　지금까지의 설명을 바탕으로 연구 결과를 요약할 수 있다. 요컨대,

리더십은 고객-제품-브랜드 관리를 아우르는 관리 프로세스를 통해 마케팅 전략과 전술을 실행하는 필수 능력이다. 고객, 제품, 브랜드는 옴니하우스 모델의 지붕 오른쪽에 위치한다. 강력한 리더십은 이 세 가지 측면에 기업의 모든 사람이 공유하는 가치들(정직, 책임감, 품질에 대한 헌신, 환경 보호 등)이 포함되게 한다.

경영 부서는 고객-상품-브랜드 관리에 포함된 아홉 가지 마케팅 요소들에 초점을 맞춰야 한다. 이 경영 부서를 지휘하고 독려하기 위해서도 강력한 리더십이 필요하다. 이 세 가지 측면을 위한 강력한 리더십에 더해 올바른 관리 프로세스가 뒷받침될 때 장차 자사의 시장 가치가 높아진다. 이는 리더십에 의해 무형의 가치가 증가하는 현상과 연계된다.(그림 10.3 참고)

올바른 고객 관리는 견고한 고객 충성도의 측면에서 회사의 무형 가치를 증가시키는 효과를 낸다. 제품 관리는 혁신적인 솔루션을 통해 회사의 무형 가치를 확대하는 일이다. 이 혁신적인 솔루션은 고객들에게 제공되는 제품에 내재된다. 브랜드 관리는 브랜드 자산을 활용해 자사의 무형 가치를 강화하는 방법이다.

경영진은 결국에 자사의 가치와 문화뿐만 아니라 사회적 영향력을 유지하면서 재무적으로나 비재무적으로나 눈에 띄는 결과를 보여주어야 한다.

이를테면, 정직하게 이익을 창출하고 윤리적인 방법으로 고객 수를 늘리는 것은 물론 환경에 대한 관심을 유지하면서 시장을 확장하는 것

[표 10.1] 주가수익비율(P/E Ratio)과 주가장부가치비율(P/B Ratio)

	주가수익비율(P/E Ratio)[31]	주가장부가치비율(P/B Ratio)[32]
정의	기업의 주식이나 주가를 주당순이익과 비교한 수치. 주식 또는 주가를 주당순이익으 로 나누어 (비율로) 계산한다. 주식이나 주가는 시장 가치를 기준으로 한다.	기업의 시가총액(또는 시장 가치)과 자산의 가치를 비교한 수치. 기업의 장부 가치와 비교해 기업이 시장에서 얼마나 가치가 있는지를 (비율로) 계산한다. 주식이나 주가는 시장 가치를 기준으로 한다.
공식	$$\frac{주가}{주당순이익}$$	$$\frac{주가}{주당장부가치}$$
활용	• 기업의 지분이나 주가가 (수익에 비교해) 과대평가되었거나 과소평가되었는지 제대로 판단한다. • 유사한 업종이나 더 광범위한 시장에서 (S&P 지수 같은) 비교 기준이나 벤치마크를 제공한다. • 과거나 미래의 수익을 참고하여 현재 시장이나 투자자가 지분이나 주식의 가격을 기꺼이 지불하려고 하는지 파악한다.	• 투자 가능성을 평가할 때 투자 결정 기준을 제공한다. • 기업이 과소평가나 과대평가 되었는지 측정한 다음 기업에 대한 투자가 투자자의 목표에 부합하는지 판단한다. • 특정한 주식의 가치에 대한 시장의 인식이나 주가, 또는 기업의 공정한 시장 가격을 보여준다.

이 좋은 예다.

리더십은 한 개인이 포지셔닝, 차별화, 브랜딩으로 기업의 가치를 구현할 수 있으며, 그다음 이 요소들을 세분화, 타기팅, 마케팅 믹스, 판매, 서비스, 프로세스와 조화시킬 수 있다는 것을 의미한다. 리더십은 지도, 지휘하고, 집행자인 경영 부서에 동기를 부여하는 활동과도 관련이 있다. 그래서 인적 측면에 기울이는 관심은 리더십을 발휘할 때 매우 중요한 토대가 된다.

리더의 역할은 각각의 팀 구성원이 강한 동기를 자극받고 팀의 에너지와 능력을 동원해 예정된 목표를 달성하게 하는 것이다. 강력한 리더십은 긍정적 정서를 불러일으켜 투자자들의 눈으로 볼 때 회사의 시장 가치가 높아지게 한다. 시장 가치는 주가수익비율과 주가장부가치비율을 활용해 측정할 수 있다.(표 10.1 참고)

경영진은 세 가지 주요한 측면(즉, 아홉 가지 핵심 마케팅 요소로 구성된 고객, 제품, 브랜드)을 관리함으로써 조직의 토대를 견고히 할 수 있다. 그에 따라 결국 회사의 시장 가치가 상승할 수 있고, 이 시장 가치는 인수와 투자, 주식 공개를 위해서도 매우 중요한 의미를 가진다.[33] 또한 시장 가치는 대개 기업의 가치를 광범위하게 검토하는 자본 투자자들(사모펀드, 뮤추얼/헤지펀드 매니저, 포트폴리오 매니저, 벤처캐피털리스트)에게 핵심 참고사항이다.[34]

투자자들은 기업의 현재 시장 가치나 주가를 바탕으로 다양한 비율을 계산해 주가수익비율 등의 투자 결정 기준으로 삼는다. 이 비율은 투자자들과 분석가들이 주식의 상대가치를 평가할 때 주로 사용하는 것이다. 이 주가수익비율을 도구로 삼아 주식이 과대평가 또는 과소평가됐는지 판단할 수 있다.[35]

기업의 리더가 여러 사람으로 구성된다는 점에 주목해야 한다. 모든 조직에는 특정한 책임 범위에 주력하는 리더들이 있다. 그들은 자신들이 이끄는 사람들을 움직여 관리 목표를 달성한다.

기업가형 마케팅에 대한 좀 더 포괄적인 접근 방식을 수행할 때 리더십과 경영의 균형을 유지해야 하는 도전 과제에 직면한다. 말하자면, 조직에서 과도하게 지휘하지 않더라도 관리가 미흡한 상황을 만들지 말아야 한다. 흔히 중소 규모의 기업들이 관리가 부실한 상황을 겪는다. 반면에 대기업들은 과잉 관리의 문제를 자주 겪지만, 그렇다고 리더십이 부족한 상황을 만들어서는 안 된다.

하버드의 국가준비리더십이니셔티브National Preparedness Leadership Initiative(이하 NPLI)를 이끌어온 에릭 J. 맥널티Eric J. McNulty와 레오나드 마커스Leonard Marcus는 20년에 걸쳐 위험 부담과 압박감이 높은 상황을 전제로 공공 부분과 민간 부문의 CEO들을 관찰하고 연구했다. 그 과정에서 두 사람은 위기가 과잉 관리되면서도 지휘가 부족한 현상을 발견했다. 경영진은 복잡하고 변화가 심한 위기의 시기에 효과적으로 조직을 이끌고 관리해야만 한다. 매 순간의 필요에 즉각 대응하는 것이 경영진의 역할이다. 이런 점에서 경영자들은 신속히 의사결정을 내리고 자원을 배분해야 한다. 이 기간대에 최상의 잠재적 결론을 내도록 이끄는 활동도 지휘에 포함된다.[36]

리더십과 경영의 관계는 이전에 논의한 융통성과 경직성에 연관 지어 설명할 수 있다. 리더십은 점진적인 것에서 급진적인 것까지 변화나 변혁을 다루는 활동을 말한다. 반면에 경영은 안정을 유지하고 체계적인 활동을 감독하는 일을 의미한다.[37]

컬럼비아경영대학원 교수 리타 건터 맥그래스Rita Gunther McGrath도 이 개념을 옹호한다. 맥그래스는 2009년까지 10년 동안 연간 최소 5%의 순이익을 개선한 2,300개가 넘는 주요 기업 군에서 10개 기업을 선정했다. 이와 같은 고성과 기업들은 장기간 일관성을 유지하는 특유의 조직 특성을 갖추면서도 믿기 어려울 정도로 안정된 상태에 있다. 이들은 발 빠른 혁신기업으로 신속히 변화하고 자원을 재조정한다.[38]

지금까지 살펴본 내용에서 리더십만 가지고 조직을 이끌 수 없다는 사실을 확인할 수 있다. 리더십이 적격한 경영과 함께 균형을 유지해야만 조직이 일상의 활동을 통해 미래로 나아간다. 이에 더해 기업가형 마케팅이 기업가형 리더십과 더불어 강화되어야 조직의 성과가 강화된다. 리더십과 경영이 적절히 조화를 이룰 때, 투자자들 사이에서 긍정적인 정서가 형성되며 무형의 자산이 늘어나는 측면에서 자사의 시장 가치가 상승한다. 이 시장 가치는 다른 무엇보다도 투자자들에게 중요한 지표인 주가수익비율과 주가장부가치비율의 평가치와 같이 다양한 형태로 나타난다.

✓ 리더십은 흔히 사람들에게 영감과 영향을 주고, 비전을 제시하고, 변화를 이끄는 과정을 말한다.

✓ 기업가형 리더십으로 조직의 성과를 개선하고 구성원들의 성장을 유도할 수 있다.

✓ 강력한 리더십이 있어야 고객, 제품, 브랜드를 관리할 수 있다.

✓ 관리란 고객-제품-브랜드 관리를 통해 조직의 시장 가치를 높여 눈에 보이는 결과를 실현하는 일이다.

✓ 투자자들은 기업을 평가할 때 리더십과 관련된 측면들을 검토한다. 강력한 리더십이 자사의 시장 가치를 끌어가는 원동력이다.

기회를 포착하고 붙잡으라

비즈니스 전망에서 마케팅 아키텍처로

싱가포르 기반의 DBS 은행의 CEO인 피유시 굽타Piyush Gupta는 디지털 기술을 지렛대로 삼아 아시아에서 중요한 성장 기회를 발견했다. 젊은 세대가 디지털 기술을 매우 잘 다룬다는 사실에 그는 주목했다. 더군다나 아시아의 소비자들이 스마트폰 채택률에서 업계 선두를 달린다.

기관 금융, 소비자 금융, 자산 관리 등 다양한 금융 서비스를 제공하는 DBS 은행은 새로운 로드맵을 짰다. 그에 따라 기술에 막대한 투자를 했으며, 전체 조직을 '재구성하는' 철저한 개혁에 착수했다. 여기서 그치지 않고 DBS 은행은 최근 부상하는 기술 트렌드와 소비자 행동, 기술 인프라에 대한 포괄적 연구를 수행했다. 게다가 세계 최고의 기술 기업들에 팀을 파견해 귀중한 통찰을 얻고 은행 업계에서 모범 사례를 구현할 방법을 터득했다.

DBS 은행의 기술 인프라 팀은 연구 결과를 바탕으로 85%의 아웃소싱을 85%의 인소싱으로 전환해 큰 변화 효과를 봤다. 거기다 다섯 가지 핵심 역량(인수, 거래, 참여, 생태계, 테이터)을 갖춘 디지털 비즈니스 모델을 개발했다. 그리고 이 모델로 다양한 부문에서 비즈니스 목표를 추진했다. 싱가포르와 홍콩에서는 도전 과제를 예상해서 빠르게 디지털화했다. 인도와 인도네시아에서는 최초로 디지뱅크를 출시해 혁신적인 핀테크 솔루션을 제공했다.

　DBS 은행은 '고객의 은행 업무를 즐겁게'와 '은행에 덜 신경 쓰고 생활을 더 즐기자Live More, Bank Less'라는 새로운 사명 하에 디지털 전환의 일환으로 마케팅 커뮤니케이션을 준비했다. 이어서 간편하고 손쉬운 은행업무 경험이라는 인식을 마케팅 전술에 결합했다. 이 캠페인에는 다수의 요소가 포함됐다. 보이지 않는 은행, 고객여정지도에 담긴 뱅킹, 고객들을 위해 항상 존재하는 은행이라는 개념을 가지고 고객들이 번거로움 없이 생활할 수 있도록 하자는 것이었다.[1]

　DBS 은행은 싱가포르 최대 규모의 자동차 직거래 시장인 DBS 자동차 마켓플레이스에 투자함으로써 디지털 채널을 강화했다. 또한 DBS 부동산 마켓플레이스DBS Property Marketplace를 구축해 주택소유자들과 구매자들을 연결했다. 그뿐만 아니라 새제품과 중고제품 거래 플랫폼 캐러셀Carousell에 투자했으며, 캐러셀의 플랫폼에 금융상품과 결제 서비스를 제공하기 위해 협업하고 있다.[2]

　그 결과, 시들리 싱가포르Seedly Singapore의 분석가들이 발견한 것처럼, DBS 은행의 주가가 23%가량 상승했다. 이는 2020년 주가가 2%가량 하락했다는 트레이츠 타임스 지수Straits Times Index(이하 STI)와는 대비되는 결과였다(STI는 싱가포르의 주요 주가지수로 싱가포르 증권거래소에 상장된 상위 30개 유동성 우량 기업들로 구성된다).[3] 또한 DBS 은행

은 가장 혁신적인 디지털 뱅킹(2021년)과 세계 최고 은행(2020년)에 선정됐다.[4]

DBS 은행의 사례는 한 가지 교훈을 준다. 일관되게 올바른 비즈니스 환경을 이해하고, 전략적 선택을 결정하고, 실행 가능한 마케팅 전략과 전술을 준비하여 이행해야 조직의 경쟁력을 높일 수 있다는 것이다. 그래야 다수의 재무적, 비재무적 지표들을 바탕으로 객관적이고 주관적으로 경쟁력을 측정할 수 있다.

앞 내용에서는 옴니하우스 모델을 두고 수직적이고 대각선 방향의 연관성을 관찰했다. 이제 수평적 연관성을 들여다보겠다. 우선 세 부분으로 구성된 기업가형 마케팅 전략에 대해 논하겠다. 요컨대, 전략 자체에 대한 준비, 전략을 수행하는 데 필요한 옴니 능력, 시간이 갈수록 시장 가치를 높이는 조직의 재무 관리에 대해 살펴보겠다.

이를 실천하기 위해 옴니하우스 모델의 두 지붕에 주목해야 한다. 두 지붕은 본질적으로 비즈니스 환경의 역동성이 마케팅 아키텍처 개발의 필수 기반이라는 점을 보여준다.

[그림 11.1] 옴니하우스 모델-역동성과 경쟁력

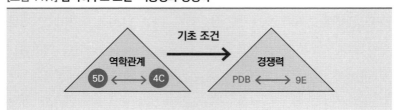

즉, 아홉 가지 핵심 마케팅 요소(9E)로 구성된 마케팅 아키텍처를 개발하여 경쟁력을 구축할 수 있다. 여기서 포지셔닝-차별화-브랜드(PDB 삼각형)가 이 아홉 가지 마케팅 요소의 단단한 기반이 된다.(그림 11.1 참고)

전망에서 선택까지

'역학관계'의 요소는 (3장에서 설명한 것처럼) 다섯 가지 동인으로 구성된다. 기술, 정치/법, 경제, 사회/문화, 시장을 의미하는 5D는 서로 영향을 미친다. 이 다섯 가지 동인을 한데 묶어 '변화'라고 말한다. 이 변화는 다른 세 가지 요소(경쟁업체, 고객, 자사)와 함께 4C로 구성된다.

5D 요소를 분석할 때는 일어날 가능성과 중요도(관련성)가 높은 요소가 무엇인지 확인해야 한다. 이에 더해 다섯 가지 동인이 즉각적으로 영향을 미치는지 살펴봐야 한다. 특히 변화가 즉각적인지 점진적인지, 이 힘들이 자사에 영향을 미칠 수 있는지 알아야 한다. 변화, 경쟁업체, 고객은 외부 요소이며 이를 토대로 위협과 기회를 철저히 분석해야 한다. 한편으로 자사 내부에서 강점과 약점을 분석해야 한다.

• 기술

기술의 급속한 성장, 디지털 발전, 온라인 존재감에서 비롯되는 다

[그림 11.2] 4C 모델의 내부와 외부 부문

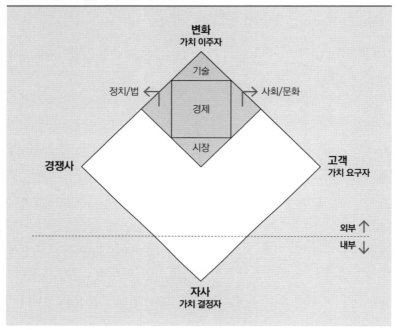

양한 변화의 요소들을 살펴야 한다. 앞서 언급한 것처럼 기술 발전은 가장 강력한 동인으로 최근 비즈니스 환경의 변화에 영향을 미쳤다. 다음은 향후 10년 동안 주류로 떠오를 기술들이다.

- 어드밴스드 로보틱스AR
- 센서와 사물인터넷IoT
- 3D 프린팅

- 식물 기반, 실험실에서 배양된 유제품
- 웹 3.0(블록체인 기술 기반의 월드와이드웹)
- 확장현실(가상현실, 증강현실, 혼합현실, 메타버스)
- 슈퍼컴퓨터
- 진보한 드론 기술
- 친환경 녹색 기술

• 정치/법

UN은 지속가능발전목표SDGs의 이념을 실현하고자 2015년 회원국 원수들과 정부 고위 대표들을 뉴욕 총회에 초청했다. 이 총회에서 UN은 모든 세대를 위해 보다 나은 지속가능한 미래의 청사진을 공유했다. 미래에는 지속가능한 지침을 만들고 따르는 방식으로 정치적 또는 법적 측면이 SDGs를 뒷받침할 것이다. 이를테면, 은행들은 환경-사회-지배구조ESG(Environment, Social, Governance의 약자로 기업 경영의 지속가능성을 달성하기 위한 세 가지 핵심 요소-옮긴이) 평가를 토대로 대출을 해주기 시작했다. 정부는 재생 에너지나 그린 에너지를 사용하는 기업들에게 인센티브를 제공한다.[5]

• 경제

오늘날 공유경제(예를 들어, 콘텐츠 생산자, 운전자의 승차 공유, 온라인 상점 판매자), 원격 작업 환경, 프리랜서 마켓플레이스가 유행하

면서 일부 직종에서 9시부터 6시까지 일하는 근무 환경이 사라지게

됐다. 대신에 긱 이코노미_{gig economy}(기업들이 필요에 따라 계약직이나 프리랜서 형태

의 인력을 고용하고 대가를 지불하는 경제 형태—옮긴이)의 이점인 유연한 노동이 확대

되고 있다. 영국 정부에 따르면, 긱 이코노미는 '단기간에 작업별로 결

제하는 방식으로, 판매자와 구매자 간의 매칭을 적극적으로 주선하는

디지털 채널을 통해 개인 간 또는 기업 간에 노동과 돈이 교환되는 형

태다.'[6]

긱 이코노미가 유행하면서 전통 경제에서 경력 개발을 중시하는 전

일제 노동자가 계약직 노동자로 대체되고 있다. 2017년 5,500만 명으

로 추정되는 미국 노동자들 또는 노동 인구의 36%가 긱 이코노미에

참여했다.[7] 2030년까지 미국에서 긱 노동자가 전체 노동 인구의 50%

를 차지할 것으로 예상된다.[8]

최근 우리는 순환 경제가 부상한 현상을 목격했다. 순환 경제는 세

가지 핵심 원칙, 즉 폐기물과 오염 저감, 제품과 원료 재사용(최대한 재

활용), 생태계 복원을 바탕으로 한다. 이 접근 방식이 사람, 비즈니스,

환경에 긍정적 영향을 미친다는 것은 의심할 여지가 없다. 순환 경제는

생물 다양성, 폐기물, 기후 변화, 오염 관련 글로벌 도전 과제를 해결하

는 방법이 될 것이다.[9]

순환 경제 덕분에 기업들은 비즈니스 모델을 사회적 책임 활동의 일

환으로 전환하여 더 나은 미래를 만들려고 노력하고 있다.[10] 액센추어

_{Accenture}에 따르면, 순환 경제에서 2030년까지 추가로 4조 5,000억 달

러의 경제 산출량이 발생할 것으로 예상된다. 국제노동기구도 그해에 1,800만 개의 신규 일자리가 창출될 것으로 전망한다.[11]

• 사회/문화

인스타그램과 틱톡 같은 소셜 미디어 플랫폼에서 벌이는 활동은 사용자들을 더욱 몰두하게 만든다. 메타버스 기반의 가상현실은 소셜 네트워크를 한 단계 더 진화시켰으며 개인들의 상호작용 방식까지 변화시킬 것이다. 이 트렌드가 아직 개척되지 않은 새로운 문화의 가능성을 열고 있다.[12]

그 외 식물성 식품 분야에서 사회 문화적 변화가 일어나고 있다. 옥스퍼드 대학과 런던 위생 열대의학 대학원이 1만 5,000명이 넘는 개인들을 대상으로 한 설문 조사 결과를 발표했다. 조사 내용은 2008년에서 2019년까지 국민 다이어트 영양 설문 조사의 소비 데이터를 이용해 분석했다. 이 조사는 식물성 우유(예를 들어, 귀리, 콩, 또는 코코넛), 비건 소시지, 베지터블 버거 같은 식물성 대체식품을 섭취한다고 밝힌 사람들의 비율이 2008년에서 2011년 6.7%에서 2017년에서 2019년 13.1%로 두 배 가까이 증가한 사실을 보여준다.[13]

• 시장

4차 산업혁명 시기에 시장 메커니즘은 기술, 글로벌 연결성, 야심찬 글로벌 목표(이를테면, 2030년까지 SDG 달성)의 영향을 받는다. 이미 파괴적 혁신이 일어난 일부 업종은 기술을 수용하고 SDG 달성을 지원하여 변화에 적응하는 방식으로 디지털 전환 로드맵을 설계했다.[14] 대표적 사례는 다음과 같다.

- 자동차 업종에서는 적정한 가격에 깨끗한 에너지를 제공한다는 SDG 7번 목표를 달성하고자 자율주행 전기차를 개발했다.
- 의료 업종에서는 모든 연령층을 위한 건강한 삶을 보장하고 복지를 증진한다는 SDG 3번 목표를 달성하고자 원격 의료 인프라를 구축했다.
- 소매 패션 업종에서는 책임감 있는 소비와 생산이라는 SDG 12번 목표를 달성하고자 재활용 재료를 사용한 재생과 지속가능한 소재를 개발하기 시작했다.[15]

총칭하여 '변화'라고 부르는 다섯 가지 동인의 변화로 인해 우리가 제공하는 가치 제안이 어느 순간 한물간 것이 되고 마는 것이다. 그래서 변화를 자사 제품의 가치 이주자라고 언급하곤 한다. 이 변화로 인해 심지어 기업의 가치가 감소하기도 한다.

• 경쟁업체

기업들은 평균 수익의 7%에서 12%를 마케팅 활동에 지출한다. 삼성, 소니, 애플 같은 전자 업종 기업들은 그보다 더 많은 지출을 한다.

그런데 2010년 4월 설립된 중국의 전자제품 제조업체 샤오미처럼 마케팅 비용 지출을 절감하는 업체들도 있다. 샤오미는 창업 초기에 온라인 채널을 활용해 비용을 절감했다.[16] 비용 우위 모델로 적당한 가격에 고품질 사양을 갖춘 제품을 만들어 고객들의 호응을 끌어낼 수 있는 것이다. 2022년 샤오미는 소니, LG, 노키아를 누르고 상위 3개 스마트폰 리더에 등극했다.[17]

이 대목에서 경쟁업체들이 지렛대로 활용하는 자원과 능력은 물론 경쟁업체들이 가진 우위의 원천을 파악해야 한다. 경쟁업체들이 동적 능력을 어느 정도 갖췄는지 관심을 기울여야 하는데, 강력한 기업 민첩성을 구축하는 기반이 동적 능력이기 때문이다. 독특한 자원과 능력을 갖춘 경쟁업체가 고유의 역량을 갖췄을 확률이 높다.

전자 업종에서 특유의 마케팅을 활용하는 샤오미는 미펀Mi Fan이라는 독특한 자원을 창출했다. 전 세계 수백만 명이 참여하는 거대한 팬클럽 미펀은 소셜 미디어에서 샤오미 제품을 널리 홍보한다. 미펀은 일부 팬들을 초대해 신제품 출시를 지켜보는 혜택을 주기도 한다. 이 전략을 동적 능력으로 활용하는 샤오미는 미펀의 지지에 의존하고 버그와 참신한 아이디어에 대한 고객들의 피드백을 얻어 연구개발 비용을 절감함으로써 매출을 끌어올린다.[18]

경쟁의 수준은 해당 업종에 참여한 기업들의 수에 따라 결정된다. 또 경쟁업체들이 창의적인 전략을 수립하고 효과적으로 실행하는 정도에 따라 경쟁의 수준이 달라진다. 경쟁업체들은 변화에 대응해 고객들이 원하는 것을 충족하려고 다수의 가치를 제공한다. 그래서 이 경쟁업체들을 가치 공급자들이라고 말하기도 한다. 만약 경쟁업체들이 제공하는 가치 제안이 자사의 가치 제안보다 더 높은 평가를 받는다면 자사의 고객들이 경쟁업체로 이동할 확률이 높다.

샤오미가 스마트폰 시장에서 큰 성공을 거둔 이후 오포Oppo, 비보Vivo, 리얼미Realme 같은 업체들이 유사한 가치를 제안하고, 저렴한 가격의 고품질 사양 제품을 내세워 경쟁에 참여했다. 오포와 비보는 샤오미의 시장점유율을 낚아채려고 '최고의 모바일 사진Best Mobile Photography'에 대한 공격적인 캠페인과 함께 광고와 브랜드 앰베서더 전략을 활용했다.[19] 결국에 샤오미는 그 캠페인에 대응하지 않았지만, MiOT 생태계의 구축에 집중하여 경쟁업체들과의 차별화를 꾀했다.

• **고객**

고객들이 새로이 유입됐든 장기간 자사와 함께했든지 간에 고객들에게 일어나는 일에 계속 주의를 기울여야 한다. 그러기 위해 고객들이 변심하거나 경쟁업체로 떠났는지 점검해야 한다. 기존 고객들에게서 만족도와 충성도의 수준도 평가해야 한다.

1997년에서 2021년 사이에 태어난 Z세대(아이젠iGen 또는 센테니얼centennial)는 어린 시절부터 인터넷 네트워크, 소셜 미디어, 스마트폰을 사용하며 자랐다. 이들은 실용적인 경제관을 가지고 안정성을 추구하는 경향이 있다. Y세대처럼 Z세대는 사회적 대의, 기업의 사회적 책임,

친환경 활동에 관심을 가진다. 게다가 Z세대는 여타 세대와는 다른 가치관을 가진다. Z세대가 살아가는 방식은 욜로, 포모, 조모로 설명된다.[20]

욜로YOLO, 당신은 한 번뿐인 인생을 산다You only live once 현재는 이들이 삶을 최대한 즐기는 유일한 시간이다. Z세대는 새로운 언어를 배우거나 배낭을 메고 유럽이나 아프리카를 여행하는 등 자신들이 좋아하는 일을 즐기고 이에 시간과 돈을 투자한다. 이 세대를 두고 '삶은 짧다. 가방을 사자!Life is short, let's buy the bag!'라고 하는 말을 들어봤을 것이다.

포모FOMO, 소외되는 것의 두려움Fear of missing out 다른 사람들이 경험하는 활동 따위에서 소외되는 것을 두려워하거나 불안해한다. Z세대는 친구들이나 또래가 이용하는 것을 구매하고, 사람들로 붐비는 장소에서 사진을 찍어 많은 사람과 관계를 유지하고, 혹은 꿈을 실현하겠다고 잘 다니던 직장을 그만두기도 한다.

조모JOMO, 고립되는 것의 즐거움Joy of missing out Z세대는 이미 포모와 욜로를 경험했으며, 이제 조모가 해법이라고 깨닫는다. 이들은 특정한 활동, 특히 소셜 미디어나 엔터테인먼트 관련 활동에 잘 참여하지 않는다. 비교하거나 경쟁하는 것을 좋아하지 않아서 행복의 원천이 자신들의 삶과 일에서 나온다고 생각한다.

이 세대가 우리를 바라보는 관점을 이해해야 한다. Z세대는 우리의 가치 제안을 높이 평가할까? 그들은 우리의 다양한 커뮤니케이션 활동에 사로잡히고 열광하는가? 그들은 주로 어떤 질문을 던지며, 의심을 드러내는가?

디지털 시대인 지금 새로운 고객 경로를 이해해야 한다. 처음에 고객들은 아마도 TV 광고나 소셜 미디어 광고를 지켜볼 것이다('인식' 단계). 그러면 적절한 광고가 고객의 관심을 사로잡아 웹사이트에서 클릭이나 탐색을 하게 만든다('호소' 단계). 그에 더해 고객들은 이미 경험한 친구들에게 의견을 묻거나 판매 담당자에게 연락한다('물음' 단계). 제품에서 높은 가치를 인식할 때, 고객들은 점포를 방문하거나 전자상거래로 제품의 값을 치른다('행동' 단계). 마지막으로, 고객들은 제품의 품질을 평가하고 소셜 미디어를 통해서 혹은 그들의 모임에서 경험을 공유한다('옹호' 단계).[21]

기업들이 상대해야 하는 고객들은 언제, 어디서나 개선된 서비스, 개인화, 속도, 유연한 구매 프로세스를 기대한다. 고객 중 71%는 온라인에서 제품을 구매하고 자신의 기기를 이용해 최적의 가격을 검색한다. 게다가 디지털 소비자 중 77%는 디지털 구매 활동에서 개인화된 경험을 기대한다. 그래서 기업은 더는 제품 중심 접근 방식에 기댈 수 없고, 그보다는 고객 중심 조직이 되어야 한다.[22]

- **자사**

어느 기업이나 조직 내부의 강점과 도전 과제를 가지고 있다. 주로 이 요소들을 외부 요인과 함께 분석해 전략적 선택을 내린다. 내부, 외부 환경에 대한 분석은 우리가 대개 TOWS 분석으로 알고 있는 것이다(일반적으로 SWOT(강점, 약점, 기회, 위협) 분석이라고 하지만, 내부를 바라보는 태도나 내부 지향의 태도보다는 외부를 바라보는 태도 또는 외부 지향의 태도를 강조하려고 여기서는 TOWS 분석이라고 말한다).[23]

이와 관련하여 자사의 세 가지 요소를 자세히 살펴봐야 한다.

기존 역량. 우리는 지금 어떤 역량을 보유했으며, 어떤 자원과 능력이 기존 역량을 형성하는가? 기존 역량이 장기간 적합성을 유지할지 확인해야 한다. 이 역량이 실제로 독특한지도 판단해야 한다. 고유의 역량은 조직이 보유한 독특한 특성들로 정의되며, 이러한 힘을 바탕으로 목표 시장에 진입하여 경쟁에서 우위를 점할 수 있다. 자사는 이 고유의 역량을 여러 가지 방식으로 개발할 수 있다.[24]

- 특정한 전문성을 가지고 고품질의 제품을 생산한다.
- 숙련된 전문가를 고용한다.
- 미개척 시장 틈새를 발견한다.
- 순전한 관리 능력으로 혁신을 도모하거나 경쟁우위를 달성한다.
- 기술과 연구개발 부문에서 탁월한 성과를 올리거나 짧아진 제품 수명주기에 대응해 신속히 신제품을 출시한다.

- 저비용 생산을 하거나 양질의 고객 서비스를 제공한다.

확장 가능성. 지금까지 역량을 운영해온 수준에 비해 어느 정도까지 역량을 더 사용할 수 있을까? 규모의 경제를 달성하는 데 그치지 않고 범위의 경제도 확대하도록 가치 창출 활동을 확대해야 한다. 그러기 위해 이미 보유한 역량을 지렛대로 활용하기 위한 다양한 선택을 모색해야 한다.

위험 관리 태도. 의사결정 과정에서 어떤 시각을 가지는가? 기존에 존재하는 다양한 위험을 과대평가해서 결국 위험을 회피할 수 있다. 혹은 위험을 계산했다는 전제에서 위험을 감수할 수도 있다. 이 전략은 '위험 수용자'가 된다는 의미로 사소한 위험일지라도 계산 없이 위험을 수용하는 '위험 추구자'가 된다는 것과는 다른 의미다.

4C 분석을 수행한 이후에는 현재와 미래의 핵심 쟁점을 식별해야 한다. 이는 이미 진행한 TOWS 분석의 헬리콥터 뷰helicopter view(GE가 강조하는 경영자세로 경영자가 헬리콥터와 비슷한 위치에서 현장을 면밀히 살펴야 한다는 의미다.—옮

[그림 11.3] TOWS 분석에서 선택까지

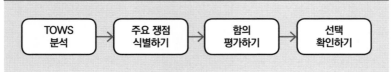

TOWS 분석 → 주요 쟁점 식별하기 → 함의 평가하기 → 선택 확인하기

긴이)를 바탕으로 결정된다.(그림 11.3 참고) 그래서 TOWS 분석에서 발견된 각각의 문제를 하나씩 해결하려고 해서는 안 된다. 주요한 문제를 확인한 후에 자사와 관련한 함의의 정도를 분석해야 한다. 우리가 발견한 다양한 함의를 토대로 앞으로 나아갈지 말지 선택 여부를 판단해야 한다.

이제 여러 가지 전략적 선택이나 의도를 취할 수 있다. 다시 말해, 다양한 자원과 노력을 투자해 경쟁력을 높이는 선택, 중단 또는 제지, 수확 또는 철수, 경쟁에서 물러나거나 나오기 등 선택을 내릴 수 있다.[25] 선택은 사용 가능한 자원, 그리고 이 자원을 역량으로 전환해 경쟁우위를 형성하는 능력에 따라 달라진다. 여기서 더 나아가 VRIO 분석방법(VRIO는 내부 역량을 판단하는 네 가지 키워드로 Value(경제 가치), Rare(희귀성), Imitable(모방가능성), Organization(조직)을 말한다)[26]을 이용해 자원과 역량을 분석할 수 있다. VRIO 기준을 충족할 자원이 부족할수록 구축할만한 경쟁우위가 약해질 수 있다. VRIO 기준의 일부를 충족하는 경우에는 일시적인 경쟁우위를 창출할 수 있다. VRIO 기준을 완전히 충족한다면, 지속가능한 경쟁우위를 구축할 가능성이 높아진다.[27]

예를 들어, 이케아는 적정한 가격에 모듈 가구를 내놓았는데, 이 가구는 신속하고 간편하게 조립하고 관리할 수 있으며 경쟁업체의 제품보다 제품 수명이 개선됐다. 고객들은 새로운 완제품 가구를 구매할 필요 없이 이 개념을 통해 부품을 교체하거나 추가할 수 있다. VRIO 프

[그림 11.4] 간단한 VRIO 분석-이케아

경제가치	이케아는 모듈식 디자인 기술로 개선된 가구 자재를 합당한 가격에 제공한다.
희귀성	경쟁업체가 완제품 가구를 생산할 때, 이케아는 모듈식 디자인을 개발해 고객들이 가구 부품을 교체하고 추가하도록 했다.
모방가능성	경쟁업체들이 모듈식 가구를 개발한다 해도 부품이 이케아 제품과 호환되지 않는다. 이케아가 특허 출원된 디자인을 보유했기 때문에 경쟁업체들이 이케아 제품을 모방하지 못한다. 그래서 고객은 오로지 이케아에서 교체 부품이나 추가 부품을 구매해야 한다. 이 부분이 고객 록인 메커니즘으로 작동한다.
조직	많은 제품 디자이너들이 이케아를 지원한다.

레임워크를 이용해 이케아를 분석하면(그림 11.4 참고), 이케아가 모듈식 디자인을 발판으로 경쟁우위를 구축했다는 점이 확인된다.[28]

이 분석에서 이케아가 경쟁우위를 유지할 기회를 엄청나게 누린다는 사실이 확인된다. 이케아는 네 가지 VRIO 기준을 확고히 충족했으며, 앞으로의 비전과 사명에 확신을 가질 수 있다.

그런데 투자를 결정하고 나서 목표와 선택 사이에 격차가 있다면, 그 격차를 메우려고 해야 한다. 비즈니스 생태계에서 다른 당사자들과 협업하는 것도 하나의 방법이다. 필요하다면 경쟁자들과 경쟁적 협력을 해도 된다.

선택을 마케팅 아키텍처로 전환하기

앞으로 살펴보겠지만, 일단 투자를 결정했다면, 마케팅 아키텍처를 설정해야 한다. 이어서 각각의 구성요소, 즉 전략과 전술, 가치를 따져야 한다.(그림 11.5 참고)

[그림 11.5] 시장 전망에서 마케팅 아키텍처로

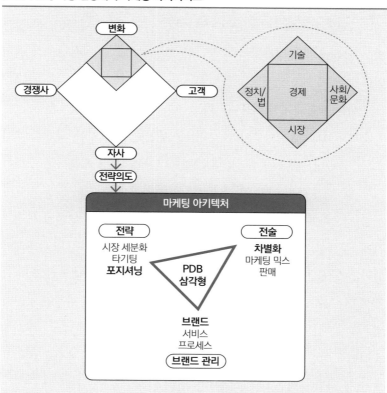

- **마케팅 전략**

주류 마케팅 접근법에서는 마케팅 전략이 STP, 즉 시장 세분화, 타기팅, 포지셔닝으로 구성된다. 이를 전략이라고 부르는 이유는 (특히 시장 세분화와 타기팅 과정에서) 시장을 여러 세그먼트를 나눈 후 그 다음 단계에서 서비스를 제공하고 제공하지 않을 세그먼트를 설정하기 때문이다.

이 마케팅 개념이 개발될 때, 마케팅의 접근 방식에 여러 변화가 있었다. 그런 가운데 뉴웨이브 마케팅이라는 접근법이 나왔다. 이 접근법은 아래에서 설명하듯이 시장 세분화, 타기팅, 포지셔닝과 관련이 있다.[29]

- 시장 세분화에서 커뮤니티화로

고객이 사회적 창의물이라는 사실을 부인할 수 없지만, 고객을 개인으로 바라보는 전술적 접근방법으로는 더 이상 시장 세분화를 수행하지 못한다. 우리는 지리, 인구 통계, 심리 통계, 행동 변수들을 이용한 시장 세분화에 익숙하지만 이제 시장 세분화 과정에서 고객의 목적과 가치, 정체성Purpose, Value, Identity(이하 PVI)을 포함하여 그 과정을 강화해야 한다. 고객을 수동적인 타깃 세그먼트로 삼는 것처럼 기업과 고객의 관계를 단지 수직적으로 바라봐서는 안 된다. 또한 보다 수평적인 접근방법으로 고객을 활동적인 공동체 구성원으로 바라봐야 한다. 그에 더해 응집력과 영향력에 대한 공동체의 잠재성을 평가하여 유사성을 바탕으로 고객 매핑을 한층 더 강화해야만 한다.

– 타기팅에서 확인으로

타기팅 단계 초기에 자원을 어떻게 여러 세그먼트에 투입할지 고려한다. 이 단계에서 세그먼트의 규모, 성장률, 경쟁우위, 경쟁 환경을 따진다. 여기서 그치지 않고 연관성, 활동 수준, 공동체 네트워크의 총계 Number of Community Networks(이하 NCNs), 이 세 가지 기준을 더해 추가로 확인해야 한다.

연관성은 공동체와 자사 브랜드 간 PVI 유사성의 정도를 나타낸다. 이 이외에도 공동체 구성원들이 얼마나 적극적으로 서로 관계를 맺는지 유심히 살펴야 한다. 공동체의 명단이 중요한 게 아니라 다양한 활동에 대한 공동체 구성원들의 참여 수준을 봐야 한다. 또한 NCNs 즉, 공동체 네트워크가 도달하는 범위에 주목해야 한다. 그 대상은 공동체 네트워크에 국한되지 않고 네트워크를 통한 공동체 외부의 당사자들이 포함된다.

– 포지셔닝에서 명료화로

고객의 교섭력이 강화됨에 따라 기업이 결정하는 일방적인 포지셔닝 방식의 효과가 감소하고 있다. 우리는 보통 표적 시장, 브랜드, 준거 기준, 차별화 요소, 신뢰를 주는 근거 등 주요한 요소들이 포함된 포지셔닝 선언문을 작성한다. 포지셔닝 구호는 일반적으로 태그라인을 설정하는 기준이 된다. 그런데 이런 식으로 포지셔닝을 강조하는 전략은 이제 별로 효과가 없다. 고객이 과도하게 약속된, 기대보다 실망스러운 현상을 겪지 않도록 명료화하는 접근법이 필요하다.

우리는 기업 중심 콘텐츠에서 고객 중심 콘텐츠로 변화를 도모하고 있다. 주로 단일 메시지를 전달하려는 시도였던 포지셔닝에 이제 다차원의 메시지가 포함되고 있다. 게다가 일방향 접근법을 넘어서는 방법으로 소통해야만 한다. 다자간 소통을 이용해야 하는 것도 그런 이유 때문이다.

이 마케팅 전략은 고객 관리를 시행하는 기준이며, 이를 바탕으로 고객과 관련한 네 가지 사항에 주의를 기울여야 한다.[30]

고객 확보. 적극적으로 잠재 고객을 찾아 자사의 고객이 되게 만든다.

고객 유지. 충성도 프로그램을 가지고, 혹은 확고한 록인 메커니즘을 창출하여 고객 충성도를 구축한다.

고객 성장. 교차판매와 상향판매로 가치를 더해 규모의 경제뿐만 아니라 범위의 경제를 추구한다.

윈백. 경쟁업체로 전향했지만 연관성 있고 기여도가 높은 고객들을 탈환한다.

• 마케팅 전술

고전적 마케팅 개념에서 전술은 세 가지 요소, 즉 차별화, 마케팅 믹스, 판매로 구성된다. 이 세 가지 개념은 STP 요소들을 구체적인 형태로 전환시킨다. 그래서 포지셔닝에 맞춰 차별화를 정의한 다음 이 차별화를 제품, 가격, 유통채널, 프로모션로 구성된 마케팅 믹스로 전환해야 한다. 그 이후 자사의 시장 제공품을 판매활동의 일부인 매출로 전환해야 한다.

전술의 세 가지 요소는 STP 요소들과 유사하게도 지금의 시대에 날이 갈수록 복합적이고 복잡해지는 고객의 구매 여정에 따라 변화했다.

- 차별화에서 내면화로

지금까지 차별화는 콘텐츠 차별화(무엇을 제공하는가), 콘텍스트 차별화(어떻게 제공하는가), 그 외 차별화를 가능하게 하는 요소들(기술, 시설, 인적자원 등)을 통해 이루어졌지만, 이제 이 요소들로는 충분하지 않다. 지금까지의 차별화는 마케터의 관점에만 한정됐다. 이 접근법은 순전히 마케팅 부서의 일로만 보는 방식이어서 대개 브랜드 DNA라고 할 수 있는 전사적 조직 문화와 관련이 없다.

따라서 마케팅 부서는 조직의 DNA가 브랜드 DNA(상징과 형태, 시스템과 리더십, 공유 가치와 그 내용)로 활용되도록 내면화할 수 있어야 한다. 이 브랜드 DNA는 전 직원이 널리 이해하고 내면화하고 신중히 응용해야 한다.

- 마케팅 믹스에서 뉴웨이브 마케팅 믹스로

전통 마케팅 믹스 요소에도 변화가 일어났다. 즉, 상품에서 공동생산으로, 가격에서 통화로, 유통채널에서 공동체 활성화로, 프로모션에서 대화로 마케팅 믹스 요소들이 변화를 겪고 있다.

기업은 신제품 개발 단계에서 기업 중심 접근법에 갇히는 경향이 있다. 초기 아이디어 창출 단계에서 제품화 단계까지 기업이 지배적 역할을 한다. 고객들은 수동적인 경향을 보이며 제품에 대해 의견만 내놓을 수 있다. 이제 기업들은 제품 개발 단계에서 기회를 제공하고 고객을 참여시켜야 한다. 고객은 공동 생산자가 될 수 있다.

판매장소의 요소(유통 채널이나 마케팅 채널의 일부)는 대부분 물리적 플랫폼이며, 여기서 사람들이 제품과 지원 서비스를 제공받을 수 있다.

물리적 플랫폼은 제품과 서비스를 제공하는 기능만 해서는 온라인 유통의 대안으로 매력을 잃는다. 따라서 이를 공동체들이 아이디어나 경험을 접하고 공유할 현실 세계의 플랫폼으로 전환해야 한다. 물리적 공간은 공동체의 관계를 강화하는 데 필수적인 요소다. 공동체 활성화의 성공 여부는 온라인 접근법과 오프라인 접근법을 어떻게 효과적으로 통합하는가에 달렸다.

- 판매에서 상업화로

오늘날 전통적인 판매 접근법은 여전히 필요하지만, 새로운 고객을 확보하고 기존 고객을 유지하기 위해 소셜 네트워크를 최적화함으로써 상업화로 기존의 접근법을 보완해야 한다. 온라인 접근법과 오프라인 접근법이 통합되면 판매원들이 매우 편리하게 강력한 네트워크를 구축할 수 있다. 소셜 미디어를 사용하는 고객의 수가 날이 갈수록 늘어나고 있다. 이런 현실에서 의사결정 과정의 일부로 고객들이 다른 사람들의 의견을 듣는 경향이 강해지고 있다. 상업화는 이러한 소셜 네트워크를 효과적이고 효율적으로 활용하여 판매 프로세스를 지원하는 방법이다.

• 마케팅 가치

마케팅 아키텍처의 마지막 기둥인 마케팅 가치는 브랜드, 서비스, 프로세스로 구성된다. 브랜드는 가치 증강자인 서비스, 가치 조력자인 프로세스를 필요로 하는 가치 표식자다.

마케팅 가치 부분에서도 다음과 같이 눈에 띄는 변화들이 있다.

– 브랜드에서 캐릭터로

브랜드는 아이덴티티로서 고객과의 관계를 형성해야 한다. 또 브랜드는 기능적이고 감성적인 혜택이 되어야 한다. 그런데 브랜드에 대한 고객 신뢰를 형성하는 일이 점점 더 어려워지는 현실에서 인간적인 브랜드 아이덴티티를 강조하는 접근법을 채택할 필요가 있다.[31]

– 서비스에서 케어로

기술이 급속히 발전하고 있지만, 우리는 역설을 목격하고 있다. 고객들이 점점 더 인간적으로 바뀌고 있다는 말이다. 기술 기반으로 메커니즘으로 작동되는 기계와 인간의 상호작용보다 인간과 인간의 상호작용이 여전히 더 중요시되고 있기 때문이다. 이런 맥락에서 대응 위주의 기계적 접근법에 기반해 고객을 지원할 수 없기에 주도적이고 인간적인 접근법으로 고객을 보살피는 모습을 보여야 한다. 고객 서비스의 시대는 오래전에 막을 내렸으며 고객 케어의 시대로 대체됐다.

- 프로세스에서 협업으로

프로세스는 원자재 조달에서 제품 배송에 이르기까지 기업의 가치 창출 활동에서 핵심을 이룬다. 기업들은 모든 요소가 효과적, 효율적으로 작동하도록 가치사슬 상 다양한 프로세스를 관리해야만 한다. 이를 위해 세 가지 지표(품질, 비용, 배송)가 기준점으로 활용된다.

이 마케팅 가치 부분에서 강조되고 있듯이, 날이 갈수록 인간으로서의 브랜드가 중요해지고 있다. 기업들이 고도로 기능하는 브랜드 관리 능력을 갖춰야 하는 이유다.

포지셔닝-차별화-브랜드의 삼각형

주요한 세 가지 요소는 아홉 가지 핵심 마케팅 요소들과 통합된다. 이처럼 포지셔닝, 차별화, 브랜드로 형성된 구조를 PDB 삼각형이라고 한다.(그림 11.6 참고) 포지셔닝은 브랜드가 고객들에게 전달하는 고유한 가치이자 마케팅 전략의 핵심이다. 차별화는 고객의 만족도와 충성도를 유지하고자 제품과 서비스의 측면을 판단하려는 기업의 노력을 말한다. 차별화는 마케팅 전술의 핵심을 차지한다. 마지막으로 브랜드는 마케팅 가치의 핵심을 의미한다.

아이덴티티로서 브랜드가 정립되려면, 포지셔닝이 분명해야 한다. 고객에 대한 약속인 포지셔닝은 브랜드 완결성을 이루는 확실한 차별

[그림 11.6] PDB 삼각형

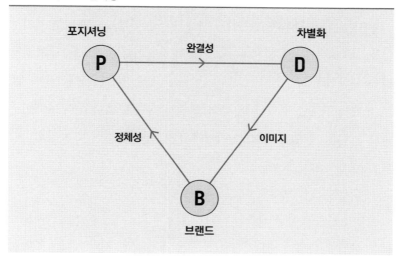

화를 통해 실현되어야 한다. 이 차별화가 계속 유지될 때 강력한 브랜드 이미지가 형성된다.

아시아 지역에서 선두를 달리는 DBS 은행의 사례로 돌아가서, 이번 장을 시작하며 확인한 것처럼 이 은행의 CEO인 굽타는 거시경제를 분석하여 젊은 세대에 집중함으로써 디지털 기술과 그 잠재성에 대한 기회를 포착했다. 굽타는 세 가지 세그먼트를 정립했으며, 각각 다른 마케팅 목표를 설정했다. 요컨대, 개발도상국(인도네시아와 인도 같은 국가)은 디지뱅크의 잠재 사용자들을 끌어들인다. 나머지 세그먼트는 운영에 기술을 접목해 비용을 절감한다. 핵심 시장인 싱가포르와 홍콩은 스스로를 파괴하고 경쟁업체들의 진출을 막아내는 쪽으로 시장의 초점을 맞췄다.

DBS 은행은 간편하고 손쉬운 뱅킹 경험을 바탕으로 분명한 포지셔닝을 구축했다. 차별화의 핵심인 기술이 포지셔닝을 지지하고, 브랜드 약속의 완결성을 높였다. DBS 은행은 마케팅 커뮤니케이션을 통해, 또 브랜드 약속을 확실히 이행함으로써 긍정적인 브랜드 이미지를 구축했다. DBS 은행의 PDB 삼각형에서 세 가지 요소는 모두 양립하면서 서로 지지해야 한다.

지금까지 논한 내용을 바탕으로 확인할 수 있듯이, 전략의 준비는 일관성이 있어야 하고 기존의 기회가 활용되고 경쟁우위가 창출되도록 모든 측면을 다뤄야 한다. 일단 구도가 파악되면, 전략, 전술, 가치로 구성된 마케팅 아키텍처로 나아가도 되는지 판단할 수 있다. 결론을 내리면, PDB 삼각형은 아홉 가지 핵심 마케팅 요소를 지지하는 기반이다. PDB 삼각형의 요소들은 서로 지지하고 조화를 이루어가야 한다. 그래야 브랜드가 강력한 아이덴티티와 완결성, 이미지를 갖춘다.

✓ 5D 요소들(기술, 정치/법, 경제, 사회/문화, 시장)을 분석해야 발생 가능성과 중요도가 가장 높은 요소를 확인할 수 있다.

✓ 변화, 경쟁업체, 고객, 자사를 들여다봐야 위협과 기회에 더해 강점과 약점을 볼 수 있다.

✓ 마케팅 전략은 세분화에서 커뮤니티화로, 타기팅에서 확인으로, 포지셔닝에서 명료화로 전환되고 있다.

✓ 마케팅 전술은 차별화에서 내면화로, 마케팅 믹스에서 뉴웨이브 마케팅 믹스로, 판매에서 상업화로 전환되고 있다.

✓ 마케팅 가치와 관련해서 여러 변화가 두드러진다. 브랜드에서 캐릭터로, 서비스에서 케어로, 프로세스에서 협업으로 변화가 일어났다.

옴니 능력을 구축하라

준비에서 실행으로

싱가포르의 다국적 기술 기업이 구축한 마켓플레이스 플랫폼 쇼피 Shopee는 2015년 열 명의 젊은이들로 구성된 팀으로 출발했다. 그러다 2019년 쇼피는 직원 수가 700명으로 늘어날 정도로 성장했으며, 베트 남과 인도네시아 같은 지역으로 사업 범위를 확장했다. 이렇게 사업이 대폭 확장되자 쇼피는 관리, 운영, 창의적 업무를 담당한 인재를 채용 하게 됐다.

쇼피는 인재를 채용할 때 여러 가지 문제에 직면했다. 조직 문화를 설명해야 했고, 젊고 참신한 인재가 변덕스러운 비즈니스 지형에서 회 사를 만들어가게 해야 했다. 또 고급 인재를 영입해 전문화된 조직으로 회사의 입지를 다져야 했다.

이 도전 과제들을 해결하기 위해 쇼피는 몇 가지 경로를 설정했다. 첫째, 온라인상에서 회사의 비전과 사명, 목표를 전달했다. 둘째, 쇼피 는 신입직원들이 빠르게 변화하는 작업 환경에 적응하도록 정기적인 온보드 미팅을 개최했다. 셋째, 링크드인LinkedIn에 'Life at Shopee' 페 이지를 개설해 일상 활동을 보여주고 진행하는 사업에 관한 관점을 공 유한다(이를테면, 'Why 9.9 Shopping is important to Shopee'라는 제목의 사이트).

지금은 인재 시장에서 쇼피가 하나의 기업으로 인식되어서 취업이 가능한 자리를 찾아볼 수 있다. 쇼피는 인재 책임자, 법률, 재무, 창의적 디자인, 제품 관리자, 임플로이어 브랜딩 어쏘시에이츠 등 공석인 자리에 대한 세부 직무 사항을 제시한다. 현재 전 세계에서 활동하는 쇼피의 직원은 37,774명에 이르며, 쇼피의 이커머스 앱은 현재 멕시코와 칠레를 비롯한 13개국에서 사용할 수 있다.[1]

쇼피의 사례는 기업이 더 이상 한두 가지 능력에 의존해서는 안 된다는 점을 보여준다. 기업들은 여러 가지 능력을 구축하고 동시에 그 능력들을 지렛대로 삼아 빠른 확장을 도모해야 한다. 역량을 통합하고

[그림 12.1] CI-EL과 PI-PM의 수평적 관계

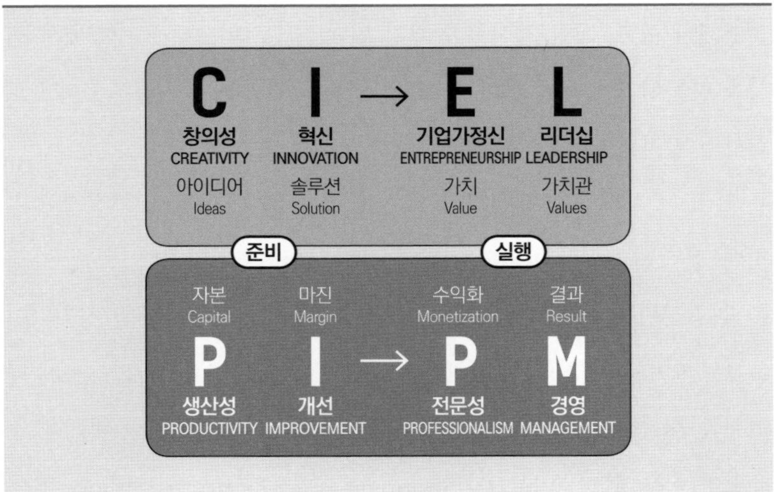

[그림 12.2] 준비와 실행의 프레임워크

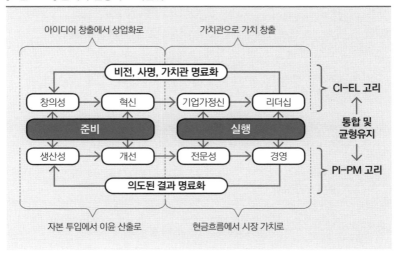

균형을 유지하며 지렛대로 활용한다는 것은 옴니 역량을 구축하는 개념과 맥을 같이 한다. 이는 (우리가 활용하는 주요한 모델의 명칭을 소개하는 의미에 더해) 기업 조직이 모든 필수 능력을 갖추고 가치 창출 프로세스에서 그 능력들을 이용해 강력한 경쟁력을 형성할 수 있다는 말이다. 그래서 관련 능력을 갖춘 인력을 보유하고 그런 인재를 길러내고 조직에서 유지해야 한다.

다음에 얘기할 옴니하우스 모델에서 CI-EL과 PI-PM 요소들을 수평적 관계에서 들여다보겠다.(그림 12.1) 그에 더해 전략 수행에 필요한 옴니 역량을 분석하겠다.

준비에서 실행으로

옴니하우스 모델을 보면, 왼쪽에 '준비(CI와 PI 요소들 포함)' 구간이 있고, 오른쪽에 '실행(EL-PM 요소들)' 구간이 있다.(그림 12.2 참고)

그림 12.3에서 확인할 수 있듯이, 준비 구간에서 해야 할 일이 요약되어 있다.

[그림 12.3] 준비 구간 요약

창의성	모든 발전을 따르고 참고가 되거나 창의성을 촉발하는 동기 요소들을 파악한다. 이후 조직의 전략 의도에 기반하는 한편 회사가 해결해야 할 고객 문제들을 바탕으로 기술적으로 실현 가능한 아이디어를 준비한다.	가치관으로 가치를 창출
혁신	변화, 경쟁업체, 고객, 자사로 구성된 네 가지 요소를 파악한다. 이후 고객의 눈에서 문제를 해결하고 자사를 위해 가치를 창출하는 여러 지원 서비스와 함께 구체적인 형태로 다양한 시장 선점 제품을 준비한다.	
생산성	대차대조표 상의 자산 기록에서 추적되는 연관 자산을 충분히 준비하여 창의적 프로세스를 최적으로 지원한다. 그에 더해 자사는 다양한 방법을 동원해 자본에 관한 생산성을 계산해야 한다.	현금흐름에서 시장 가치로
개선	이윤을 감소시키는 다수의 운영 행태를 감지, 확인 개선하는 프로세스를 다양하게 준비하여 혁신을 한층 더 강화한다. 자사의 손익계산서에서 이윤 개선치를 추적해야 한다.	

[그림 12.4] 실행 구간 요약

기업가정신	다양한 비즈니스 프로세스에서 기업가형 접근법을 실행해야 한다. 이로써 포지셔닝, 차별화, 브랜드와 기업가정신의 특성(기회 추구자, 위험 감수자, 네트워크 협력자)을 결합하여 최적의 가치를 창출한다.	가치관으로 가치를 창출
리더십	조직의 모든 계층에 있는 각 개인이 강력한 리더십을 발휘하도록 성장시키고 독려한다. 이와 같은 방법으로 회사의 가치를 유지하고 이를 아홉 가지 핵심 마케팅 요소로 구현하게 해야 한다.	
전문성	기업은 다양한 가치 창출 프로세스에 참여한 사람들이 모두 고도의 전문성을 가지고 수익화 프로세스에서 각자의 임무를 수행해 현재와 미래에 상당한 현금흐름을 창출하도록 해야 한다.	현금흐름에서 시장 가치로
경영	고객-제품-브랜드 관리를 포함하는 통합되고 조정된 관리방식을 개발, 실행하여 조직의 시장 가치를 높여야 한다. 경영 시스템은 원치 않는 관성이나 저항을 일으키는 다양한 사일로에서 자유로워야 한다.	

그림 12.4는 실행 구간에서 해야 할 일을 보여준다. 기업이 성공으로 나아가려면, 운영, 관리, 전략 관련 직위에 요구되는 능력을 파악하는 일부터 시작해야 한다. 이어서 다양한 능력과 역량을 갖춘 인재들을 영입해 통합된 가치 창출 프로세스에 참여하고 실행에 옮겨 결과를 극대화해야 한다.

옴니 인재 개발하기

적절한 기술이 유행하고 정보가 유포되면서 사람들이 독립적으로 사고하고 일할 자유와 힘을 누리게 됐다. 그런데 조직 구성원들이 편리하게 기술과 정보의 혜택을 누린다고 해서 장기간의 경쟁우위가 보장되리라는 법은 없다. 사람은 창의적 파괴의 잠재적 원천으로 현재와 미래에 (개인적으로나 조직의 일원으로서나) 경쟁력을 매우 높은 수준으로 끌어올린다.

현재 우리는 다양한 기술이 조합된 업무현장에서 산업혁명을 앞두고 있다. 이런 상황에서 기업들은 비즈니스 수행 방식을 재구성할 수밖에 없게 됐다.[2] 모든 기업이 조직 구성원들에게 다양한 기술과 정보를 제공할 것이다. 기술과 정보는 결국에 가서 다양한 비즈니스 조직 전반의 내부 가치사슬 프로세스에서 표준 요소나 보편적 요인이 된다. 본질적으로는 기술과 정보가 필요하지만, 장기간의 경쟁우위를 창출하는 수단으로서 부족하다.

경쟁력 있는 기업과 경쟁력 없는 기업을 구분하는 결정적 요소는 기업이 인재를 채용, 개발, 보유하는 방식에 있다. 지금과 같은 4차 산업혁명 시대에 기업 조직에서 활동하는 고위 임원들과 비즈니스 리더들은 기술의 발전으로 인해 복잡하게 변화하는 환경에서 산업운영 부서가 직면하는 도전 과제를 이해해야 한다.[3] 그래서 기업들은 특히 다양한 기술을 활용하고 정보를 제대로 분석하고 해석할 줄 아는 인재를 보유해야 한다. 이런 인재는 기술과 정보를 의사결정 프로세스의 강력한 도구로 활용한다. 이런 이유로 기업들은 종래의 직원채용 방식을 버리고 정교한 방식으로 인재를 확보하고 육성하는 정책을 선택할 수밖에 없다.

창의적 능력 구축하기

창의성이 있다고 평가받아 비즈니스 프로세스에 참여해야 할 사람의 특징은 무엇일까? 이 물음에 답을 구하기 위해 다음과 같은 특징들을 평가해야 한다.[4]

왕성한 호기심. 모든 것을 자세히 알고 싶어 하고, 매사에 질문을 던지고, 문제를 깊이 있게 이해하려 애쓰며, 기존의 지식에 만족하지 않는다. 호기심은 인간 지식의 회색지대다. 즉, 우리의 전문지식 밖에 있는 대상에 대해 더 자세히 배우고자 하는 것이다.[5]

열린 마음. 논리의 근거를 재빨리 이해할 수 있고, 논쟁에 참여할 준비가 되어 있으며, 다양한 의견을 과감히 실행에 옮긴다. 모든 가능성을 열어놓고, 함께 조정하며, 실패에 대비하되 즉시 대체 방안을 찾는다. 여기서 유연하고 객관적이며 협력적인 태도를 빼놓을 수 없다.

함께 일하는 즐거움. 소통을 잘하고, 이해하기 쉬운 말을 사용하고,

생각을 명확히 표현할 줄 알며, 다른 사람들을 대등한 동반자로 대한다. 매사에 유쾌하고 활력과 열정이 넘친다.

틀을 깨는 사고. 고도의 지능과 강한 직관으로 복잡한 패턴을 이해하고, 풍부한 상상력을 발휘한다. 또 핵심 목표에 집중하고, 현실감각을 유지한다. 궁극의 아이디어를 얻기 위해 발산적이고 수렴적으로 사고하기에 끊임없이 아이디어를 내놓는다.[6]

과감히 도전을 받아들이는 태도. 도전에 의욕이 샘솟는 사람들은 기꺼이 새로운 것을 배우고, 어려운 물음에 신속히 대응한다. 여기서 그치지 않고 빨리 포기하는 일이 없도록 스스로, 또 다른 사람들에게도 동기를 부여한다.[7]

창의적 인재를 수용하려는 기업들은 여러 활동을 해야 한다.[8]

사일로 제거. 사일로는 인재가 다른 조직 구성원들과 연계하지 못하도록 방해하고 협업의 생산성을 떨어뜨린다.[9] 기업들은 조직에 온갖 다양성을 심을 줄 알아야 한다. 조직은 그야말로 유동적이어서 다수의 채널에서 열린 소통이 일어날 수 있어야 한다. 소통은 조직의 지휘체계에 가로막히지 않고 수평적으로 일어나야 한다.

자율권 부여. 기업은 명확한 지침을 제공하되 창의성의 씨앗이라고 할만한 자율권을 제한해서는 안 된다. 조직에서 인재에게 자율권이 부여될 때 지속가능한 신뢰의 흐름이 형성된다.[10]

실패에 대한 관용. 기업은 실패해도 문제가 없는 환경을 조성하고 시도하는 의지를 키울 수 있다.[11] 그러기 위해 시도와 오류의 접근 방식을 허용하고 실험을 장려하며 가능성을 탐구하는 분위기를 조성해야 한다. 기발한 아이디어를 인정하고 칭찬해야 한다.

적절한 자원 할당. 창의적 프로세스를 지원하는 다수의 시설이나 인프라(기술 포함)를 구축하는 데 자원을 할당해야 한다.[12]

유연성 부여. 기업들은 명료한 계획을 수립하되 필요할 때 즉각 그 자리에서 의사결정을 내리는 여지를 마련해야 한다. 여기에 더해 이상주의와 실현 가능한 상업적 목표 사이의 균형을 유지하고, 직원들이 개인적으로나 집단적으로나 의견을 표현하도록 지원하고, 작업 시간을 충분히 제공할 수 있다. 유연성을 확대해야 인재가 새로운 것을 창출하고 아이디어를 내려는 욕구를 가질 수 있다.[13]

전략 의도의 명료성 제공. 기업은 창의성을 조직의 가치에 포함하고, 창의적 인재를 필수 자본으로 삼아야 한다. 또한 도전적인 비전과 사명을 내세워 창의적 인재를 끌어들여야 한다. 이 인재가 창의적 사고로 조직에 이바지하고 조직의 목표 달성에 헌신하게 해야 한다.[14]

혁신 능력 구축하기

혁신이 일어나려면, 아래 성격 특성을 갖춘 인재가 필요하다.[15]

솔루션 지향의 사고. 완전히 새롭고 믿을만하고 주류에서 벗어난 아이디어를 선보인다. 그래서 다양하고 도전적이면서 위험성까지 높은 방식으로 솔루션을 제공할 정도로 상상력이 뛰어나다. 시장에서 다양한 복잡성, 잠재성이나 기회를 살펴서 한때 제한되는 자원을 활용한다. 혁신은 문제를 해결하거나 방지하는 방법이다.[16]

지속하는 혁신. 기업에서 혁신이 계속될 때 고객의 충성도가 유지될 수 있다.[17] 혁신을 실현하려면, 안전지대에서 벗어나고 경쟁력과 지속가능성을 유지하기 위한 돌파구를 마련해야 한다. 이를 인식하지 못한다면, 혁신을 계속하지 못한다.

반복 수행. 최선의 결과를 창출하고자 아이디어를 발상하는 단계에서 구체화하는 단계를 반복해서 밟는다. 이 과정에서 정보나 논거를 찾고, 중요한 질문을 던지고, 주의를 잃지 않고 오로지 혁신에 전념한다. 여기서 그치지 않고 과감히 실험을 시도하고, 열린 마음으로 다른 대안을 받아들이고, 항상 그 대안을 완성하고 실현한다.

강인한 정신력. 철저하고 인내심이 강하고 쉽게 포기하지 않는다. 날마다 넘어지고 일어서지만, 늘 시간과 다투고 계속되는 경쟁에 맞설 준비가 되어 있다.

긍정적 에너지 전파. 스스로 동기를 부여하고 강렬한 열정을 발산한다. 그래서 늘 팀 플레이어가 될 준비가 되어 있고, 기꺼이 지식을 공유하고, 기술을 전수한다. 공동의 이익을 달성하고자 주변 사람들에게 혁신적인 사고방식을 전파하기도 한다.

세부 사항에 대한 관심. 사소하지만 의미 있는 사항을 살피는 능력이 있어서 자신들의 총명함에 의지해 면밀한 관찰을 한다. 이런 점에서 이러한 성격의 인재는 프로세스를 철저히 이해하는 혁신가다.[18]

기업들은 그 자체가 혁신인 개인들의 창의성을 허용하는 데 그쳐서는 안 된다. 그에 더해 다양한 능력을 개발하고 강화하는 환경을 구축해야 한다. 혁신을 지속하는 기업의 특징은 다음과 같다.[19]

혁신 기반의 전략 의도. 기업은 비전, 사명, 전략에 혁신 정신을 주입해야 한다. 기업은 또한 혁신 정신을 이해하기 쉽게 잘 전달해야 한다. 조직의 가치 창출 프로세스에 혁신의 개념을 반영해 흥미를 불러일으켜야 한다.

일관된 혁신 문화 조성. 진정한 혁신을 지속해서 이행하려는 의지를 보여준다. 적절한 인정과 평가로 지원하는, 혁신을 장려하기에 좋은 환경을 조성한다.

폭넓은 기회 제공. 의견을 표현할 기회를 제공하고, 지나치게 엄격하지 않은 방식으로 통제한다. 이렇게 신뢰를 보여주고 개개인에게 자율을 허용하는 한편, 권한을 위임하고 교육 프로그램을 통해 혁신을 장려한다. 이런 기업에서 실패는 금기가 아니다.

협업 촉진. 열린 마음과 투명한 태도는 고도로 다변화되는 환경에서 협력을 위한 필수 조건이다. 리더들은 이 태도를 본보기로 보여주어야 한다.

철저한 지식 관리. 지식과 데이터에 대한 개방된 접근 방식은 기업이 문제에 대한 솔루션을 찾는 데 도움이 된다.[20] 기업은 위기관리에 도움이 되는 지식을 쌓고 실행에 옮길 수 있다.

기업가형 능력 구축하기

기업 조직은 기업가의 사고방식을 갖춘 인재를 필요로 한다. 기업가형 능력을 갖춘 인재의 특징은 다음과 같다.[21]

자원 할당자. 지식이 풍부하고 가용한 자원과 도구를 이용할 수 있다. 강점과 약점을 인식하고, 다양한 능력을 통해 조직을 위한 가치를 창출하는 일에 주력한다.

기회 추구자. 호기심이 많고 학습 과정에 진정한 관심을 가진다. 이런 인재는 과학과 기술의 발전을 거부하지 않으며, 기존의 지식에 만족할 줄 모른다. 대신에 늘 새로운 물음을 던진다.[22]

위험 감수자. 마치 운동을 즐기듯이 위험을 감수하며, 위험을 완화하여 가치를 창출한다.[23] 기업가들은 실패를 편안히 받아들이고 과거의 실수에서 배울 줄 안다. 견딜만하고 감당할만한 손실을 결정하고, 직면한 위험을 줄이며, 실험하는 재주가 있다.

셀프 스타터. 다른 사람들로부터 보상을 기대하지 않고 스스로 동기를 부여한다. 이런 인재는 최적의 활동을 촉진하는 열정을 이해하고, 분명한 목적의식을 가지고 자신의 의무를 다한다.

네트워크 협력자. 다른 사람들과 의미 있는 관계를 형성할 줄 안다. 이런 인재는 팀워크를 지향하고, 다른 사람들과 선뜻 함께 일한다. 이런 인재는 공동의 목표를 지원하고자 다양한 역량을 가진 이해 당사자들을 참여시킬 줄 안다.

기업가형 접근법이 필요한 이유는 시장에서 기회를 식별하는 것은 물론 조직에서 이행된 혁신의 결과인 다수의 솔루션을 제공할 수 있기 때문이다. 조직 전반에 기업가의 사고방식을 전파하는 기업은 다음과 같은 특징을 가지고 있다.[24]

실험 장려. 직원들이 과감히 새로운 일을 시도하고, 성공한 결과와 실패한 결과를 두고 건설적인 조언을 해준다. 이런 인재는 시제품화를 시행하는 등 직원들이 직접 시장에서, 혹은 고객들을 대상으로 대담하게 아이디어를 시험하도록 장려한다.

학습 문화 함양. 직원들이 과거 활동의 교훈을 거울로 삼도록 독려한다. 학습의 정의는 책이나 문서자료, 경험, 고객과의 소통을 통해 확장되어야 한다. 고객과의 상호작용은 늘 상품과 서비스의 목록을 개선하기 위한 값진 교훈이 되어야 한다. 학습의 기회는 누구에게나 열려

있어야 한다.[25]

주인의식 향상. 기업가정신을 갖춘 직원들은 회사에 대한 소속감을 가질 때 성장한다. 자격이 있는 직원에게 지분 소유권의 일부를 보상으로 제공하여 소속감을 고취할 수 있다. 프로그램이나 프로젝트를 이끌 권한을 제공해도 직원들의 소속감을 높일 수 있다.[26]

자율권 부여. 목표 또는 목표 시장을 선정할 때 직원들을 의사결정 과정에 참여시켜야 한다. 목표를 달성하는 과정에서 미시적 관리 micromanagement(상사가 부하직원의 업무를 사소한 부분까지 지나치게 관리 감독하는 방식-옮긴이)를 하지 않고 독립적으로 의사결정을 내리는 자율권을 직원들에게 부여해야 한다. 그래서 여전히 지나친 개입이 없는 효과적인 평가 방법이 필요하다. 성과와 업무 진전을 선보일 기회를 제공한다면, 이는 직원들에게 가치 있는 보상이 된다. 이로써 직원들의 충성도를 유지하고 가치 창출 프로세스에 변함없이 기여하도록 할 수 있다.[27]

교차 기능 협업 강화. 기업은 교차 기능 팀의 형성을 장려해야 한다. 기술을 최대한 활용해 물리적으로 멀리 떨어져 있는 팀들 간의 협업을 장려해야 한다.

리더십 능력 구축하기

강인한 리더는 다음과 같이 공통된 특징을 보인다.[28]

전략적 행동. 눈앞에 놓인 도전과 기회에 따라 적응할 준비가 되어 있다. 당면한 쟁점에 초점을 맞춰야 할 뿐만 아니라 문제를 두고 헬리콥터 뷰를 견지해야 한다.[29]

훌륭한 커뮤니케이터. 전략적 목표든 기술적 과제든 관련 쟁점을 두고 분명하고도 설득력 있게 다른 사람들에게 영향을 미치고 아이디어를 전달하는 재주가 있다. 이런 인재는 다른 사람들의 의견에 귀를 기울이고, 일대일과 일대다로 소통할 수 있다. 경청하는 능력이 효과적인 커뮤니케이션으로 이어지는 법이다.[30]

예지력. 미래 상황을 예측하고 그것을 조직의 전략에 적용하는 능력을 가지고 있다. 이런 인재는 팀 구성원들이 낙관적으로 미래를 내다보도록 동기를 부여할 수 있다. 이에 더해 안정성과 성장의 균형을 유지한다.

업무 위임과 권한 부여. 모든 일을 혼자서 처리하기보다는 팀 구성원을 능력에 따라 업무에 참여시킨다. 업무를 위임한다고 해서 리더가 책임에서 벗어난다는 의미가 아니다. 리더는 여전히 자리를 지키며 기술적으로나 심리적으로나 팀 구성원들에게 권한을 위임한다.[31]

진실성과 책임감 표출. 말과 행동이 일치하는 모습을 보인다. 명령이나 지시를 내리면서 팀 구성원들의 롤 모델 역할을 한다. 업무를 처리하는데 팀 구성원들을 참여시킨다고 해서 리더가 책임을 회피한다고 할 수 없다.

조직 내에서 리더십 능력의 개발을 진정으로 장려하는 기업은 다음과 같은 특징을 나타낸다.[32]

잠재적 후보 인식. 기업들은 채용 과정의 맨 처음부터 각 직원의 잠재력을 파악해야 한다. 기업이 일상에서 수행하는 평가도 참고 자료가 된다.

코칭과 멘토링 제공. 코칭은 직원 개개인의 리더십 잠재력을 끌어올리는 일이다. 반면에 멘토링은 개인 문제를 극복해나가도록 지원하는 활동이다.[33]

새로운 도전 과제 부여. 기업들은 직원들에게 다양한 직무를 맡겨야한다. 그에 따라 새롭고 한층 더 수준 높은 도전 과제를 다루는 직원들이 막중한 책임을 느끼기 마련이다. 이와 같은 새로운 도전도 직원의 리더십을 시험해볼 기회가 된다.

진척도 평가. 기업들은 특히 리더십 능력과 관련해 각 직원의 발전 과정을 평가해야 한다. 직무기술서에 포함된 일상적 책임을 기준으로, 혹은 특정한 임무를 통해 평가를 진행할 수 있다. 자격이 충분한 직원들에게는 보상을 제공해야 한다.

개인의 발전 촉진. 체계적 훈련은 리더십에 대한 이해도를 높이고 관련 기술을 증진하는 효과가 있다. 팀에 소속된 모든 인재에게 동일한 기회가 부여되어야 한다. 이로써 대인관계를 발전시키고 점차 많은 책임을 맡는 과정을 경험하여 미래의 인재로 거듭나게 해야 한다.[34]

아래 표 12.1은 CI-EL 능력의 구축방법을 간략히 보여준다.

[표 12.1] CI-EL 능력 구축방법 요약

능력			
창의성	혁신	기업가정신	리더십
개인 • 왕성한 호기심 • 열린 마음 • 함께 일하는 즐거움 • 틀을 깨는 사고 • 과감히 도전을 받아들이는 태도	• 솔루션 지향의 사고 • 지속하는 혁신 • 반복 수행 • 강인한 정신력 • 긍정적 에너지 전파 • 세부 사항에 대한 관심	• 자원 할당자 • 기회 추구자 • 위험 감수자 • 셀프 스타터 • 네트워크 협력자	• 전략적 행동 • 훌륭한 커뮤니케이터 • 예지력 • 업무 위임 및 권한 부여 • 진실성과 책임감 표출
기업 • 사일로 제거 • 자율권 부여 • 실패에 대한 관용 • 적절한 자원 할당 • 유연성 부여 • 전략 의도의 명료성 제공	• 혁신 기반의 전략 의도 실행 • 일관된 혁신 문화 조성 • 폭넓은 기회 제공 • 협업 촉진 • 철저한 지식 관리	• 실험 장려 • 학습하는 문화 함양 • 주인의식 향상 • 자율권 부여 • 교차 기능 협업 강화	• 잠재적 후보 인식 • 코칭과 멘토링 제공 • 새로운 도전 과제 부여 • 진척도 평가 • 개인의 발전 촉진

생산성 능력 구축하기

다음 항목들은 생산성 능력을 갖춘 개개인들의 특징을 보여준다.[35]

목표에 대한 집중. 매일 달성해야 하는 핵심 목표를 지정하고 그에 대한 우선순위를 설정하는 능력. 목표를 세부 단위로 쪼갤 줄 아는 것이다.[36]

우선순위 항목 설정. 개인의 삶 또는 직장 생활(혼합과 균형)에서 중요도에 따라 업무를 분류할 수 있다. 완수해야 할 업무는 물론 연기하거나 취소해야 할 업무를 파악할 수 있다.

탁월한 일정 관리. 캘린더 (할 일 목록 포함) 관리도 시간을 적절히 배분하는 방법이다. 생산적인 사람은 우선순위를 정하고 시간을 배분해 작업을 순차적으로 처리한다.

휴식 계획. 쉬는 시간을 관리할 줄 알고, 업무량이 누적되는 원인인 미루는 습관에 빠져들지 않는다. 쉬는 시간을 할당하여 휴식 후 집중력을 높이고 시간을 더 정확히 관리한다.[37]

모노태스크. 주요한 작업부터 이메일과 문자 메시지 확인 같은 사소한 활동에 이르기까지 한 가지 일에 집중하여 일할 때 산만함을 줄이고 업무를 효율적으로 완수한다.

기업들은 생산적인 직원들이 각자의 능력을 유지하고 발전시키게끔 환경을 조성해야 한다. 이를 위한 몇 가지 방법은 다음과 같다.[38]

시간 배분에 대한 관심. 효과적인 시간 배분은 업무 스트레스를 줄이는 효과적인 방법이다.[39] 이를 위해 기업들은 업무를 완수하도록 충분한 여유를 제공해야 한다. 이를테면, 회의를 짧게 끝내는 문화를 조성하고, 개개인이 할 일 목록을 정리하도록 하고, 바쁜 시간대에 짧은 휴식 시간을 제공해도 된다.

회의 통제. 기업들은 회의 진행 지침을 제시해 각 팀이 회의를 좀 더 규칙적으로 진행하게 할 수 있다. 회의 시간에 제한을 두고 사전에 회의 안건을 배포할 수 있다. 회의 기간과 개최 일수도 정해야 한다.

목표 강조. 생산적으로 일하는 팀은 예상되는 결과를 파악한다. 팀 구성원들은 신속하게 업무를 처리하는 것은 구체적인 목표와 업무, 계획을 사전에 파악하기 때문이다.

원활한 커뮤니케이션. 생산적인 팀은 늘 열린 토론을 하면서 문제와 난관을 해결하여 업무 효율을 높인다.[40]

생산성 도구 제공. 기업 조직과 팀은 필요에 따라 생산성 도구를 활용할 줄 알아야 한다. 이를테면, 원격 팀을 위한 협업 공간을 제공하고 업무 성취도를 평가하고 진행 중인 업무와 완료된 업무를 추적해야 한다.

개선 능력 구축하기

이제 지속적 개선을 도모하는 사람들의 특징을 살펴보자.[41]

멈추지 않는 질문. 현재 상황에 끊임없이 물음을 던지고 일상에서 맹점을 찾아 운영 방식을 개선하려고 노력한다. 시스템 운영 방식을 잘 알아서 개선할 수 있는 부분을 찾아낸다.[42]

문제 해결사. 직원 개개인이 먼저 문제를 찾아냄으로써 개선의 여지를 파악할 수 있다. 이처럼 현재의 문제점에 대한 해결책을 찾는 것은 개선을 하는 첫 번째 이유이자 가장 흔한 이유다.[43]

프로세스의 명료화. 프로세스로 해야 할 일(개선, 제거 또는 파괴)을 찾는다.[44] 직원 개개인이 현재의 프로세스를 살펴서 조정이 가능한 부분을 찾아내기도 한다.

끊임없는 학습. 직원 각자가 그때그때 지식수준을 높여야 개선할 부분을 찾을 수 있다.[45]

시작점 파악. 문제를 정의하고 근본 원인을 밝히는 것은 도전 상황에 대처하는 가장 좋은 출발점이다.[46]

조직 내 구성원 개개인이 지속적인 개선의 사고방식을 견지해야 한다. 이런 이유로 끊임없는 개선을 장려하는 기업은 다음과 같은 사항을 이행한다.[47]

개선 기준 설정. 어느 기업이나 현재 수준에서 달성할 수 없는 목표를 평가하여 기존의 업무 기준에서 지속적인 개선을 시작할 수 있다.

아이디어의 흐름 보장. 기업들은 직원 개개인이 각자의 부서에서 개선을 위한 아이디어를 제시하도록 간단한 플랫폼을 제공하기도 한다.

관리자들과 직원들이 협력하고 개선해나가도록 수평적 접근법을 구축하기도 한다. 업무 일선에서 일하는 직원이 고객의 주요한 문제를 잘 이해하듯이, 조직 구성원 누구나 탁월한 아이디어를 내놓을 수 있다.[48]

습관화. 기업들은 지속적인 개선을 일상화하고 모범적인 커뮤니케이션 환경을 관리할 수 있다. 이로써 조직 구성원들이 모두 각자의 팀을 발전시킬 수 있다.

격려. 기업들은 조직 구성원들의 지속적인 개선을 가로막는 장벽을 이해해야 한다. 요컨대, 직원들이 기피하는 문제를 최소화해야 개개인이 지속적인 개선에 나설 수 있다.[49]

학습 공간 제공. 직원들이 지속적인 개선을 위해 관련 지식과 기술을 갖추도록 적절한 학습 기회를 제공해야 한다.[50]

전문직업적 능력 구축하기

전문직업적 능력을 갖춘 개개인들을 눈여겨보면,[51] 기업들 대부분이 다음의 자질을 중요시한다는 것을 알 수 있다.

철저한 준비와 시간 엄수. 거울 앞에서 연습하거나 대본을 작성하는 등 회의, 프레젠테이션, 전화 통화 전에 필요한 모든 사항을 준비한다. 15~30분 동안 미리 준비한다.

탁월한 커뮤니케이션 스킬. 작업 환경에서 문서를 작성하거나 발표할 때 올바른 언어를 사용한다. 사용하는 말과 용어, 발언, 선택한 대화 주제, 화법은 한 개인의 전문성을 판단하는 기준이 된다.

깔끔한 외모. 단지 옷차림에 관한 것이 아니라 업무용 책상을 사용하고 파일을 정리하는 모습까지 외모에 포함된다. 상황에 적합한 복장은 전문성을 가지고 다른 사람들과 함께 일할 준비가 됐다는 것을 의미한다.[52]

책임지는 태도. 계약에 따른 다양한 직무에서 높은 헌신도를 보이고, 그래서 사람들의 신뢰를 얻는다. 책임을 다하는 태도는 성공의 공로를 인정받겠다는 의미다. 그 반대도 마찬가지인데, 실패에 대해 책임을 진다.[53]

진정성 표현. 정직하며, 확고한 도덕적 원칙을 견지한다.[54] 전문가들은 다른 사람들에게 보여지고 평가받을 준비가 되어 있다. 그래서 말과 행동, 수행하는 업무에서 정직성을 드러낼 필요가 있다.[55]

기업들은 다음의 사항을 이행하여 전문직업적 역량을 체계적으로 강화하고 이 과정을 제도화할 수 있다.

업무현장의 규칙과 문화 정립. 소규모 기업 조직에는 강인한 리더가 있어야 한다. 중간 규모의 기업 조직은 회사 규정이나 표준운영절차SOP를 갖춰야 한다. 대규모 기업은 업무처리의 기본 방침을 정한 규칙과 규정, 문화를 가져야 한다.

성과관리시스템 제공. 회사 규정에 더해 모든 당사자가 전문가다운 태도를 가지도록 공정한 평가 방법을 제공한다. 모든 사람이 자신의 업무를 이해할 수 있다는 점에서 피드백과 성과관리시스템이 중요하다.

훈련이나 세미나 참석 독려. 기업들은 현재 상황에 적응할 줄 알아야 한다. 이런 이유로 직원들은 업무를 수행하고 가치를 창출하며 회사의 경쟁력을 유지하기 위해 훈련과 교육 프로그램을 통해 각자의 지식과 기술의 수준을 높여야 한다.[56]

관리 능력 구축하기

다음 사항은 관리 능력을 발휘하는 사람의 모습을 잘 보여준다.[57]

헬리콥터 뷰 분석. 거시경제, 산업, 경쟁자의 움직임을 살피며 실행 계획을 짠다. 관리자는 헬리콥터 뷰를 바탕으로 비전과 사명, 좀 더 폭넓은 맥락의 계획을 제시하는 방법으로 팀이 전문 작업을 수행하도록 이끈다.[58]

효과적인 의사결정. 여러 가지 대안의 장단점을 파악해서 시의적절하게 의사결정을 내리고 비즈니스 목표에 일치하는 조치를 취한다.[59]

능숙한 프로젝트 관리. 계획하고(목표 설정, 자원 계획, 타임라인),

실행하고(작업 프로세스 구축 또는 교육 실시), 점검하고(감사 또는 모니터링), 행동하는(예방조치 또는 시정조치) 능력이 조직 운영을 위해 필요하다.[60]

팀 빌딩(구축) 능력. 누구나 팀으로서 프로젝트나 일상 업무를 완수하도록 독려할 줄 알아야 하다. 관리자들은 혼자서 일하지 않아도 된다. 견고한 팀을 형성하고 집단의 강점을 이용해 조직의 도전적 목표를 달성할 수 있다.[61]

적응력. 빠르게 변하는 비즈니스 환경에서 내외부의 변화에 적응할 줄 아는 관리자가 필요하다.

기업들은 끊임없이 진화하고 조직에 적합한 관리 시스템을 유지할 수 있어야 한다. 관리 역량을 구축하고 유지하는 몇 가지 전략을 살펴보자.[62]

투명한 승계 계획. 한 사람이 아니라 여러 사람이 이끄는 조직이 올바르게 운영된다. 그 때문에 경영진의 교체나 교대를 계획해서 관리 프로세스의 지속성을 보장해야 한다. 조직에서 승계 계획은 고위 인재들에 대한 피드백 점수, 성과관리 평가, 소통 능력과 전략적 사고에 대한 평가 면담이 바탕이 된다.[63]

성과 피드백 제공. 관리자들은 모든 팀 구성원이 피드백을 제시할 기회를 만들어 건설적 피드백 습관을 형성할 수 있다.[64] 주기적인 성과 피드백은 각 직무의 기대치를 제시하고 장차 팀의 업무를 개선하는 의견을 제공할 때 필요하다.

열린 커뮤니케이션. 기업들은 타운 홀 미팅, 주간 또는 월간 회의, 내부고발자 제도를 통해 관리자들과 팀들 간 양방향 커뮤니케이션을 구현할 수 있다.

아래 표 12.2를 보면서 PI-PM 능력을 간략히 정리해보자.

[표 12.2] PI-PM 능력 구축방법 요약

	능력			
	생산성	개선	전문성	경영
개인	• 목표에 대한 집중 • 우선순위 항목 설정 • 탁월한 일정 관리 • 휴식 계획 • 모노테스크	• 멈추지 않는 질문 • 문제 해결사 • 프로세스의 명료화 • 끊임없는 학습 • 시작점 파악	• 철저한 준비 및 시간 엄수 • 탁월한 커뮤니케이션 • 깔끔한 외모 • 책임지는 태도 • 진정성 표현	• 헬리콥터 뷰 분석 • 효과적인 의사결정 • 능숙한 프로젝트 관리 • 팀 빌딩 능력 • 적응력
기업	• 시간 배분에 대한 관심 • 회의 통제 • 목표 강조 • 원활한 커뮤니케이션 • 생산성 도구 제공	• 개선의 기준 설정 • 아이디어의 흐름 보장 • 습관화 • 격려 • 학습 공간 제공	• 업무현장의 규칙과 문화 정립 • 성과관리시스템 제공 • 훈련이나 세미나 참석 독려	• 투명한 승계 계획 • 성과 피드백 제공 • 열린 커뮤니케이션

옴니 능력의 실제

CI-EL과 PI-PM 능력을 한 번에 다 보유하기란 불가능하지는 않더라도 보기 드문 일이다. 여덟 가지 능력 중 두서너 가지 능력을 갖춰도 충분하다. 다만, 누구나 다양한 능력을 학습하면 여러 능력을 강점으로 가진 이해당사자들을 이해할 수 있다.

비즈니스 전략을 눈에 띄는 결과로 전환하기 위해 전략적 인재 관리가 반드시 필요하다.[65] 이에 기업들은 인재를 조직에서 탐색하고 결속시키고 개발하는가 하면 적절히 배치하고 보유하기 위한 계획을 명확히 수립해야 한다. 조직의 목표와 전략에 부응하고 융화하는 인재가 필요하기 때문이다. 이 접근 방식은 전략 기반 인재 관리의 정수이며, 지금의 환경에서 반드시 갖춰야 할 해결책이다.

──────────── | 핵심 요약 | ────────────

✓ 인재를 영입하려는 기업들은 CI-EL과 PI-PM 고리를 검토하여 조직에 필요한 유형의 인재를 찾을 수 있다.
✓ 기업들은 창의성, 혁신, 기업가정신, 리더십, 생산성, 개선, 전문성, 경영 등의 영역에 적합한 능력을 구축해야 한다.
✓ 각 분야의 인재를 적절한 자리에 배치해야 각자의 강점을 내세워 조직의 성과에 기여시킬 수 있다.

미래 궤도를 확실히 하라

순이익에서 시장 가치로

세계 최고의 명품 패션 회사 루이 비통은 2021년 매출액 642억 유로를 기록했다. 이는 2020년 실적에서 44%, 2019년 실적에서 20% 상승한 수치다.[1] 루이 비통은 또한 인터브랜드의 탑 글로벌 브랜즈 조사에서 가장 가치 있는 명품 회사로 이름을 올렸다. 그뿐만 아니라 조사에서 전체 13위에 등극했으며, 상위 20위 안에 유일하게 이름을 올렸다.[2]

　루이 비통의 회장이자 CEO 베르나르 아르노Bernard Arnault는 팬데믹에서 점차 회복하던 시기였던 2021년 브랜드가 뛰어난 실적을 거둔 이유를 설명했다. 아르노는 그 결과를 매우 효율적 운영을 했던 팀의 공로로 돌렸다. 그러면서 어려운 비즈니스 환경에 이례적으로 적응했던 점을 놓치지 않고 지적했다.

　이와 같은 재무적, 비재무적 성과는 고객을 운영의 중심에 두는 회사의 약속에서 비롯됐다. 장기간 위기가 이어진 가운데 루이 비통은 고객과의 관계를 유지했으며, 브랜드는 계속 꿈을 고취시켰다.[3]

　루이 비통의 사례에서 재무적 결과에 대한 상당한 관심이 어떻게 시장 지향성과 마케팅 부서의 고객 중심 전략과 동반되어야 하는지 알 수 있다. 그런 일이 일어나야 비재무적 성과가 재무적 성과로 이어진다.

[그림 13.1] 옴니하우스 모델의 재무적 요소

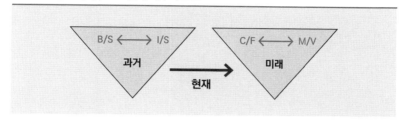

자사의 상품이나 브랜드에 대한 인지도를 높이는 것이 첫 번째 단계다. 그런데 고객들이 자사의 상품이나 브랜드에 관심을 가지기 전에는 인지도로 충분하지 않다.

이번 장에서는 옴니하우스 모델 맨 아랫부분을 들여다보며 마케터에게 중요한 재무적 측면을 간략히 살펴보겠다.(그림 13.1 참고) 이어서 대차대조표Balance Sheets(이하 B/S) 손익계산서Income Statement(이하 I/S), 현금흐름Cash flows(이하 C/F), 시장 가치Market Value(이하 M/V) 사이의 관계를 분석하겠다. 이 용어들은 모두 마케터가 특히 기업가형 마케팅을 적용할 때 반드시 다뤄야 하는 것들이다.

현금이 역시 왕이다

일반적으로 기업에서 수익은 핵심 비즈니스 요소인 상품이 판매(제품, 서비스, 지원 서비스)되어 발생한다. 투자금과 은행이자 같은 자금도 수익에 기여할 수 있다. 판매는 보통 현금이나 비현금 거래로 발생한다. 비현금 거래가 일어나면 매출 채권이 늘어나고, 우리는 이를 가능한 한 빨리 현금으로 전환해야 한다. 회사의 자산을 지렛대로 활용할 수 없다면 아무것도 창출되지 않는다.

현금흐름을 유지하기 위한 중요한 조치로 비현금 결제를 현금 결제로 즉시 전환하는 방법이 있다. 하지만 비즈니스 환경이 여의치 않으면, 현금흐름이 깨지는 상황이 발생하기도 한다. 현금흐름의 둔화가 문제가 되는 이유는 현금이 회사의 운영 연속성의 생명선이며 자금조달과 투자 활동에 필요하기 때문이다. 이를 고려할 때, 기업들은 규모를 불문하고 현금흐름을 유지하는 것을 우선순위로 삼아야 한다.

기업이 매출을 현금으로 전환하고 나면, 대차대조표에서 현금액이 증가한다. 이 현금은 각종 비용을 결제하는 데 사용되거나 연구개발, 원자재 공급이나 조달, 마케팅과 판매 프로세스 같은 활동에 비용으로 사용된다. 현금은 또한 고객 서비스 지원에 사용되고 인재 보유(충성도) 프로그램의 비용으로 지불된다. 그뿐만 아니라 현금은 간접비와 급여 등의 운영비용에 충당된다. 더군다나 기업은 투자와 금융 활동에서 현금을 사용한다.

현금을 충분히 보유한 기업들도 있다. 2022년 기준 S&P 500 기업의 전체 자산 2조 7,000억 달러 중 거의 40%(대략 1조 달러)를 13개 기업이 보유했다. 2022년 초 가장 극단적인 사례로 애플은 현금과 투자금이 전년도 대비 거의 4%가 상승해 2,025억 달러를 기록했다. 이

[그림 13.2] 기업의 자산 공식

자본 + 부채 = 자산

수치는 S&P 500 기업이 보유한 현금 총액의 7.4%에 상당한다. 알파벳Alphabet의 현금과 투자금 규모는 1,692억 달러로 S&P 500 기업이 보유한 현금 총액의 6%에 달했다. 마이크로소프트가 보유한 현금은 1,232억 달러로 S&P 500 기업이 보유한 현금 총액의 5%와 맞먹는다.[4)]

수익에서 비용을 빼면 순이익이 된다. 기업은 회계연도 말에 손익계산서를 작성해 순이익을 계산한다. 순이익을 두고는 이사회가 얼마나 배당으로 분배할지, 얼마나 유보이익으로 할당할지 논의할 것이다. 이 사안은 흔히 주주총회에서 제시된다.

유보이익이 증가하면 자본이 증가하고 사업을 확장해야 할 때 회사가 새로운 부채나 투자자들의 투자금을 더하는 능력도 개선된다. 이 차임금은 차후에 부채로 기록되며, 투자자들이 지원하는 자금은 회사의 대차대조표에 자본금으로 기록된다. 자본과 부채가 증가할수록 자산도 증가한다. 그래서 기업들은 매출을 늘리고, 궁극에 순이익을 늘려야 한다. 이 단순한 설명은 자본과 부채를 합하면 자산이 된다는 공식으로 요약된다.(그림 13.2 참고)

이렇게 손익계산서와 대차대조표의 연결 관계를 확인할 수 있다. 주주들은 대체로 손익계산서의 맨 아랫부분에 나오는 순이익에 매우 관심을 가진다. 이 수치에 따라 배당의 배분이 결정되기 때문이다.

과거와 현재, 그리고 미래

기업은 어떤 조건에서 수익이 적자를 기록하는 경우 자금을 빌리기보다는(부채로 자금을 조달하기보다는) 투자자들로부터 자금을 조성한다. 투자자들의 관점에서 볼 때, 대차대조표와 손익계산서는 과거의 실적이 반영된 것이다. 그래서 투자자들은 현재 기업의 자산, 경영 계획, 미래 사업 전망을 매우 중요하게 생각한다.

투자를 고려하는 사람들은 기업의 현재 상태와 현금 창출 능력을 상세히 살펴볼 것이다. 이 잠재 투자자들은 회사의 가치 창출 프로세스가 자신들에게 충분한 수익을 보장할지, 시장 가치가 증가해 (10장에서 설명한 것처럼) 주가수익비율P/E Ratio과 주가장부가치비율P/B Ratio에 반영될지 그 정도를 조사하기 마련이다. 이들은 또한 해당 회사가 어떻게 관련 업종에서 우월한 지위와 적합성을 유지하려고 하는지 평가한다. 게다가 유형자원과 무형자원, 다수의 자원을 관리하는 능력이 있는지, 핵심 역량을 구축했는지, 고유의 역량을 갖추고는 있는지 등 기업의 내부 상황을 따져본다. 간단히 말해, 거시경제, 시장, 경쟁, 행동 또는 고객 선호도의 변화 같은 외부 요인들을 기업이 어떻게 다룰 수 있는지 투자자들은 파악하고 싶어 한다.

기업의 현금창출능력은 가치 창출 프로세스의 필수적인 척도라고 할 수 있다. 그래서 투자자들은 현금흐름표를 수익성과 장기전망의 지표로 본다. 이 현금흐름표를 보고 기업이 비용을 충당할 현금을 충분히 보유했는지를 판단할 수 있다. 달리 말해, 현금흐름표는 기업의 재무건전성을 나타낸다.[5]

신생창업 기업은 기존 업계를 파괴할 가능성을 보여줄 때 대개 투자자들을 매료시켜 사업에 필요한 투자금을 조달할 수 있다. 손익계산서에서 수년간 손실분기점이 나타난다 해도 이 신생 기업이 시간이 지나면서 시장 리더가 될 잠재성이 있다고 투자자들은 판단할 것이다. 투자자들은 신생 기업의 시장 가치가 대폭 상승하고 눈에 띄는 미래 이익이 창출된다고 확신할지도 모른다.

대차대조표와 손익계산서의 순환고리

당기순이익에 대비해 배당금을 지급하는 비율을 배당성향Payout Ratio 이라고 한다. 배당성향이 높을수록 대차대조표가 견고하다는 의미다.(그림 13.3 참고) 자산운용사 메인스트리트 리서치의 설립자 제임스 뎀머트James Demmert에 따르면, 매력적인 기업의 배당성향은 35~55% 정도다.[6] 그런데 배당 액수는 기업의 사정에 따라 달라진다. 성숙하고

[그림 13.3] 대차대조표와 손익계산서 고리[8]

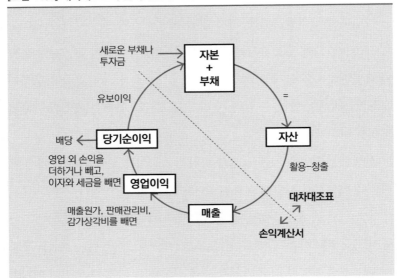

안정된 단계에 있는 기업은 대개 배당성향이 높다. 공격적인 확장을 하는 기업들은 이익을 (유보이익으로) 유지했다가 자사에 다시 투자한다.[7]

유보이익은 주주지분을 증가시킨다. 그리고 지분이 증가할수록 대출금을 차입하는 레버리지 능력이 강화된다. 그에 따라 차입금의 양이 늘어날 수 있다. 그 결과 자산도 늘어나고, 그래서 기업은 매출을 늘려야 한다. 이 사이클을 계속 유지해야 시간이 갈수록 비즈니스의 성장이 보장된다.

이 사이클을 두 영역으로 구분하면, 그림 13.3에서 오른쪽 윗부분은 대차대조표의 영역을 보여주며, 왼쪽 아래쪽 부분은 손익계산서의 영역을 보여준다. 이제 이 사이클에서 대차대조표와 손익계산서의 관계가 확실히 눈에 들어온다. 옴니하우스 모델에서 대차대조표와 손익계산서 사이의 양방향 화살표가 그려진 이유도 설명된다.

재무비율: 반시계 방향 접근법

그림 13.3에서 시계 방향의 순환은 자본과 부채로 시작해서 당기순이익으로 끝이 난다. 마케터들은 이 고리를 보고 순환의 개념을 좀 더 쉽게 이해할 수 있다. 회사의 수익성을 보여주는 재무비율을 살피려면, 이 고리를 되짚어보면 된다. 영업이익에서 출발해 시계 반대 방향으로 매출액수익률Return On Sales(이하 ROS)과 순이익률을 따져볼 수 있다.

• 매출액수익률과 순이익률에 집중하기

아래 수식과 같이 매출액 위에 영업이익을 두는 경우(즉, 영업이익을 매출액으로 나누면) ROS라고 하는 재무비율이 산출된다.[9]

$$ROS = \frac{영업이익}{매출액}$$

ROS는 수익성, 즉 매출 실적에서 영업이익이 얼마나 발생했는지를

[그림 13.4] 매출액수익률과 순이익률 계산

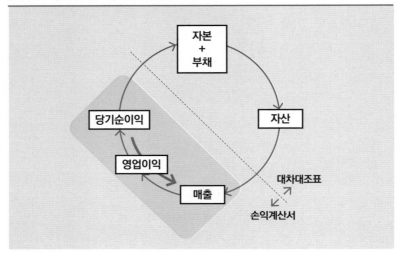

반영한다.(그림 13.4 참고) 이 비율이 비교적 낮은 수치라면, 회사의 운영이 효율적으로 이루어지지 않고 있다는 점을 시사한다. 이는 불필요한 비용이 발생했음을 의미한다.

그래서 이 비용이 마케팅과 판매 운영에서 발생했는지 더 자세히 살펴봐야 한다. 매출이 목표치에 도달했거나 목표치를 넘어설 수 있겠지만, '어떤 비용을 치르더라도 판매만 하면 된다'는 식으로 목표를 달성했다면, 문제가 내재할 수도 있다. 이를테면, 누군가에게 제품 하나를 구매하고 세 개를 무료로 가져가도록 제안하면, 제품이 불티나게 팔릴지도 모른다. 어쩌면 매출을 1% 감소시키는 가격 할인에 따라 순이익이 12%까지 감소할지도 모른다. 할인율에 따른 모든 비용을 저절로 줄일 수 없는 노릇이기 때문이다. 회사가 고객할인제도를 운영할 때 가치사슬상의 모든 이해당사자에게 비용을 낮추라고 요구하기란 거의 불가능한 일이다.

가격 할인을 결정하는 경우, 동일한 매출총이익률을 유지하기 위해 단위 매출을 늘려야 한다. 가령, 매출총이익률이 40%이고 20%의 매출할인을 적용할 때, 매출액을 평소보다 100% 증가시켜야 기존의 매출총이익률을 유지할 수 있다. 그로스포스GrowhForce가 제시한 표 13.1에서 확인되듯이, 달성하려는 매출총이익률이 커지고 가격 할인율이 높아질수록 단위 매출 증가율을 높여야 한다.

맥킨지가 S&P 1500 기업들을 대상으로 평균적인 손익계산서를 조사한 결과에 따르면, 가격이 영업이익에 막대한 영향을 미친다는 점이 확인된다. 요컨대, 가격이 1%만 증가해도 영업이익이 8%가량 증가한다. 이 비율은 변동비가 1% 감소할 때보다 50% 높아지고, 매출액이

[표 13.1] 매출총이익률 유지-가격 할인율에 따른 단위 매출 증가율[10]

매출총이익률 \ 가격 할인율	-5%	-10%	-15%	-20%
30%	+20%	+50%	+100%	+200%
35%	+17%	+40%	+75%	+133%
40%	+14%	+33%	+60%	+100%
45%	+13%	+29%	+50%	+80%
50%	+11%	+25%	+43%	+67%

1% 증가할 때보다 세 배나 높아진다.[11]

한편으로 여러 영역에서 자원이 빠르게 낭비될 때도 있다. 잘못된 주소로 배송된 제품이 다시 배송될 때도 비용이 발생한다. 제품이 팔리지 않아 재고가 계속 쌓일 때 유지 비용이 누적된다. 이 비용을 부채로 조달한다면, 이자 비용이 증가한다. 제대로 사용되지 않는 판매 도구도 마찬가지다. 인쇄된 브로슈어가 창고에 쌓여 있어도 예산이 고갈되는 셈이다. 디지털 광고도 낭비가 될 수 있다. 영국의 마케팅 전문 잡지 〈마케팅 위크Marketing Week〉에 따르면, 디지털 광고의 90% 이상이 1초도 시청되지 않는다고 한다.[12]

손익계산서에는 수익성을 저해하는 비용이 숨겨져 있을 수도 있다. 이런 비용이 마케팅과 영업 부문에서 낭비되기도 한다. 높아진 비용은 매출과 당기순이익 사이에 위치한 영업이익에 영향을 미치기도 한다. 영업이익이 개선되면, 당기순이익도 개선된다.

성과를 측정하기 위해 매출에서 발생한 항목을 계산할 수 있다. 당기순이익을 매출로 나누면, 매출순이익률이 나온다. 이는 기업의 재무 건전성을 보여주는 핵심 지표다.[14]

$$\text{매출순이익률} = \frac{\text{당기순이익}}{\text{매출}}$$

4C 개념으로 살펴본 것처럼 매출은 내부 요인에 더해 외부 요인에 따라 달라진다. 이 외부 요인은 기업에 '경제 위험'으로 알려진 여러 위

[그림 13.5] **수익성에 영향을 미치는 여러 유형의 위험**[13)

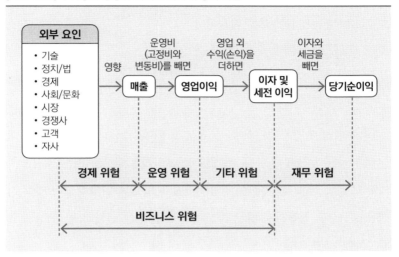

험을 초래한다. 이 경제 위험이 운영 위험과 합쳐져 소위 '비즈니스 위험'을 불러일으킨다.(그림 13.5 참고)

이 이외에도 여러 위험(비운영 위험)이 영업 외 손익에 영향을 미친다. 이 위험은 환율, 투자손익, 재고 감가상각에서 비롯된다. 자산 손상과 예상치 못한 비용도 마찬가지다.[15)

• **자산회전율 잊지 말기**

사이클을 따라가다 보면 자산과 매출 항목에 도달한다.(그림 13.6 참고)

아래 공식과 같이 매출을 자산으로 나누면, 자산회전율이라는 비율이 도출된다. 이 재무비율은 기업의 자산이 매출 발생에 얼마나 효과적으로 사용됐는지 나타내는 비율이다.

$$자산회전율 = \frac{매출액}{자산}$$

여기서 마케터는 특정한 매출 목표를 달성하려고 사용하는 자산의 실제 가치를 계산해야 한다. 마케팅 활동에 직접 사용된 자산의 규모가 크고 매출이 적을 때, 자산이 효율적으로 사용되지 않았다고 미루어 짐작할 수 있다. 적합하지 않은 자산이나 영업 팀의 전략과 실행 상 오류가 원인일지 모른다.

[그림 13.6] 자산회전율 계산 항목

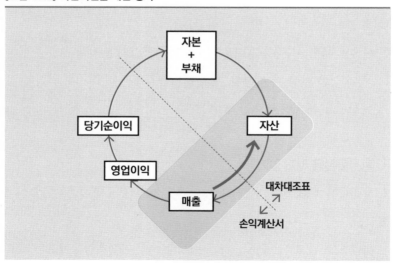

마케팅에서는 브랜드, 로고, 고객 데이터베이스, 긍정적인 대중 반응이나 브랜드 연상, 고객 충성도, 소셜 미디어와 웹사이트 콘텐츠, 인포그래픽, 브랜드 가이드라인, 서비스 청사진 등 자산이 무형의 형태를 띠는 경향이 있다. 그래도 고려해야 할 유형의 자산도 있다. 마케팅과 판매를 위한 물리적 인프라, 훈련 시설, 장비와 물품, 창고, 재고 등이 유형의 자산에 포함된다.[16]

마케터는 무형자산을 활용하는 데 더해 유형자산으로 매출을 발생시킬 때 생산성 수준에 주의를 기울여야 한다. 가령, 영업 사원이 목표치보다 높은 매출을 달성하겠다고 약속한다면, 우선 영업사원이 약속한 매출 수준을 달성하기 위해 얼마나 많은 자산이나 자원을 사용하는지 확인해야 한다. 영업사원이 업계 평균을 넘어서는 비율로 매달 특정한 상품을 특정한 단위로 판매하려 한다고 가정해보자. 이 상황에서는 마케팅과 영업에 직접 관련된 고정자산(차량, 생산 설비, 토지, 건물, 기타 자산 등)의 가치를 확인해야 한다. 만약 경쟁사가 동일한 수준의 제품을 판매하지만 사용하는 고정자산의 비율이 매우 낮을 정도로 자사와 차별되는 비즈니스 모델을 가지고 있다면 어떻게 될까? 경쟁사와 어떻게 경쟁할 수 있을까?

양면 마켓플레이스는 가장 기초가 되는 온라인 비즈니스 개념으로 유형자산이 거의 필요하지 않은 플랫폼이다. 이 비즈니스 모델은 웹사이트나 모바일앱 같은 기술 매개체로 구매자와 판매자 집단을 연결하고 각각의 거래에 요금을 부과하는 방식이다. 이런 점에서 이베이는 의미 있는 최초의 성공 사례였다. 이 모델은 현재 에어비앤비와 우버 같은 신생창업 기업 덕분에 이전보다 더 인기를 누리고 있다. 이 영역에 있는 기업들은 저마다 '전통적' 시스템의 경험과 경제성을 개선했다. 요컨대, 이베이에서는 누구나 자유롭게 무엇이든 거래할 수 있고, 에어비앤비에서는 전 세계 누구나 본인에게 맞는 숙소를 예약할 수 있다. 우버에서는 택시 손님과 운전기사들이 거리에서 헤매지 않고 서로를 찾을 수 있다.[17]

• 자산수익률 비교하기

지금까지 살펴본 세 가지 비율(ROS, 매출액수익률, 자산회전율)을 바탕으로 효율성을 측정할 수 있다. 이어서 효과성을 평가하려면, 손익계산서상의 매출과 대차대조표 상 자산 간의 관계를 살펴봐야 한다. 생산성을 측정할 때는 당기순이익과 자산을 따져봐야 한다.(그림 13.7 참고)

이제 순이익률(당기순이익을 매출액으로 나눈 항목)과 총자산회전율asset turnover ratio(매출액을 총자산으로 나눈 항목)을 나란히 놓고 곱해보자. 순이익률과 총자산회전율 항목에서 매출액 요소를 지우면, 당기순이익을 총자산으로 나누는 수식이 나온다.

$$\text{자산수익률} = \frac{\text{당기순이익}}{\text{매출액}} \times \frac{\text{매출액}}{\text{총자산}} \times \frac{\text{당기순이익}}{\text{총자산}}$$

견고한 자산수익률ROA은 어떻게 만들어질까? 기업에서는 보통 자

[그림 13.7] 생산성 측정을 위한 자산수익률

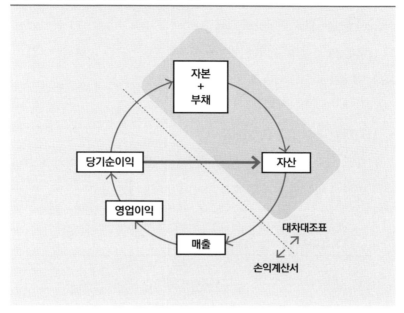

산수익률이 높을수록 이익 창출의 효율성도 높아진다. 그런데 특정한 기업의 ROA를 두고 동종 업종과 부문의 경쟁업체들과 비교해봐야 한다. 제조업체처럼 자산 비중이 높은 기업은 대략 6%의 ROA를 가질 것이다. 반면에 원격의료 앱 운영 업체처럼 자산 비중이 낮은 기업은 대략 15%의 ROA를 가질 것이다.

만약 투자수익률을 바탕으로 두 기업의 우위를 따진다면, 아마 원격의료 앱 운영 업체를 선택할 것이다. 그런데 어느 제조업체를 ROA 4% 미만의 동종업체들과 비교한다면, 해당 제조업체가 근소한 차이로 경쟁업체들을 앞섰다는 사실을 발견할 것이다. 그에 반해서 원격의료 앱 운영 업체를 유사업종의 기술 회사들과 비교할 때, 해당 기술 기업들 대부분이 20%에 근접한 ROA를 가졌다는 사실을 발견할 수도 있다. 그렇다면 원격 의료 앱 업체가 유사 업체들에 비해 실적이 부진했다고 볼 수 있다.[18]

• **자기자본 승수 비율 이해하기**

대차대조표와 손익계산서의 고리에서 자산과 자기자본 항목을 살펴보며 반시계 방향의 여정을 계속 가보자.(그림 13.8 참고)

[그림 13.8] 자기자본 승수 비율 계산 항목

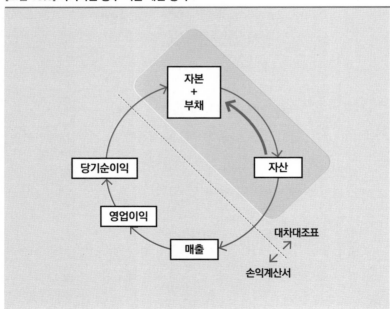

아래 수식처럼 자기자본 위에 자산을 둘 때(자산을 자기자본으로 나눌 때) 자기자본 승수 비율이 계산되는데, 이는 부채에 대립되는 자기자본으로 조달한 자산 점유율을 나타낸다. 이 비율은 '레버리지'를 나타내는 것으로 회사가 다른 이해당사자들로부터 자본을 조성하는 능력을 의미한다.

$$재무\ 레버리지 = \frac{자산}{자기자본}$$

이 비율이 높은 수치로 나타날 때 회사의 자산이 주로 부채에 의해 조달된다. 이는 높은 재무 위험을 시사한다. 영업과 마케팅에 사용되는 유형자산과 무형자산이 자산 요소에 포함된다.[19]

물류 기업 머스크 라인Maersk Line은 세계 공급망의 대동맥 역할은 물론 글로벌 교역을 지원하는 핵심 기능을 하고 있다. 이 회사의 무형자산에는 수준 높은 서비스를 전달하는 유능한 인력도 포함된다.[20] 이 회사의 유형자산은 자체 보유한 선단 같은 자원으로 구성된다.

• 이해관계자들에게 중요한 자기자본이익률

대차대조표와 손익계산서의 고리를 순환하는 여정에서 마지막으로 자기자본이익률ROE이라는 재무비율이 남았다.(그림 13.9 참고)

이 비율은 특히 주주들과 잠재 투자자들에게 매우 중요한 생산성 지표라고 할 수 있다. 이 비율은 앞서 소개한 여러 비율(매출액수익률, 순

이익률, 자산회전율, 자기자본 승수 비율)과 관계가 있다. 해당 공식에
매출 항목도 포함된다.

순이익률에 총자산회전율을 곱한 후 이 수식에 자기자본 승수 비율

[그림 13.9] 자기자본이익률 항목

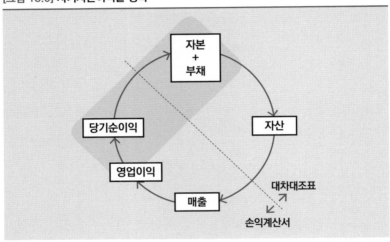

[그림 13.10] 자기자본이익률 계산 공식

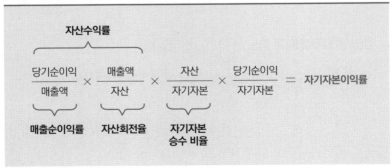

을 곱하고 두 자산 항목을 지우면 자기자본이익률ROE이라는 결과가 나온다.(그림 13.10 참고)

손익계산서는 매출액을 보여주는 가장 중요한 지표 이상의 용도로 사용된다. 마케팅 비용과 영업 비용을 비롯한 비용의 세부사항이 손익계산서에 기록된다. 그래서 최고경영진은 특히 판매사원들의 영업성과 보수를 조정할 때 마케팅 비용에 세심한 주의를 기울인다. 회사가 제품과 서비스를 제공하면서 발생시킨 비용을 들여다보는 것이다. 마케팅 비용은 회사의 운영비용에 포함되며, 회계담당자가 손익계산서의 '판매관리비' 항목으로 마케팅 비용을 별도로 보고한다.[21]

기업들은 재무제표, 특히 손익계산서를 이용해 일상의 마케팅 운영방식을 개선하고 미래 성장 잠재력을 창출하는 유형의 제품을 발굴해야 한다. 경영자들도 손익계산서를 바탕으로 예산 계획을 세우고, 효율성을 측정하고, 제품 성과를 분석하며, 단기, 장기 목표를 수립할 수 있다.[22] 대차대조표를 파악하고 손익계산서와 연결해 분석하는 것은 마케터를 위한 최고의 성공방법이다. 다양한 재무비율이 의미하는 것을 이해하고 이를 바탕으로 마케팅과 영업에 대한 의사결정을 내려야 한다.

현금흐름과 시장가치를 이해하라

앞서 설명한 것처럼 현금은 기업의 가치를 결정하는 핵심 요소다.

[그림 13.11] 기업가치평가의 일반적 단계

1 단계	2 단계	3 단계	4 단계	5 단계
산업 잠재력과 경제 위험 분석	심층 기업분석	과거 재무성과 평가	재무계획 개발	투자 의사결정

현금흐름이 없으면, 기업은 운영 활동에 자금을 대지 못하거나 투자와 재무활동을 수행하지 못한다. 투자자들은 가치평가방법을 양적, 질적으로 활용한 후 기업에 대한 투자를 결정한다. 대개 잠재 투자자들은 4C 분석과 유사한 방법인데, 기업의 내외부 요소들을 들여다보는 방법으로 기업을 분석한 후 재무 관련 요소들을 살펴본다.(그림 13.11 참고)

투자자들은 여러 단계에서 기업의 가치를 평가한다. 이 과정은 마케터의 활동에도 도움이 될 수 있다. 이어지는 순서에서 가치평가 프로세스에 대한 일반 지침을 습득해보자.

- **1 단계: 산업 잠재력과 경제 위험 분석**

투자자들은 거시경제 요소를 따진다. 규제, 경제, 사회/문화는 물론 기술, 정치/법도 거시경제 요소에 포함된다. 이 이외에 투자자들은 미래 시장 상황, 산업의 성장, 업체 간의 경쟁, 고객 행동, 잠재적 개발과 같은 미시경제 지표들도 관찰해야 한다.

예를 들어, 은행 업계에서 떠오르는 블록체인 기술, 새로운 규제, 경기 위축, 변화하는 라이프스타일 같은 매크로 트렌드가 기업들 사이에 기회와 위협을 낳을 것이다. 미시적 수준에서는 현금을 소지하지 않고 디지털 뱅킹을 이용하는 라이프스타일이 유행하고 있다. 기업들은 이런 변화를 초기에 식별하고 이 정보를 바탕으로 전략 의도를 결정할 것이다. 투자자들의 관점에서는 기업이 시장 역학에 대응하는 방법에 주목할 것이다.

- ## 2 단계: 심층 기업분석

잠재 투자자들은 기업의 비즈니스 모델을 검토하여 해당 기업의 상태를 파악한다. 즉, 투자자들은 비즈니스 모델이 핵심 역량(고유의 역량)과 맥을 같이 하는지, 장기간 지속적인 수익흐름을 보장하는지 살핀다. 달리 말하면, 기업들은 충분한 자원으로 경쟁우위를 구축해야 한다. 이러한 자원은 기업지배구조 아래에서 다양한 역량으로 뒷받침되고 관리된다. 이에 투자자들은 기업이 분명한 전략을 갖췄는지, 그 전략이 운영 수준에 일관되게 적용되는지 확인할 것이다. 단기, 장기 운영 위험도 검토 대상이다.

이외에도 기술이 경쟁우위에 얼마나 영향을 미치는지, 디지털 지향성이 얼마나 강한지, 마케팅 부서와 영업 부서가 얼마나 잘 통합됐는지, 시장 지향성과 고객 중심성이 얼마나 강한지 평가할 것이다. 여기서 끝이 아니다. 투자자들은 인재 관리 행태, 조직 문화에도 관심을 가지고, 창의성과 혁신 능력도 따져볼 것이다.

- **3단계: 과거 재무성과 평가**

투자자들은 투자 대상 기업의 재무제표를 분석하여 최근 성과를 파악한다.

  - 달성할 수 있는 영업이익률
  - 이익에 크게 기여한 제품과 서비스
  - 당기순이익, 배당, 유보이익
  - 수익성 비율 또는 창출이익
  - 자본과 부채
  - 유형자산과 무형자산
  - 운영, 투자, 재무활동 대한 현금 할당이 포함된 현금흐름
  - 기업의 현재 시장가치

투자자들은 영업활동현금흐름에 세심히 주의를 기울이며 가치를 낳는 투자에 현금이 할당됐는지 살펴본다. 그에 더해 기업의 여정을 들여다보고, 새로운 사업을 추진하는 벤처기업인지 신생창업 기업인지 확인한다. 해당 기업은 공격적인 확장으로 성장하고 있거나 쇠퇴기에 접어들었을지도 모른다. 투자자들은 기업의 성과 지표를 두고 유사기업들 또는 가장 가까운 경쟁업체들, 업계 평균을 비교해볼 것이다.

- **4단계: 재무계획 개발**

투자자들에게는 현금이 가장 중요한 요소이기 때문에 향후 몇 년 동

안의 현실적인 영업활동현금흐름 계획을 수립해야 한다. 이와 같은 예상계획은 견고한 비즈니스 모델로 뒷받침되어야 한다. 역동적인 비즈니스 환경에서 경쟁하는 기업의 능력이 비즈니스 모델에서 드러나기도 한다. 향후 몇 년간 예상되는 기업의 수익흐름도 비즈니스 모델에 반드시 반영되어야 한다. 투자자들은 앞으로 수년간 발생할 영업활동현금흐름(모든 운영비용이 제외된 영업활동현금흐름)과 자본적 지출capital expenditure(이하 CAPEX: 기업의 투자활동에서 지출된 비용)을 분석한다.

예상 영업활동현금흐름에서 운영비용과 자본적 지출을 제외하면 잉여현금흐름이 도출된다. 이 잉여현금흐름은 현금흐름할인법discounted cash flow(이하 DCF)으로 알려진 가치평가 기법에 의해 적당한 할인율로 나뉘어 계산된다. 이 지표를 이용하는 투자자들은 공정시장가치를 바탕으로 기업의 현재 시장가치를 판단하고, 장차 시장 가치가 상승할 잠재성을 평가한다.

• 5단계: 투자 의사결정

투자자들은 DCF에서 총투자금을 제외한 계산에서 상당한 긍정적 차이가 생기는지를 두고 투자를 결정한다. 그리고 초기 투자액에 따라 투자자들에게 귀속되는 지분율이 결정된다. 회계연도가 끝날 때 당기순이익이 흑자이고 그것이 (일부 또는 전체) 배당의 형태로 분배된다고 한다면, 각 투자자는 소유한 지분율에 따라 배당금을 받는다. 투자자들은 주가수익비율을 충분히 기대할만한지 들여다본다. 게다가 시장 가치가 때때로 대폭 상승하고 장부 가치를 웃돌 때(주가장부가치비율이 유리한 수준에 있다는 의미), 투자자들은 주식을 매도해 자본이득을 취한다. 이런 이유로 투자자들은 기업의 현재 시장가치와 장부가치, 예상 시장가치, 실제 시장가치를 분석한다.

투자를 예상하라

가치평가 프로세스의 각 단계를 파악하고 나면 투자유치 준비를 수월히 하게 된다. 기업은 자본을 조성할 목적으로 투자유치를 준비한다. 투자유치가 미래 목적을 위한 가치 획득 전략의 일환이 되기도 한다. 이를테면, 가족기업들은 회사를 매각할 계획을 세우진 않더라도 '시장성' 있는 회사가 되려고 할 것이다.[23] 이런 점에서 가치평가 프로세스는 가족기업이 업계에서 전문성을 드러내 보이는 계기가 될 수 있다. 표 13.2에서 가치평가를 진행하기 전 유념해야 할 지침들을 소개하겠다.

현금흐름과 시장가치의 순환고리

현금흐름과 시장가치의 영역을 선순환으로 묘사해보면, 양자 간의

[표 13.2] **기업의 준비사항**

계수	조건
1단계 **산업 잠재력과** **경제 위험 분석**	• 경영진이 거시경제 환경을 잘 이해한다. • 전략적 유연성을 가진다. • 동종업계와 비교해 뒤지지 않거나 더 발전한다. • 분명한 경쟁 클러스터가 존재한다. • 차별화로 뒷받침되는 확실한 시장 포지션 • 비즈니스 생태계의 일원이다. • 리스크를 최소화(완화)한다.
2단계 **심층 기업분석**	• 비전, 사명, 기업 가치, 기업 문화 • 견고한 비즈니스 모델 • 실행까지 일관된 전략과 전술 • 핵심 역량(또는 고유의 역량)을 이해한다. • 적격한 기업지배구조 • 실제로 가치가 높은 다양한 내부 자원을 식별한다. • 다양한 능력(기술, 창의적이고 혁신적인 인재 등)을 보유한다.
3단계 **과거 재무성과 평가**	• 높은 생산성(효율성과 효과성)을 보장한다. • 올바른 고객 관리(고객 확보부터 고객 충성도 유지) • 잘 관리되는 알찬 상품 포트폴리오 • 건전한 재무관리, 현금흐름 문제가 없다. • 온전한 재무보고서 서류를 쉽게 접할 수 있다. • 독특하고 가치 있는 각종 무형자원을 발견한다. • 기업의 발전 단계(창업, 확장/성장, 또는 성숙)를 확인한다.
4단계 **재무계획 개발**	• 중기, 장기 성장 계획 • 상품 개발 계획 • 시장 개발 계획 • 다각화 계획
5단계 **투자 의사결정**	• 협상 프로세스를 준비한다. • 상생할 수 있는 투자자를 선택한다. • 모든 법률 사항을 점검할 준비가 되어 있다.

상호 호혜적인 관계가 드러난다. 한편으로, 이 사이클로 반대의 효과
(즉, 악순환)도 설명할 수 있다. 만약 기업의 내외부 여건이 예상보다
좋지 않은 경우 그와 같은 악순환이 발생할 수 있다. 현금흐름과 시장
가치로 연결된 사이클은 수익화, 현금흐름, 시장 가치라는 세 영역으로
나눌 수 있다.(그림 13.12 참고)

수익화의 영역 안에서는 개선과 혁신이 다수의 가치 창출 프로세스
에 상당히 기여하고 궁극에 매출 실적을 증가시킨다. 그다음으로는 현
금흐름 영역에 들어간다. 이 단계에서는 매출액에서 운영비용이 차감
되어 영업이익이 발생한다. 이 영업이익이 영업 외 손익과 합쳐지고 이

[그림 13.12] **현금흐름과 시장가치의 선순환 구조**

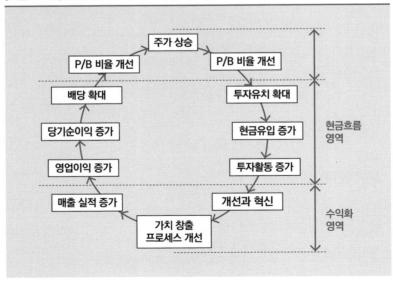

자와 세금이 차감되어 당기순이익이 된다. 이 당기순이익은 배당과 유보이익의 형태로 분배된다.

그다음 시장가치 영역에서 배당이 증가해 주가수익비율이 개선된다. 이로 인해 주가가 상승하여 주가장부가치비율이 더 높아진다. 그리고 다시 현금흐름 영역으로 돌아간다. 이 영역에서 시장 가치가 높아진 기업들은 투자를 고려하는 투자자들에게 한층 더 매력적으로 다가간다. 이로써 기업은 자금조달 활동으로 현금유입이 증가한다. 이에 기업은 현금의 일부를 투자 활동, 다시 말해 CAPEX, 그리고 브랜드, 프로세스, 인력 등의 무형자산 관련 투자에 할당한다. 이로써 기업의 개선 능력과 혁신 능력이 향상될 것으로 기대된다. 이후 이 사이클은 계속된다.

이 고리를 이해하면, 수익화, 현금흐름, 시장가치 영역에서 마케팅과 영업이 중요한 기능을 한다는 것을 기업가의 관점에서 이해하게 된다. 마케팅과 영업이 기업의 장기 궤도를 보장하는 핵심 부문인 이유도 이 순환고리가 보여준다.

특허, 저작권, 독점 판매권, 면허, 영업권 외에 무형자산이 대차대조표에 표시되지 않는다는 사실에 주목해야 한다. 높은 판매 가격을 결정하는 값진 브랜드 자산이 있다고 가정해보자. 이 브랜드를 소유한 회사를 인수하지 않는 이상 이 회사의 자산인 브랜드 가치는 자사의 대차대조표에 기록되지 않는다. 이 값진 무형자산의 가치로 인해 회사의 장부가치와 시장가치 사이에 상당한 차이가 생길 수 있다. 무형자산의 가치가 높아질수록 장부가치에 비해 시장가치가 높아진다.

그래서 기업들은 (브랜드, 저작권, 판매 독점권, 특허 등의 무형자산 외에도) 혁신 능력, 견고한 기업 네트워크, 고유한 기업 문화, 강력한 관리 능력, 고객 데이터베이스 같은 다양한 무형자산을 세심히 찾아내고 확보해야 한다. 장부가치와 시장 가치에 생기는 변화는 무형자산의 가치를 보여주는 지표로 나중에 다른 이해당사자가 회사를 인수하는 경우에 한해 영업권으로 기록되기도 한다. 더욱이 무형자산의 가치는 그 상승세가 시장에서 인식되더라도 주기적으로 상각되어야 한다.

지금까지의 전략 관리에 대한 논의와 관련해서 무형자산이든 유형자산이든 사용되지 않거나 관련 능력으로 전환되고 다양한 역량의 기초가 되지 않는다면 이익 창출로 이어지지 않는다. 그 능력 중 하나가 판매로 기존 자산을 사용해 특정한 목표 실적을 달성하는 과정이다. 기업이 그 자산을 효율적이고 효과적으로(다시 말해, 생산성 있게) 사용해 역량을 키울 때 가치 창출 프로세스가 생겨날 수 있다. 이 조건을 일관되게 유지하는 기업이 지속가능한 경쟁우위를 창출할 수 있다.

마케터들 사이에서 재무 용어에 대한 인식이 높아진 사례와 마찬가지로 재무와 회계 분야 담당자들도 무형자산의 중요성이 커지는 상황을 충분히 이해할 것이다. 무형자산은 가치 창출 프로세스에서 지배적 요소가 되고 있다. 결국에 가치 창출 프로세스가 기업의 경쟁우위를 결정한다. 이 현상은 디지털 시대에 전통 비즈니스 모델에서 탈피한 신생창업 기업들 사이에서 두드러진다. 경우에 따라 디지털 신생창업 기업의 성과가 매우 높았다. 이 흐름은 전통 비즈니스 모델을 사용하는 기업들에게 자사의 비즈니스 모델을 재점검할 기회를 제공한다. 이런 이유로 기업 가치를 높이는 새로운 방법론을 습득하기에 지금이 적절한 시기일지도 모른다.

| 핵심 요약 |

✓ 현금은 기업 조직의 생명줄이며, 주로 운영비용과 투자비용, 재정활동 비용에 충당된다.

✓ 재무 분야를 잘 아는 마케터들은 다른 부서의 담당자들과 전략적 수준에서 의사소통하며 예산편성을 적절히 평가할 수 있고, 자금을 조성하고 프로젝트를 평가할 수 있다. 이처럼 재무 지식을 가진 마케터들은 회사의 생산성에 긍정적 영향을 미친다.

✓ 투자자들은 기업의 가치를 평가할 때 다방면으로 분석을 수행하여 업계와 관련한 경제 위험을 판단하고, 기업을 심층적으로 들여다본다. 여기서 그치지 않고 투자자들은 과거 실적을 검토하고, 재무계획을 세우고, 투자 의사결정을 내린다.

✓ 투자자들이 가장 먼저 따지는 것들을 인식해야 가치평가에 수월히 대비할 수 있다.

14

마케팅과 재무를 통합하라

분리에서 통합으로

2013년 마스터카드의 최고마케팅책임자CMO 라자 라자만나르Raja Ra-
jamannar는 마케팅 부서를 격상하고 여러 전략적 역할을 부여하고자 했
다. 당시 마스터카드는 이미 인지도가 높은 브랜드였다. 라자만나르가
보기에도 마케팅 활동이 성공을 거둬 브랜드 인지도가 높아졌다. 하지
만 그렇다 해도 매출이 증가하지 않는다는 점이 문제였다.

게다가 라자만나르가 확인한 바에 따르면, 손익계산서에서 최대 지
출 3개 항목에 포함될 정도로 마케팅 비용의 규모가 상당했지만, CFO
가 CMO와 직접 협업하지 않았다. 이에 방향 전환을 모색하던 라자만
나르는 CFO에게 자신과 함께 협력하고 부서를 통합하자고 요청했다.

라자만나르는 이 통합이 효과를 보도록 재무 부서 직원을 마케팅 부
서에 투입했는가 하면, 새로이 통합된 부서에 ROI 공식으로 마케팅 활
동의 효율성을 평가하라고 요청했다. 범위 내 비즈니스 목표에 마케팅
이 미치는 영향을 평가해 상식적 수준의 지식을 정립하자는 취지였다.

B2B2C(기업-기업-소비자 간) 브랜드인 마스터카드의 전략적 계획
에 최종 고객과 직접 관계를 맺는 활동도 포함됐다. 이 회사는 개별 카
드소지자가 브랜드를 인식하게 하려고 했다. 이 목표를 달성하기 위해
라자만나르는 지역 사무소들의 체험 마케팅으로 마스터카드가 소비

자의 인식에 좋은 이미지로 자리 잡게 했다. 그는 모든 지역에서 개별 고객과 직접 소통하는 방법을 찾고자 했다. 게다가 그는 ROI 측정법을 이용해 마케팅 캠페인이 수익에 미친 영향을 평가하라고 여러 지역 사무소에 요청했다. 결과적으로 마스터카드의 브랜드 가치가 2013년 690억 달러에서 2021년 1,120억 달러까지 상승했다.[1]

마스터카드의 사례가 보여주듯이, 마케팅과 재무의 통합된 관계는 경쟁력과 지속가능성에 상당한 영향을 미칠 수 있다. 실제로 두 부서가 조화를 이루지 못하는 경우가 많다. 이 책의 초반에 마케팅의 맹점을 다룬 것도 이런 이유 때문이다.

이번 장에서는 기존의 장벽을 극복하여 마케팅 부서와 재무 부서를 통합하는 법을 살펴보겠다. 더 나아가 통합된 부서들이 누릴만한 상호 이익을 분석하고, 두 부서가 단계별 프로세스를 거쳐 합쳐지는 과정을 들여다보겠다.

[그림 14.1] 옴니하우스 모델-마케팅과 재무의 요소들

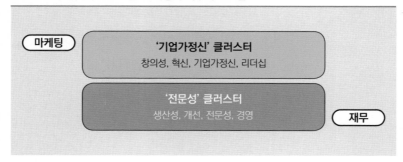

과거부터 분리된 경영의 핵심 기능

하나의 경영 생태계에 있음에도 대대로 마케팅 부서와 재무 부서는 서로 연계하지 않는다. 마케팅 관리자들 사이에서는 현재의 비즈니스 전략을 기준으로 예산에 관한 의사결정을 하는 것이 일반적인 관행으로 통한다. 그래서 마케팅 책임자가 재무 실적을 평가하여 예산을 계산하는 일이 흔치 않다. 이런 관행으로 인해 마케팅 부서와 재무 부서, 양쪽 직원들 사이에 갈등이 일어날 가능성이 존재한다. 누가 보더라도 양쪽 부서가 동일한 목표(회사 비즈니스 전략의 바탕이 되는 목표)를 추구하면서도 서로 다르게 생각하는 탓이다.[2]

일반적으로 재무 부서는 마케팅 활동의 비용과 실적을 측정한다. 반면에 마케팅 책임자들은 마케팅 캠페인을 평가하는 숫자 공식이 늘 올바른 방법론은 아니라고 생각한다. 마케팅 전략은 대부분 장기간의 영향을 목표로 한다. 단기간에는 마케팅 활동에서 정량적 실적이 발생할수 있다. 그렇지만 장기간의 영향을 고려할 때, 마케팅 활동으로 브랜드 이미지 같은 보다 정성적인 실적이 발생한다.[3]

두 부서의 통합은 성과가 개선되는 기회가 된다. 딜로이트가 발표한 연구 결과에서 사라 올레드Sarah Allred와 티모시 머피Timothy Murphy는 마케팅과 재무 간 파트너십이 성장을 위해 필요하다고 밝혔다. 올레드와 머피의 연구에 따르면, 고도로 성장하는 기업의 경영자들은 마케팅의 영향을 평가한다는 점에서 매우 일치된 모습을 보인다.

이 일치된 모습은 CMO와 CFO의 강점을 활용하기 위한 핵심 기준이 된다. 딜로이트의 연구에서 트렌드가 변화하고 있다는 사실도 발견됐다. 즉, CMO와 CFO들이 한층 더 효과적으로 협업할 방법을 찾고 있다는 징후들이 나타난다. CMO와 CFO 간 긴밀하고 조화로운 관계는 비즈니스 성과에 상당한 영향을 미칠 수 있다.[4]

마케팅 부서와 재무 부서는 서로를 위해 가치를 창출할 수 있고 또 그렇게 해야만 한다. 재무 부서는 마케팅 활동에 투입할 예산을 제공하며, 그에 따라 수익이 늘어나거나 브랜드 가치가 상승할 수 있다. 그래서 두 부서는 모두 서로 업무를 보고하기 위한 공통의 언어와 합의된 절차를 갖춰야 한다. 경영을 떠받치는 기둥인 두 부서는 조직의 비전을 달성하기 위한 사명에 부합되도록 서로 협력해야 한다.[5]

효율성, 효과성, 생산성을 다시 논의하라

13장에서 대차대조표와 손익계산서의 순환고리를 이용해 효율성, 효과성, 생산성에 대해 살펴봤다.(그림 14.2 참고) 일반적으로 마케터들은 효율성 수준을 확인하고자 손익계산서를 살펴보고 ROS와 순이익률을 계산한다. 이 모든 지표가 수익성을 나타낸다.

일반적으로 말하면, '오류의 여지가 없는' 방법론은 비효율성으로 인한 손실을 피하는 데 중요하다. 영업이익에 이르기까지 손익계산서

[그림 14.2] 생산성 매트릭스

	자산	
	비효과성	**효과성**
효율성	비효과적 자산으로 인해 생산성이 떨어진다. 자산회전율이 낮고, 매출액수익률이 높다. 따라서 자산수익률이 적정하다.	생산성이 있다. 자산회전율과 매출수익률이 다 높다. 따라서 자산수익률이 높다.
비효율성	생산성이 없다. 자산회전율과 매출액수익률이 다 낮다. 따라서 자산수익률이 낮다.	비효율적인 운영으로 생산성이 떨어진다. 자산회전율이 높고, 매출수익률이 낮다. 따라서 자산수익률이 적정하다.

의 세부사항을 이해해야 잠재된 비효율성을 피해야 한다는 것을 알게 된다. 미리 막을 수 있는 비가치창출 활동과 오류에 불필요한 비용이 소모되지 않도록 하는 것도 같은 맥락이다.

13장에서 확인한 것처럼 마케터들은 총자산회전율을 계산해 자신들이 팀과 기업으로서 얼마나 효율적인 운영을 했는지 확인할 수 있다. 만약 회사의 자산이 증가하고 있으나 매출이 적절히 증가하지 않는다면, 적절하지 않은 자산을 사용하는 것이 문제의 원인일 수 있다. 혹은 그 반대의 경우도 마찬가지다. 기업이 적절한 자산을 보유했다 해도 영업 활동에 문제가 내재됐을지도 모른다. 게다가 잘못된 세그먼트 타기팅, 부적절한 포지셔닝, 부실한 마케팅 커뮤니케이션, (상품과 가격으로 구체화되는) 가치 제안의 범용화, 조직의 비전과 일체화되지 않은 영업 전략 등 여러 기본적인 실수를 저지를 수도 있다.

ROA에 반영되듯이, 효율성과 효과성이 합쳐지면 생산성 산출로 이어진다. 생산성에 관련한 쟁점이 있을 때는 근거 자료를 조사할 수 있다. 다음과 같은 이유로 생산성이 낮아지기도 한다.

- 적합한 자산을 보유하고도 마케팅과 영업을 비효율적으로 운영한다.
- 마케팅과 영업을 효율적으로 운영하지만, 적합한 자산을 보유하고 있지 않다.
- 비효율적인 자산을 보유했을 뿐 아니라 마케팅과 영업을 비효율적으로 운영한다.

표준 재무제표 이상의 지표

재무비율 계산에 활용되는 몇 가지 마케팅 지표가 있다. 대표적인 예로 마케팅 ROI, 행동당비용cost per action(이하 CPA), 고객획득비용customer acqui-sition cost(이하 CAC), 고객생애가치customer lifetime value(이하 CLV), 수익 기여도를 들 수 있다. 이 핵심 성과지표들은 매우 중요하지만, 마케터들이나 기업들 사이에서 널리 활용되고 있지는 않다. 각각의 지표를 되짚어보자.

ROI. 마케팅의 관점에서 마케팅 활동의 효과성을 계산하는 방법이다. ROI는 증가한 매출액에서 마케팅 비용을 뺀 결과로 비용 대비 수익 비율을 말한다. ROI의 최종 결과는 백분율로 표시된다. 이를테면, 마케팅 활동의 ROI가 20%라고 한다면, 투자 비용 대비 투자 수익이 20% 발생했다는 것을 의미한다.[6]

CPA. 마케팅 캠페인의 총비용을 고객이 취한 행동 전환 수로 계산하며, 해당 수치는 마케팅 캠페인 활동에서 신규 고객을 확보하는 데 들어간 비용을 보여준다. CPA가 낮을수록 마케팅 캠페인의 효율이 높아진다.[7]

CAC. 한 사람의 고객이 제품이나 서비스를 구매하도록 설득하기까지 얼마나 비용이 들었는지 보여준다. 영업/마케팅 비용을 신규 고객 수로 나눠서 계산한다.

CLV. 개별 고객의 구매액을 기준으로 고객에게 기대할 수 있는 총수익을 계산한 값이다. 고객과 기업의 관계가 유지되는 동안 고객의 가치와 충성도를 측정하는 척도다.

수익 기여도. 고객 판매와 특정한 광고를 연결해 어디서 수익이 발생했는지 보여주는 척도다. 미래 광고 예산을 계산하고자 할 때 사용된다.

마케팅 성과를 측정할 때 필수적인 지표들이 있다. 그런데 이 지표들은 보통 의무화된 표준 재무제표에 포함되지 않는다. 재무제표는 대체로 마케팅에 특화되어 있지는 않다.

한편으로, 마케팅 성과를 평가하기 위한 마케팅 전문 비재무적 지표도 있다. 이 지표들은 전략적, 전술적 의사결정 프로세스에 통찰력을 반영한다. 표 14.1은 일반적인 지표들을 보여준다.

[표 14.1] 마케팅에 특화된 비재무적 지표

일반 마케팅 지표		
• 멀티플 터치포인트 기여도 • 마케팅 검증 리드(MQL) • 영업 검증 리드(SQL) • MQL에서 SQL로의 전환율 • 리드에서 고객으로의 전환율 • 영업팀 응답시간 • 구매행동률(PAR)	• 판매된 단위 • 시장점유율 • 지갑점유율(SOW) • 최초상기도 • 브랜드 자산 • 브랜드 인지도 • 브랜드 연상 • 브랜드 충성도 • 품질인식 • 브랜드 경험 • 브랜드 선호도 • 고객 유지율(CRR)	• 고객만족도 지수 • 재구매 • 신규 고객 수 • 고객 수 • 교차-상향 판매 비율 • 컴플레인 수 • 옹호(긍정적 옹호/부정적 옹호) 수 • 브랜드 옹호율(BAR) • 순추천지수 • 고객이탈

디지털 마케팅 지표		
• 좋아요(Likes) • 구독 • 전달/공유 • 소셜미디어 참여도 • 페이지뷰 • 순 페이지뷰 • 유지율 • 참여 시간 • 세션 당 페이지 수 • 이탈률 • 웹사이트 트래픽 • 웹사이트 전환율 • 마케팅 성과(종합) • 이메일 오픈율 • 이메일 반송율 • 이메일 클릭율	• 수신 거부율 • 신규 구독자 • 반응이 없는 이메일 구독자 • 클릭율(CTR) 챗봇 자동화 리드 • 라이브 챗을 통한 리드 획득 • 리드에서 고객으로의 전환율 • 랜딩 페이지 전환율 • 획득 대비 전환율 • 멀티플 터치포인트 기여도 • 컴플레인 수	• 옹호(긍정적 옹호/부정적 옹호) 수 • 참여 지표 • 도달 • 노출 • 팔로워 수 • 신규 팔로워 및 팔로워 성장률 • 트래픽(모바일 미디어 및 소셜 미디어) • 리드(모바일 미디어 및 소셜 미디어) • 전환율(모바일 미디어 및 소셜 미디어) • 브랜드 멘션 • 포기율

이 지표들은 비마케팅 부서에서 늘 공유되지는 않는다. 이 지표들이 대수롭지 않게 보이는 경우가 많기 때문이다. 이 지표들을 기준으로 성과가 최적의 수준으로 보일 때가 있지만, 재무 실적이 전혀 또는 거의 없다고 이 지표들이 무의미하게 여겨지는 것이 안타까운 일이다. 비재무적 실적을 재무적 실적으로 전환하는 일이 쉽지 않아서 다른 부서들, 특히 재무 부서에서 회의론이 제기되곤 한다. 믿음직해 보이지만 의미 있는 정보를 제공하지 않는 지표는 보통 허영지표라고 일컬어진다.

마케팅에 특화된 재무 지표들은 매우 중요한 정보로 특히 경영자와 고위 임원들의 회의에서 반드시 제시되어야 한다. 표 14.2의 재무 지표들 대부분이 매우 유용한데도 불구하고 잘 사용되지 않고 있다. 이 지표들이 사내에서 사용된다 해도 (매출액과 판매제품 비용 같은 일반적인 지표들을 제외하고) 대개 의무화된 표준 재무제표의 항목으로 취급되지 않는다.

그래서 기업의 마케팅 조직들이 재무 부서와 마케팅 부서를 통합하고 마케팅 활동을 재무적으로 해석하기에 좋은 지표를 정립하는 것이 이상적이다. 해당 지표들에 대한 올바른 분석과 해석이 없으면, 마케팅 의사결정이 아마도 최선의 추측, 추정, 또는 가정에 기반하게 될 것이다. 다시 말해, 마케팅에 특화되지 않은 의무화된 표준 재무제표만 들여다봐서는 마케팅 의사결정이 잘못된 방향으로 나아가고 효과를 발휘하지 못할 것이다.

마케팅에 특화된 재무와 비재무 지표들을 재무 부서 담당자들이 승인했다면, 이 지표들을 사용하는 마케터들은 마케팅 활동의 효율성과 효과성, 생산성을 측정하는 일에서 정확도를 높일 수 있다. 관련 부서들은 브랜드 인지도를 창출하고 고객 충성도를 유지하기까지 모든 단계에서 마케팅 활동을 평가해야 한다. 그러기 위해 구체적인 마케팅 목표에 기반해 마케팅에 특화된 적절한 지표들을 선정해야 한다.

[표 14.2] 마케팅에 특화된 재무 관련 지표

일반 마케팅 지표		디지털 마케팅 지표
마케팅 기반	표준 재무 기반	

• 매출액
• 판매 제품 비용
• 할인
• 매출액수익률(ROS)
• 매출총이익(세그먼트,
  카테고리, 제품, 브랜드,
  영역 등)
• 판매 및 마케팅 비용
• 마케팅 ROI
• 리드당비용(CPL)
• 행동당비용(CPA)
• 고객당서비스원가
• 계정/가입자/
  고객당 평균수익
  (ARPA/ARPU/ARPC)
• 기존 고객의 매출액증가율
• 매출 이탈률
• 월간 반복 매출(MRR)
• 고객생애가치(CLTV)
• 마케팅 ROI 또는 ROMI
• 브랜드 가치
	• 수익
	• 유형자산과 무형자산에
	  대한 감가상각
	• 운영비용
	• 영업이익률
	• 현금흐름
	• 매출채권
	• 회전율
	• 재고
	• 재고자산 평가절하
	• 순이익률
	• 자산회전율
	• 자산수익률(ROA)
	• 재무 레버리지
	• 자기자본이익률(ROE)
	• 주가장부가치비율
	  (P/B Ratio)
	• 주가수익비율(P/E Ratio)
		• 클릭당비용
		• 행동당비용(CPA)
		• 리드당비용(CPL)
		• 고객획득비용(CAC)
		• 디지털 광고 비용
		• 디지털 광고 수익률
		  (ROAS)

통합의 단계

마케팅과 재무 간 관계는 다섯 단계로 나타낼 수 있다. 분리된 두 부서는 다섯 단계를 거쳐 완전히 통합되는 과정에 이른다.(그림 14.3 참고) 이제 각각의 단계를 살펴보자.

[그림 14.3] 마케팅 부서와 재무 부서-분리에서 통합으로

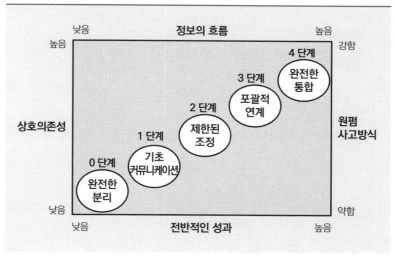

• 0단계: 완전한 분리

마케팅 부서와 재무 부서는 독립적으로 기능하고 발전한다. 두 부서가 의미 있는 정보를 교환하는 사례는 거의 없다. 정보 교환 차원에서도 의사소통이 거의 일어나지 않는다. 두 부서는 오로지 긴급한 사안과

문제, 쟁점을 두고 접촉한다.

두 부서의 구성원들은 저마다 부서 핵심성과지표KPI 기반의 목표에만 주력한다. 그들은 또한 서로 다른 일상 업무와 의제를 가지며, 문제 해결을 위한 협업에 관심을 두지 않는다. 두 부서는 아직 공존의 조짐을 보이지 않는다.

이 단계에서는 두 부서가 간혹 예산 할당 문제로 충돌한다. 그로 인해 두 부서 간에 '힘겨루기'가 계속된다. 마케터들은 재무 부서가 일부로 예산 지출을 어렵게 만든다고 생각한다. 반면에 재무 부서는 마케팅 부서가 명확한 방향 없이 모호한 목표로 비용을 낭비한다고 말한다.

• 1단계: 기초 커뮤니케이션

이 단계에서는 마케팅 부서와 재무 부서 간 관계가 여전히 단절되어 있지만, 의미 있고 필수적인 소통의 물꼬를 튼다. 정보를 교환하는 소통도 시작된다. 공유되는 정보는 보통 중요하게 다뤄지지는 않는다. 각 부서가 스스로 전략적인 운용을 한다.

이전 단계와 마찬가지로 두 부서의 구성원들은 자기 부서의 KPI를 기반으로 부서의 목표에 집중한다. 그들은 또한 일상 업무를 유지하면서 상대 부서의 안건에 관심을 가지기 시작한다. 이런 관심이 다른 부서에 시사하는 것을 두 부서는 인식한다. 두 부서는 공존의 징후를 보이지만 내부 문제를 해결하기 위한 협업을 하지는 않는다.

무엇보다 예산 배분, 예산 이용 방법, 달성하고자 하는 목표를 두고 두 부서 간 관점의 차이가 뚜렷해진다. 그렇다 해도 두 부서는 운영 문제의 적합성을 높이는 조정을 하려고 한다. 마케터들은 마케팅을 제출할 때 가정을 설정하는데, 재무 담당자들은 그 가정 대부분을 완전히 믿지 않는다. 그럼에도 재무 부서는 예산 배분과 관련한 예상치를 두고 마케팅 부서와 정보를 공유하기 시작한다. 마케터들은 예산 사용에 대한 재무 부서의 우려를 참고하기 시작한다.

• 2단계: 제한된 조정

이 단계에서는 두 부서 간 관계가 상호 조종이 강화되는 식으로 상당한 진전을 보인다. 두 부서는 보다 공식적인 소통 경로를 가지고 매우 유용한 정보를 교환한다. 예정된 공식 소통 외에도 비공식 소통이 더욱 유동적으로 일어난다. 각 부서는 상대 부서의 문제를 이전보다 포괄적으로 바라본다. 서로 교환한 정보가 한층 더 의미가 있고 가끔 전략적 목표를 달성하는 데 사용된다.

마케팅 부서는 소통을 잇기 위해 제품 또는 브랜드 당 마진, 손익분기점BEP, 고객획득비용 등 (매출액 외에) 일반적인 재무 용어를 사용한다. 그런데 마케팅 부서가 사용하는 KPI 대부분이 여전히 비재무적 개념인 경우가 많다. 한편으로, 재무 부서는 회의 시간에 일부 마케팅 용어를 사용하기 시작한다. 매출에 가장 크게 기여하는 시장 세그먼트, 수익성이 가장 높은 제품이나 브랜드, 고객생애가치가 대표적이다. 부서 간 상호의존성이 높아질수록 공존의 중요성도 커진다.

두 부서 간에 여전히 관점의 차이가 존재하더라도 조정이 잘 이루어질 여지가 있다. 재무 담당자들은 마케팅 부서가 예산안을 제출할 때 사용하는 일부 가정들을 받아들이기 시작한다.

마케팅 부서는 재무 부서의 기대를 충족하려고 더 애쓴다. 열린 소통이 일어나고 정보가 원활히 교환됨에 따라 두 부서의 관계가 조화를 이룬다. 물리적으로는 사무실에서 마케팅 부서와 재무 부서의 업무공간이 근접하거나 적어도 서로 가까워진다. 두 부서는 정기적인 월간 회의를 열어서 사업의 성장, 예산의 사용, 실적을 재무적으로나 비재무적으로 점검한다. 거기다 공식 회의와 비공식 회의에서 기대치의 차이, 문제, 쟁점을 해결한다. 그뿐만 아니라 각 부서가 조정을 촉진하기 위해 연락 담당자를 지명한다. 여기서 그치지 않고 두 부서가 공동으로 논쟁이나 비생산적인 갈등을 피하기 위한 정책과 규정을 수립한다.

• 3단계: 포괄적 연계

이 단계에서는 두 부서가 제한된 조정의 범위를 넘어서 발전하여 이전 단계보다 더 포괄적으로 공통의 목표를 향해 연계한다. 기존의 소통 경로를 강화하는 데 더해 두 부서는 정보 공유 플랫폼을 사용한다. 이 플랫폼에서 두 부서가 모두 실시간으로 정보를 업데이트할 수 있다. 달성해야 하는 목표, 합의해서 사용하는 KPI, 업무 분담, 의사결정 프로세스, 전략 실행, 단일화된 팀의 모니터링 등 협력의 측면에서 양쪽이 각자의 활동을 조정해나간다. 거의 모든 프로세스에서 협업이 활발해지고, 그로 인해 상호의존성이 높아진다.

이제 두 부서 간 정보 교류를 가로막는 장벽은 존재하지 않는다. 공식 소통도 일상적으로 일어난다. 두 부서는 상대 부서의 문제를 포괄적인 시각에서 바라보고, 관련 쟁점을 함께 논의하고 풀어간다. 교환되는 정보는 적합성이 있을 뿐만 아니라 항상 최신 상태로 잘 전파된다. 그래서 두 부서에서 다수의 이해당사자들이 신속히 최신 정보를 받아들여 전략적, 전술적 문제에 적용한다.

두 부서가 데이터 기반의 정렬 단계로 들어섰기 때문에 정보는 조직의 필수 기반이 된다. 그래서 데이터를 이용해 정확한 예측을 할 수 있다. 부서 간에 여전히 갈등이 일어나지만 적정한 수준에 그친다. 두 부서는 회사를 위한 최상의 결과를 내려고 눈앞에 놓인 현안에 함께 더 집중한다.

마케팅 부서는 재무 정보를 능숙하게 이용해 예산안 관련 의사결정을 내리고, 회사의 자산을 효과적으로 사용해 매출을 늘리는 것을 목표로 삼는다. 마케팅 부서는 또한 여러 재무 KPI를 사용해 다른 비재무 KPI로 측정된 결과를 보완하고 정당화한다.

재무 부서는 점차 마케팅 프로세스를 운영할 수준까지 이해하고, 효율성을 높이고 순이익률을 개선하기 위한 정보를 제공한다. 이런 점에서 재무 부서는 고객 데이터베이스, 제품 혁신 역량, 브랜드 자산 같은 마케팅의 다양한 측면을 제대로 인식한다. 이로써 재무 부서는 무형자산이 재무 실적과 회사의 시장가치에 영향을 미친다고 본다.

이상적인 공존이 현실이 되어가고, 상호의존성이 강화된다. 재무 부서의 직원들은 마케팅 부서가 의존하는 가정을 신뢰하고 가정을 설정하는 과정에 참여한다. 사실 기반의 접근 방식이 일상화되고 마케팅 부서의 예산편성 프로세스의 객관성이 높아진다.

마케팅 부서는 성취 가능한 객관적인 목표를 설정하고, 마케팅 담당자는 그 마케팅의 재무 목표를 설정하는 일에 적극적으로 참여한다. 이런 측면에서 두 부서는 공동의 기대를 가진다. 양쪽이 다 이해하기 쉬운 언어로 소통하고 실시간 동일한 정보 플랫폼에 접근해 데이터를 이용하기 때문에 두 부서의 관계가 조화를 이룬다. 정보는 정확하고 최신 상태를 유지한다. 재무 부서의 직원들은 마케팅 전문 용어를 능숙하게 사용하며, 그 반대의 경우도 마찬가지다. 마케팅 부서는 재무 담당자의 용어를 이해하고 실제로 사용한다.

두 부서는 정기 주간 회의를 열어 전체 생산성을 점검하고, 사업을 성장시킬 기회를 모색한다. 여기서 그치지 않고 두 부서는 어느 한 부서의 성과라도 저해할만한 문제를 사전에 방지하려고 애쓴다.

• 4 단계: 완전한 통합

이 단계에 접어들어 마케팅 부서와 재무 부서가 완전히 통합된다. 두 부서 간 경계가 명확하지만, 두 부서 간 모든 협업 프로세스가 유연하고 조화롭게 운영된다. 오프라인과 온라인 플랫폼을 통해 소통이 이루어져 원활한 관계가 유지된다.

AI 기술의 지원에 힘입어 경영진은 동적 정보를 이용해 예측 분석을 하고 맞춤화와 개인화를 포함해 상황적 솔루션을 내놓는다. 두 부서의 KPI가 접근 가능한 대시보드에서 매시간 단위로 모니터링된다. 의사결정 프로세스도 비즈니스 환경의 변화 속도에 맞춰 신속히 진행된다. 게다가 상호의존성이 절정에 도달해 경영진은 오류의 여지를 최저 수준까지 줄일 수 있다.

이렇게 두 부서가 통합될 때, 공식 소통과 비공식 소통이 원활히 일어난다. 이제 회사의 관리 프로세스를 종종 지연시키던 불필요한 관료제가 더 이상 존재하지 않는다. 각각의 부서는 전략적 쟁점과 관련한 운영과 전술의 문제를 논의함으로써 시야를 확대한다. 이런 이유로 두 부서는 각자의 KPI로 측정한 성과들의 관련성을 검토한다. 이를테면, 시장 점유율과 수익성의 관계, 시장 세그먼트 선정이 이익률에 미치는 민감도, 고객 충성도를 높이는 CDP와 매출의 관계, 브랜드 인수가 회사의 시장가치에 미치는 영향에 대해 토론한다. 이 전략적 관계는 궁극에 하나의 목표, 말하자면 각 부서의 전통적인 KPI를 넘어 회사의 지속가능성을 실현하기 위한 것이다.

마케팅 부서와 재무 부서의 통합은 데이터와 기술 기반의 의사결정 프로세스로 특징지어진다. 이에 빅데이터를 비롯한 데이터에 대한 연산 분석, 광범위한 통계 분석이 보편화된다. 이와 같은 체계적 분석(혹은 애널리틱스라고 알려진 분석)에서 의미 있는 정보와 통찰이 도출되어 두 부서 공동의 의사결정을 위한 기초 지식이 된다. 이로써 두 부서의 통합이 전략적, 전술적 수준에서 강화된다.

마케팅 부서와 재무 부서의 통제를 받으며 회사의 자원을 사용하는 것은 효과성과 효율성을 높이고 규모의 경제에 집중하고 범위의 경제를 최적화하는 최선의 방법이다. 여기에 기술의 도움으로 완전한 통합을 실현함으로써 갈등을 없애고 '원펌 사고방식'을 고취할 수 있다. 두 부서가 이미 서로의 언어를 이해하기 때문에 소통의 문제가 생길 여지가 없다.

재무 부서의 관점에서는 마케팅 부서가 전략적 사업단위로 운영 OPEX과 투자CAPEX에 필요한 예산을 요청한다. 두 부서 간 관점의 차이가 거의 없는 것은 프로세스들이 대부분 사실 기반, 데이터 중심으로 운영되기 때문이다. 가정을 설정해야 하는 상황에서는 두 부서가 공동으로 협업한다. 이처럼 완전한 상호의존성으로 인해 두 부서에 '살아도 함께 살고 죽어도 함께 죽자'는 사고방식이 고취되어 강한 응집력과 공존성이 나타난다.

재무 부서는 마케팅 부서에 운영 예산과 투자금을 전달한다. 마케팅 부서는 마케팅 활동에서 창출한 수익을 재무 부서에 제공한다. 지출된 비용의 가치를 두고는 그에 대한 목적이 분명해지고, 결과도 명확해진다. 두 부서는 동일한 비전을 가지고, 기업 전략에 일치하는 공동의 전략을 개발하고, 시스템이나 플랫폼을 함께 사용한다. 고위 임원들, 특히 CEO, CFO, CMO 간의 조정이 매우 원활해지고, '힘겨루기' 현상이 더 이상 눈에 보이지 않는다.

CFO가 직책을 겸임하는 ABB 그룹의 사례를 참고하면, 통합이 작동하는 모습이 눈에 들어온다. 이 기업의 CFO는 재무를 책임지는 데

더해 글로벌 마케팅 팀을 감독한다. 이로써 사업 운영에 필요한 부서 간 연결성이 확실해진다.[8]

재무-마케팅의 순환고리

재무와 마케팅의 순환고리는 완전히 통합된 상태에서 막힘없이 순환한다. 그에 따라 기술의 지원으로 마케팅과 재무의 통합 플랫폼도 강화된다. 그림 14.4가 이 순환고리를 한눈에 보여준다.

이 순환고리의 프로세스는 예산 배분 전 두 부서가 목표를 설정하고 목표를 달성하기 위한 전략을 수립할 때 시작된다. 게다가 두 부서는

[그림 14.4] 재무-마케팅 고리의 단순화

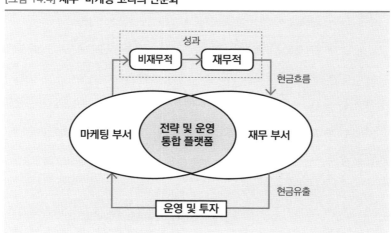

기술 또는 운영 관련 문제를 함께 정리하고 의논하여 원활한 실행 단계로 넘어가도록 한다. 그뿐만 아니라 두 부서는 모두 오프라인과 온라인 통합 플랫폼을 통해 모든 업무를 처리한다. 마케팅 부서는 적어도 세 가지 요소(마케팅, 제품, 브랜드)에 대한 마케팅 운영과 투자 활동에 예산을 할당한다.(표 14.3 참고)

[표 14.3] 고객, 제품, 브랜드 관련 재무 활동 사례

	운영(단기)	투자(장기)
고객	• 오프라인 매장 운영(매장 직원 채용, 매장 머천다이징, 매장 관리 등) • 매장 유지관리(전기, 시설, 집기 등) • 온라인 매장 관리(주문 관리, 사용자 경험 또는 인터페이스 관리 등)	• 옴니채널 플랫폼과 경험 구축 • 신규 오프라인 매장 구축 • 오프라인 매장에 신기술 적용 (인공지능, 안면인식, 증강현실 등)
	• 시장 조사(설문 조사, 포커스 그룹 토론, 심층 면접, 민속지학적 연구조사	• 시장 개발 • 리세그먼테이션과 리타기팅
	• 고객획득 프로그램	• 고객 데이터 플랫폼(CDP) 구축
	• 고객 충성도 프로그램	• 고객 충성도 플랫폼 구축
	• 고객 서비스 운영 • 애프터 세일즈 서비스	• 고객 케어 센터 구축 (챗봇 서비스 포함)
	• 고객 데이터베이스 수집 • 고객 커뮤니티 프로그램/ 사이트 운영	• 개인화 및 맞춤화 플랫폼 • 고객 애널러틱스 프로세스 구축 (빅데이터 소프트웨어 등)
제품	• 생산비용(원자재 조달 및 제조 비용) • 제품 패키징 • 제품 연구 개발[9]	• 신제품 개발 시스템과 시설 구축 • 새로운 생산시설 구축 • 제품 혁신(차별화 실현) • 신제품 특허 및 특허권

	운영(단기)	투자(장기)
제품	• 판매활동 • 브로슈어/판촉 도구 제작 • 영업사원 보상 • 제품 샘플과 무료 증정품 • 영업사원의 활동을 위한 출장비 • 전화 권유 판매활동	• 판매 인력 관리 소프트웨어 설치 • 온라인 매장의 새로운 서버와 웹사이트
	• 영업 훈련	• 새로운 학습관 건립

	• 유통/물류 활동
	• 창고 관리
	• 관과 운송
	• 재고 관리와 통제
	• 채널 멤버 관계 관리(채널 획득,
	  개발, 평가, 삭제)
		• 유통망(예를 들어, 신규 아울렛,
		  신규 유통 허브, 온라인 플랫폼,
		  창고 등)
		• 신규 채널 시스템 개발(예를 들어,
		  프랜차이즈 시스템 개발)

브랜드	• 공동 브랜딩 • 브랜드 홍보대사와의 브랜드 딜	• 신규 브랜드 인수
	• 신제품 라인 개발(보완/추가 제품)	• 신규 브랜드 개발

	오프라인 브랜드 활성화:
	• 광고
	• 이벤트 관리
	• 판매 촉진
	• 다이렉트 마케팅
	• 커뮤니티 마케팅 활동
	• PR
	온라인 브랜드 활성화:
	• 소셜 미디어 마케팅(페이스북
	  마케팅, 인스타그램 광고, 유튜브
	  광고 등)
	• 검색엔진 마케팅
	• 콘텐츠 마케팅
	• 이메일 마케팅
		• 브랜드 자산 증진
		• 브랜드 확장
		• 브랜드 회춘(brand rejuvenation)
		• 브랜드 리포지셔닝

운영과 투자 활동을 하는 마케팅 부서는 재무 부서에 입증 가능한 실적을 전달해야 한다. 우선 마케팅 부서는 유망 고객들 사이에서 혹은 구체적인 목표 시장에서 제품이나 브랜드에 대한 인식을 형성하여 여러 비재무적 목표를 달성한다. 명확한 가치 제안, 과장되지 않은 포지셔닝, 확실한 차별화, 현실적인 솔루션을 얻을 기회가 시장에서 인식된다면, 제품이나 브랜드가 강한 호소력을 발휘하고 그 결과 고객 충성도가 창출된다.

이후 영업 부서가 이 비재무적 성과를 제품 선호부터 구매 욕구, 마지막으로 구매까지 점차 재무적 실적으로 전환한다. 현금 구매가 일어나면, 그 즉시 재무 부서에 현금흐름이 발생한다. 반면에 비현금 구매가 일어나면, 재무 부서가 매출채권을 취득하고, 이 매출채권은 이후 현금으로 회수된다. 비재무 KPI의 목표 달성도가 매우 높으나 재무 실적이 만족스럽지 않으면, 무언가 문제가 있다는 결론에 이른다. 두 부서는 문제의 근본 원인을 찾아 신속히 해결하려고 노력한다.

가시적인 성과가 실적의 형태로 나오면, 두 부서 사이에 신뢰가 형성된다. 이어서 재무와 마케팅의 순환고리가 가속화된다. 본질적으로 마케팅 부서는 항상 실질적인 가치를 창출해 비재무적 지표뿐만 아니라 재무적 지표에 반영되도록 노력을 쏟아야 한다.

브랜드, 영업망, 충성 고객, 제품의 차별성 등 주로 무형자산에 대한 마케팅 투자비용은 대차대조표에 기록되지 않는다. 그렇다 해도 이 무형자산은 장부가치와 시장 가치의 차이가 보여주듯이 일정한 가격 범위에서 가치를 가진다. 만약 장부가치가 시장 가치보다 높으면, 마케팅 투자로 창출된 자산을 비롯한 무형자산이 높은 가치를 가진다. 무형자산의 높은 가치는 하나의 지표로서 회사의 미래 재무성과가 유망하다는 것을 보여준다.[10]

지금까지 설명한 내용을 바탕으로 마케팅 부서는 마케팅이 회사 업무의 전부라는 착각에서 벗어나야 한다. 이제 재무 업무도 특히 마케팅 부서 구성원들에게는 필수 업무가 됐다. 이처럼 마케터들은 재무 부서의 언어를 이해하고 숙지할 수 있다. 이 도구들을 갖춘 부서는 다른 부서와 원활히 소통하고, 고위 임원들의 회의에 참석해 전략을 논의할 준비를 마친 셈이다.

이런 이유로 마케터들을 위한 심층 재무교육과정을 개설할 필요성도 있다. 교육 기관을 섭외하거나 사내 교육 제도를 통해 교육을 제공할 수 있다. 교육과정에서는 핵심 재무비율을 소개하고, 재무 부서와 소통하는 법을 설명하고, 두 부서를 통합하는 프로세스를 단계별로 선보일 수 있다.

✓ 마케팅 부서와 재무 부서 간 파트너십은 마찰을 줄이고, 통합을 이끌며, 회사를 성장으로 이끌어간다.

✓ 마케팅과 재무의 관계는 두 부서가 분리된 집단으로 운영되는 단계에서 완전히 통합되는 단계까지 다섯 단계에 걸친 범위에서 확인된다. 요컨대, 이 다섯 단계는 완전한 분리(0 단계), 기초 커뮤니케이션(1 단계), 제한된 조정(2 단계), 포괄적 연계(3 단계), 완전한 통합(4 단계)으로 구성된다.

✓ 완전한 통합이 이루어질 때, 마케팅과 재무의 고리가 막힘없이 순환한다. 이 고리는 끊임없이 강화되고 높은 수준으로 상향된다.

✓ 마케팅뿐만 아니라 재무에 관련한 지식은 조직 전반에 걸쳐 학습되어야 한다. 이런 인식을 높이기 위해 기업들은 사내 교육과정을 열어 기초 지식을 공유해야 한다.

휴머니티를 위한 기술

하이테크, 하이터치[1]

오늘날 AI 기반의 구글 듀플렉스Duplex 어시스턴트가 고객을 대신해 미용실이나 레스토랑에 전화하는 모습을 흔히 볼 수 있다. 2018년에 최초로 소개된 이 시뮬레이션은 마치 사람이 대화하는 것 같은 인상을 준다. 구글 듀플렉스는 자연스러운 말투와 언어, 심지어 '음, 흠' 같은 말까지 사용하며 대화의 공백을 채워서 로봇이 아닌 사람과 대화한다는 착각이 들게 할 정도다.[2]

　현재 미국과 여러 국가에서 상용화된 구글 듀플렉는 사용자들을 대신해 다른 대상들과 직접 소통한다. 고객들은 구글 듀플렉스의 도움을 받아 레스토랑 예약, 온라인 영화예매 등 다양한 거래를 할 수 있다. 앞으로 듀플렉스의 서비스 범위가 대폭 확대될 것으로 예상된다.[3]

　이 기능은 AI가 얼마나 멀리 왔는지 상징적으로 보여준다. 로봇의 음성과 제한된 어휘가 사용되던 시기는 이미 지나갔다. 기술의 발전은 모바일 우선에서 AI 우선으로 전환이 일어난 것으로 특징지어진다. AI 덕분에 기술은 더욱 쉽게 접근할 수 있고 친화적이며 솔루션 지향적인 수단이 됐다.[4] AI는 더 이상 '차가운 존재'로 인식되지 않으며 인간의 소통 도구로 활용되고 있다.

[그림 15.1] 옴니하우스 모델-기술과 휴머니티 요소들

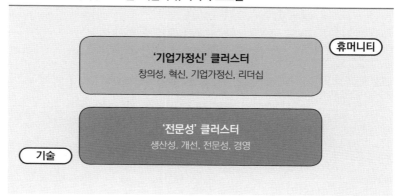

AI를 비롯한 다양한 기술이 발전을 거듭하고 있는 지금, 목적을 반드시 인간의 맥락에 두어야 한다.(그림 15.1 참고) 기업의 이해관계자들도 발전된 기술이 인간답게 사용되어야 한다는 당위성을 찾고 있다. 더군다나 삶의 질이 향상되듯이 그들은 기술이 가시적인 혜택을 제공하기를 바란다.

6장에서 기술과 휴머니티의 이분법적 구조에 대해 살펴봤다. 이번 순서에서는 기술과 휴머니티의 요소들을 통합해 수익을 늘리고 브랜드 인지도를 강화하며 고객 만족도를 높이는 법을 살펴보겠다. 여기서는 직원들과 이해관계자들, 사회, 기업 자체가 얻을 수 있는 혜택을 따져볼 것이다.

새로운 수준의 터치

1980년대 초반 미국의 미래학자 존 나이스비트John Nisbitt가 하이테크놀로지 하이터치의 개념을 처음으로 제시한 이래 그와 관련한 논의가 계속됐다. 그런데 사회의 웰빙 외 고려해야 할 요소들이 있다. 기업의 사회적 책임 활동이 비즈니스 프로세스나 사업 모델에 항상 적용되지는 않는 실정이다.

더군다나 사회지향적 마케팅에서 기업의 직원들을 필수 요소로 보지 않는 경향이 있다. 휴머니티의 혜택을 제공하고자 한다면, 그 출발점은 직원들을 대우하는 방식에 놓여야 한다. 그래야 기업들은 수익성의 원천인 고객들에게 집중할 수 있다. 그리고 장기간의 지속가능성을 위한 필수 요소인 사회를 고려할 수 있다.

마케팅의 맹점 중 하나로 휴머니티의 측면을 무시하는 태도를 들 수 있다. 이런 일이 일어나면, 마케팅은 순전히 수익 지향적인 이익 창출 수단에 머물고 만다. 그러면 기업들은 직원들, 환경, 또는 다양한 이해관계자들에게 관심을 가지지 않으면서 광범위한 공동체에 제품을 구매하라고 '설득하는' 꼴이다.

얼마 전 아마존은 거대하고도 급속한 발전을 이루었으면서도 직원복지 문제에 부딪혔다. 2019년 크리스마스에 아마존은 '더 빠른 배송' 캠페인으로 870억 달러가 넘는 매출을 끌어냈다. 이 실적은 주주들에게 매우 반가운 소식이었겠지만, 하루에 딱 두 번 15분간 쉴 수 있는 직원들에게는 재앙처럼 여겨졌을지도 모른다. 한 물류창고의 재해율 현황도 이목을 끌었는데, 그 때문에 현장 직원 600명이 휴식 시간 연장 등 근로조건 개선을 요구하는 탄원서를 회사에 제출했다.[5]

게다가 아마존은 환경 관련 문제에 직면했다. 어느 전 직원은 연례 주주 총회에서 회사의 기후 변화 정책 추진을 촉구했다고 밝혔다.[6] 아마존은 빠른 운송과 하루 배송, 특히 성수기에 식료품류의 2시간 내 배송을 제공하여 고객의 편의를 증진했다. 하지만 이 캠페인에서는 수많은 주문과 빠른 배송으로 인한 작업자 부하와 환경에 대한 영향이 평가되지 않았다. 빠른 배송을 추진하는 사이에 엄청난 양의 폐기물이 양산되고 환경오염이 발생했다.[7]

이에 대응하기 위해 아마존은 자체 비즈니스 프로세스에서 재생 에너지 사용을 장려하겠다고 밝혔다.[8] 이와 같은 활동은 다른 기업들이 아마존의 사례를 따르고 환경 중심 프로그램을 개시하게끔 자극할 정도였다. 여기서 그치지 않고 아마존의 활동은 장차 유엔의 SDG와 연계될 터였다.[9]

경쟁업체가 거의 없는 상황에서는 회사의 활동 방향에 대해 고객이 많은 발언권을 가지지 못한다. 앞서 논의한 것처럼 최근 들어 이 상황이 변하고 있다. 기업들이 고객 중심의 접근 방식을 선택해야 하는 상황에서 생산자의 협상력이 약해지고 소비자의 협상력이 강해졌다. 오늘날 고객들은 높은 수준의 지식과 정보를 갖추고 서로 연결되어 쉽게 만족하지도 신뢰를 주지도 않는다. 그래서 지금의 기업들은 빈약한

CSR 활동을 홍보하기보다는 자사의 비즈니스 모델에 사회적 요소들을 반영하려고 애쓰고 있다.

이런 점에서 100% 생분해성 일회용 봉투를 출시한 카사바 백스 오스트레일리아Cassava Bags Australia가 모범 사례를 남겼다. 카사바의 봉투는 물에서 완전히 분해되고 쓰레기 매립지에서 사라지고 여러 환경에서 흔적을 남기지 않는다. 이 봉투는 독성이 없고 팜 오일이 전혀 함유되어 있지 않으며 해양생물에도 해롭지 않기 때문에 환경에 안전하다. 카사바 백스 오스트레일리아는 기업이 선을 위한 힘이 될 수 있으며 개개인의 행동이 모여 세상을 바꿀 잠재력이 된다는 믿음을 바탕으로 설립됐다.[10] 이 봉투 덕분에 수익이 창출되고 환경이 보호되며 13번째 목표인 기후 행동이 지원된다.

그래서 모든 기업은 사회적 책임을 져야 한다는 점을 강조해야 한다. 기업의 마케팅 활동은 리더십이 확립한 가치에 기초를 두어야 한다. 즉, 기술 중심 마케팅의 목표는 가치를 통해 가치를 창출하는 것이다.

기술 생태계 구축 기업인 비트와이즈 인더스트리즈Bitwise Industries는 디지털 프로그램을 개발해 소외된 지역사회 근로자들이 기본적인 욕구를 충족하도록 도왔다. 이 회사는 식료품 주문을 관리하고 음식 배송을 추적하는 앱을 구축했을 뿐만 아니라 근로자와 일자리를 연결하는 네트워크도 도입했다.[11] 이런 활동에서 비즈니스와 사회적 관심사를 통합하고 연계하는 전략이 드러난다.

기술 중심 마케팅이 미치는 영향

실제로 우리는 새로운 유형의 기업가형 마케팅을 기술의 지원과 분리해서 생각할 수 없다. 기술은 B2B뿐만 아니라 B2C 등 기업의 마케팅에 영향을 미치는 요소이기 때문이다. 사내에서 마케팅을 적용하는 문제는 이제 마케팅의 차원 그 자체를 넘어서는 일이 됐다. 사내 마케팅은 한계나 표준을 넘어서고 협력적 활동으로 이어지고 부서 간 사일로를 무너뜨리며 기존의 부서들을 통합하는 방향으로 실행되어야 한다. 이 목적을 달성하기 위해 기술이 촉진자로서 핵심 기능을 할 것이다.[12]

기술 중심의 마케팅 접근법을 강화하는 활동에 연계해 마케터들은 안전지대에서 벗어나 새로운 기술을 습득해야 한다. 그러지 않으면 곧 경쟁력을 잃고 급기야 시장에 적합한 마케팅을 펼치지 못하게 된다. 예를 들어, 보더스Borders는 한때 미국을 대표하던 도서 음반 소매업체였다. 매우 인기를 끌었던 서점 체인 보더스는 고객의 습관이 빠르게 바뀐다는 사실을 인식하지 못한 채 결국 막대한 부채를 일으켜 소매 입지에 투자했다. 하지만 디지털 시대에 접어들고 나서 보더스는 이북과 음악 스트리밍 기술을 제때 수용하지 못했다. 부동산에 지나치게 많은 투자를 했고 기술 혁신에 충분한 투자를 하지 않았기에 보더스는 사업을 유지할 수 없었다.[13]

미래를 준비해야 하는 지금 우리는 기술과 마케팅 원리를 통합해야 한다. 그저 최신 기술을 따라잡기보다 새로운 분야를 개척하기 위해 마케팅 기술자를 영입해야만 한다. 마케팅 기술자는 사업의 성공에 필요한 기술을 설계, 운영하는 새로운 유형의 마케터로 마케팅에 연계된 활동을 수행하고 기술적 맥락을 파악하는 일을 한다. 이 새로운 부류의 마케터들은 이미 디지털화된 세상에서 마케팅의 적용방안을 찾아내고 실행에 옮긴다.[14]

2020년 전 세계 인터넷 사용자 수는 48억 3,000만 달러에 육박했으며, 세계 인구의 60% 이상이 인터넷에 연결됐다. 이 수치는 계속 상향될 것이며, 2030년에는 세계 인구의 90%가 온라인에 연결될 것으로 전망한다.[15] 이 추세에 맞춰 모바일 광고도 증가하고 있다.[16]

이 기회는 마케팅 기술이 향하는 방향으로 열려 있다. 마케팅은 한층 더 디지털화되고 고급화됐다. 이를테면, 빅데이터, 블록체인, 페이스북과 챗봇 같은 소셜 미디어 광고 도구에 힘입어 마케터는 고객들에게 맞춤화와 개인화 서비스를 확대할 수 있다.[17] 그 효과가 산업 섹터에서 다양하게 나타나겠지만, B2C나 B2B 유형에 속하는 많은 기업이 인스타그램, 틱톡, 링크드인 같은 소셜 미디어 플랫폼을 활용해왔다. 기술과 결합한 이 도구들을 통해 마케터들은 고객들의 성향, 쇼핑 선호도, 유행하는 검색 키워드 등을 파악한다.

브랜드나 제품에 새로운 기술을 최적으로 적용하려면, 마케터들이 정보 기술과 법률 등의 분야에서 사내 여러 부서의 지원을 얻어야 한다. 기업이 통찰력을 많이 쌓을수록 수립할 전략도 늘어난다. 수집한

데이터가 문제가 아니라 데이터 활용법이 문제의 관건이다.[18]

기술 중심의 마케팅 접근법은 새로운 기술을 적용하는 차원을 넘어선다. 부서들이 통합되고 새로운 사고방식이 고취되어 조직 전반에 변화가 일어난다. 맥킨지의 연구는 디지털 전환의 성공 열쇠를 몇 가지 보여준다. 그에 따르면, 기술에 능한 실무자를 고용하고, 미래 인력을 육성하고, 직원들이 최신 기술을 바탕으로 일해야 한다. 또 일상 업무를 디지털화하고, 전통적 방식과 디지털 방식으로 자주 소통해야 한다.[19]

일반적으로 기술 기반의 마케팅을 적용하면, 고객, 제품, 브랜드가 포함된 마케팅 관리 전반에 변화가 일어난다.

고객 관리

앞으로 확인하겠지만, 기업들은 기술의 도움을 받아 여러 요소에 중점을 둠으로써 고객을 매우 잘 관리할 수 있다.

• 공동체에 대한 관심 확대

초연결 시대인 지금, 커뮤니티의 중요성이 날로 커지고 있다. 기업들은 커뮤니티에 집중함으로써 시장을 잘 이해하고 고객과 관계를 맺는다. 또한 커뮤니티를 통해 고객을 이해하고 가치의 교환을 실현한다.

(오프라인에서나 온라인에서나) 커뮤니티에 친밀감을 느끼게 하는 것은 고객을 지원하는 좋은 방법이다. 쇼핑객들은 커뮤니티에서 브랜드에 친근감을 느끼는 것은 물론 서로 친분을 맺으며 교류한다.[20]

• 맥락 중심 접근법

기업은 기술의 지원을 받아 일대일 방식으로 고객을 관리할 수 있다. 또 그렇게 해야 한다. 고객들도 온라인에 연결된 이상 언제, 어디서나 소통할 수 있다. 기업들은 고객들에게 개인화된 경험을 제공할 수 있으며, 그 반대의 경우도 마찬가지다. 고객들은 제품과 서비스를 각자의 취향에 맞춰 맞춤화할 수 있다.

AI 기반 상호작용은 고객 경험이 개선되고 고객의 참여가 활발해지는 효과가 있다. 이 과정은 챗봇 같은 디지털 플랫폼에서 일어난다. 대표적 사례로, 글로벌 신용카드사 마스터카드는 고객 문의에 일일이 대답하는 챗봇을 도입했다. 이 챗봇은 계정잔고, 자금관리도구, 거래기록 등을 묻는 질문에 대답한다.[21]

콘텐츠 마케팅의 효과도 날이 갈수록 커지고 있다(주로 소셜 미디어 플랫폼에서 재미와 영감을 주고 교육하고 이해를 돕는다). 이런 활동으로 인지도를 높이고 관심을 유발하고 고객 옹호를 끌어낼 수 있다. 이에 고객들은 정보를 얻어 구매 활동을 하고 제품과 서비스를 계속 이용하게 된다.

소비자의 체험담, 사례연구, 실제 고객이 등장하는 콘텐츠는 고객의 신뢰를 얻기 위한 핵심 요소다. 이를 흔히 '사회적 증거'라고 일컫는다. 고객이 생성한 콘텐츠를 이용하고 이를 소셜 미디어에 올려 제품에 대한 솔직한 의견을 나누도록 할 수 있다. 그러면 누구나 유용한 정보를 얻고 친구들과 그 정보를 나눌 수 있다. 이 플랫폼에서 마케터들은 제품에 대한 피드백을 얻거나 마케팅 전략의 효과를 확인할 수 있다.[22]

고객이 생성한 콘텐츠는 고객과의 접점이 되고, 고객 커뮤니티 내에서 브랜드 인지도를 높이는 수단이 된다. 결국, 기분 좋은 경험은 브랜드의 신뢰성을 불러일으킨다. 이로 인해 재구매가 일어나고, 결과적으로 고객이 유지된다. 고객의 실제 경험이 콘텐츠에 담기면 고객의 만족도도 상승한다.[23]

• 현실적인 포지셔닝

고객들, 또 그보다 더 큰 집단인 대중은 여러 경로를 이용해 기업이 약속을 지키는지를 판단한다. 가치와 목적을 중시하는 고객들은 대의를 지지하려고 흔쾌히 구매 행태를 바꾼다. 그래서 고객들은 '신뢰하되 검증하라'의 원칙으로 제품 포장에 표시된 정보 이외의 것들을 점검한다. 2020년 IBM의 조사에 따르면, 브랜드를 이미 신뢰하면서도 제품을 구매하기 전 여전히 광범위한 검색을 하는 고객이 75%에 육박했다.[24]

오늘날 고객들이 날이 갈수록 똑똑해지고 기업의 내외부 사정을 잘 알기에 기업의 포지셔닝을 수용하는 고객들 사이에서 '컨센서스

Consensus(어떤 집단 구성원들 간의 일치된 의견—옮긴이)'가 표면화되는 것은 드문 일이 아니다. 이런 이유로 기업들은 약속이 현실과 일치하도록 해야 한다. 사실에 기초해 신뢰가 형성되니 고객과 대중은 기업의 메시지에 사실이 담겼는지 확인할 것이다.

자라Zara, H&M, M&S 같은 패스트 패션Fast Fashion(최신 유행과 트렌드를 즉각 반영하여 빠르게 생산, 유통하는 의류—옮긴이) 브랜드들은 저마다 지속가능한 방식의 친환경 의류 라인을 출시하고 있다. 2019년 '컨셔스Conscious'라는 친환경 소재의 의류 라인을 출시한 H&M은 지속가능 패션 트렌드를 선도하는 기업이 됐다.[25] H&M은 환경오염을 줄이고자 유기농 면과 재활용 폴리에스터 등 지속가능성이 뛰어난 소재를 사용한다고 밝혔다. 그런데 H&M의 주장을 검증한 고객들은 이를 인정할만한 근거가 부족해 사실이 오도됐다고 판단했다. 이처럼 그린워싱greenwashing(실제로 친환경 경영을 하지 않으면서 마친 친환경 경형을 하는 것처럼 홍보하는 위장 환경주의—옮긴이) 행위는 회사의 제품이 친환경적이라고 잘못된 인상을 남기거나 거짓 정보를 제시하는 일을 말한다.[26]

2021년 8월, 환경운동가들이 영국 소재 H&M 매장 쇼윈도에 들어가 시위를 벌였다. 해당 매장이 전시한 포스터에는 H&M 브랜드를 '에코 워리어 & 환경운동 전사'라고 강조하고 있었다. 환경운동가들은 광고에서 친환경이라고 홍보된 제품이 실제로는 친환경과 거리가 멀다는 사실을 보여주려고 시위를 벌였던 것이다. 이처럼 그린워싱에 대한 반응이 보여주는 것처럼 고객들은 과거와 달리 브랜드의 포지셔닝 메

시지를 더욱 비판적으로 받아들인다.[27]

제품 관리

맞춤화와 개인화가 갈수록 대세가 되어가면서 제품 관리가 점점 더 어렵고 제품과 관련된 문제들이 심화되고 있다. 이런 현실에서 기업들은 다음과 같은 활동을 취하는 것이 바람직하다.

• 진정한 차별화를 명문화하라

솔루션 플랫폼은 강력한 차별화 요인으로 이에 기반해 록인 메커니즘이 설정된다. 예를 들어, 리츠칼튼Ritz-Carlton은 자사의 기업 문화와 서비스의 토대인 '황금표준'으로 잘 알려져 있다. '우리는 신사 숙녀를 모시는 신사 숙녀입니다'라는 리츠칼튼의 서비스 철학에서 방문객과 동료들을 비슷하게 대하는 방식이 드러난다.[28] 충성도 프로그램이 밑바탕이 된 서비스 덕분에 리츠칼튼은 고급스럽고 고품질의 경험을 추구하는 숙박객들에게 세계 최고의 목적지가 됐다.

기업은 조직 DNA의 구성요소들을 찾아내 진정한 차별화를 실현할 수 있다. 그러기 위해 이 독특한 특징을 고객들에게 이해시켜야 한다. 그 구성요소들은 시장에서 적합성을 유지해야 하는데, 그에 대한 진가를 알아보는 고객들이 흔쾌히 비용을 지불하도록 해야 한다. 솔루션 플랫폼은 그와 같은 진정성을 반영해야 한다.

• 마케팅 믹스를 재창의하라

기업들은 고객의 의견을 제품 개발에 반영하고 그 기회를 확대할 수 있다. 다양한 기술 기반 플랫폼상의 공동창의 프로세스에 고객들을 참여시켜 개인 맞춤화를 실현하고, 회사의 연구개발 비용을 절감하며, 제품이 실패할 확률을 최대한 줄일 수 있다.[29] 예를 들어, 스타벅스는 '마이 스타벅스 아이디어'라는 온라인 커뮤니티를 개설해 고객이 원하는 것에 집중하고 제품과 매장 내 경험, 기업의 사회 참여와 관련한 아이디어를 수집한다.[30] 이 플랫폼에서 제공하는 공간에서 고객들은 아이디어를 나누고 개선 사항을 두고 토론한다. 스타벅스는 고객들의 의견을 바탕으로 새로운 메뉴를 출시한 것은 물론 전체 매장에 와이파이를 설치했으며 모바일 앱까지 개발했다.[31]

소비자 가격은 환율과 마찬가지로 유동적으로 움직인다. 이제 기업은 일방적으로 가격을 설정하지도, 고정하지도 못한다. 대신에 지금은 고객과 기업이 협력하여 가치를 결정할 수 있다. 우버의 기본요금은 대체로 택시 요금보다 저렴하지만, 시간과 거리, 교통상황, 탑승자가 운전자를 요청하는 수요 등 변수에 따라 유동적으로 달라진다. 이와 같은 정보가 있어서 고객들은 요금을 평가하고 해당 요금이 자신들에게 타당한지 판단한다.[32]

기업과 고객의 수평적 관계가 강화되는 상황에서 판매촉진 활동은

[그림 15.2] 피지털 라이프스타일(phygital lifestyle)[33]

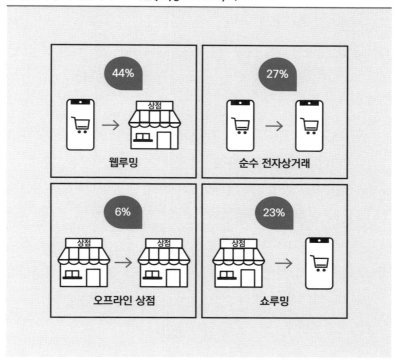

본질적으로 양방향 대화가 되어야 한다. 대표적인 사례를 들자면, 미국에 기반을 둔 금융 솔루션 제공업체 패러다임 라이프Paradigm Life는 대화식 금융 지식 퀴즈를 만들었다. 이 방식으로 고객들이 자신의 금융 지식 수준을 확인할 수 있다. 그래서 퀴즈에서 높은 점수를 얻지 못한 사람들은 무의식 중에 자신들에게 패러다임의 서비스가 필요하다고 인식한다.[34]

- **판매 채널을 재설계하라**

  판매활동은 옴니채널 능력이 지렛대가 되어 솔루션 중심으로 실행
되어야 한다. 오프라인 거래 기업들은 온라인에서 생존해야 하며, 반
대로 온라인 거래 기업들은 오프라인에서 생존해야 한다.(그림 15.2
참고)

  그림 15.2에서 웹루밍은 소비자들이 먼저 온라인에서 상품에 대한
정보를 검색한 다음 물리적 매장에서 구매하는 소비 행태를 말한다. 쇼
루밍은 웹루밍에 반대되는 개념으로 물리적 상점에서 제품을 살펴본
후 온라인에서 구매하는 소비자의 행동을 의미한다.[35] 옴니채널 판매
프로세스에서는 고객의 선호를 충족시키고 고객들을 적극적으로 참여
시키는 활동이 계속된다. 판매사원은 기술의 도움을 받아 보다 면밀하
고 정확한 관점으로 고객 개개인의 필요를 살피고, 솔루션을 제안하며,
투명한 거래 프로세스로 판매를 성사시킨다.

브랜드 관리

  고객을 인간답게 만들겠다는 확고한 방침에 따라 브랜드 정체성과
메시징에 인간다움을 반영하는 방향으로 브랜드 관리를 이끌어가야
한다. 그러기 위해 기업들은 브랜드 메시징에서 다음 원칙에 충실해야
한다.

- **확실한 캐릭터를 구축하라**

  마치 인간처럼 행동하는 기술을 사용하는 것이 대세가 되고 있다. 이에 경영진은 인간처럼 활동하는 캐릭터를 브랜드에 확실히 부여해야 한다. 나이키는 20년 넘게 광고 문구에 '저스트 두 잇Just Do It'이라는 태그라인을 사용해왔다. 이 문구는 단순하면서도 강렬하며 경쟁력이 있다. 나이키는 여기서 그치지 않고 이 문구를 이용해 여성 스포츠 선수들의 역량 강화 캠페인을 진행했다. 이 문구는 나이키에서 단순한 슬로건의 차원을 넘어 철학으로 통한다.[36]

- **배려심이 스며들게 하라**

  고객 지원과 관련해 기술을 이용하여 선행적 대책을 수립할 수 있다. 애널리틱스를 활용해도 공통의 페인포인트와 고객의 욕구가 확인될 것이다. 분석 결과를 바탕으로 상황 대처방식을 조정할 수 있다.

  2018년 스포티파이는 패턴을 감지해 음악을 추천하는 음성 인식 기술을 특허 출원했다. 이 기술을 이용해 음성 인식 기능에 이전에 재생된 노래 등 여러 정보를 결합한 다음 사용자에게 새로운 노래를 추천할 수 있다.[37]

- **공동작업을 허용하라**

  고객들과 공동작업을 하고 고객들이 스스로 마치 아웃소싱 같은 작업을 할 때 쌍방향 프로세스가 실행된다. 이와 같은 프로세스에서 역할

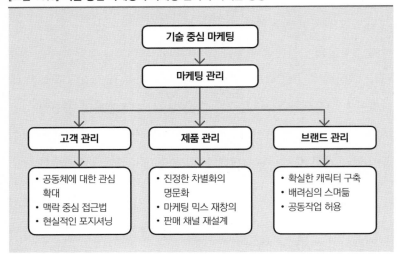

[그림 15.3] 기술 중심 마케팅이 마케팅 관리에 미치는 영향

기술 중심 마케팅

마케팅 관리

고객 관리	제품 관리	브랜드 관리
• 공동체에 대한 관심 확대 • 맥락 중심 접근법 • 현실적인 포지셔닝	• 진정한 차별화의 명문화 • 마케팅 믹스 재창의 • 판매 채널 재설계	• 확실한 캐릭터 구축 • 배려심의 스며듦 • 공동작업 허용

이 할당될 때, 고객들은 회사와 떼어놓을 수 없는 관계가 된다. 더 나아가 기업들은 특정한 디지털 비즈니스 생태계에서 다수의 이해당사자들과 협업할 수 있다.

싱가포르 항공은 공식 웹사이트와 앱, 체크인 서비스 키오스크, 또는 체크인 카운터를 통해 여러 체크인 옵션을 제공하는 식으로 승객들과 협업을 한다. 게다가 창이 국제공항의 터미널에서 승객들은 자동화된 수하물 처리 시스템을 이용하는데, 화면에 나오는 지시사항에 따라 셀프서비스 키오스크에서 태그를 인쇄해 수하물에 부착한 다음 컨베이어 벨트로 옮긴다.[38] 이 절차를 따르는 승객들은 대기행렬에 줄을 서지 않아도 된다. 그와 동시에 싱가포르 항공 직원들의 업무 부담도 줄어든다.

이처럼 기업은 공동작업으로 고객들을 가치 창출 프로세스에 참여시킨다. 한편, 고객들은 필요로 하는 제품이나 서비스의 전달 과정을 전부 다 살펴볼 수 있다. 이를테면, 음식 배달을 기다리는 고객들은 흔히 음식의 현재 위치를 알고 싶어 한다. 이때 추적 시스템을 이용해 음식이 도착할 때까지 배달 과정을 지켜볼 수 있다.

기술은 적절한 마케팅 전략과 함께 모든 이해관계자들에게 긍정적 영향을 미친다.(그림 15.3 참고) 기술 중심 마케팅은 양질의 고객 관리, 제품 관리, 브랜드 관리로 이어진다. 다음 장에서 기술과 휴머니티의 강력한 영향력이 조합되어 발생시키는 추가적인 혜택을 살펴보겠다.

───────── | 핵심 요약 | ─────────

✓ 마케팅에서 기술을 활용해 직원 복지 수준에서, 또 더 나은 사회를 위한 장기적인 지속가능성을 달성하는 차원에서 높은 수준의 접점을 형성할 수 있다.
✓ 기술 중심 마케팅이 공동체에 대한 관심 확대, 맥락 중심 접근법, 현실적인 포지셔닝 같은 요소에 집중될 때, 고객 관리에서 긍정적 효과가 발생한다.
✓ 제품을 관리하기 위해 마케팅에 기술을 접목해 진정한 차별화를 명문화하고, 마케팅 믹스를 재창의하고, 판매 채널을 재설계한다.
✓ 마케팅에 기술을 더해 브랜드의 캐릭터를 활성화하고, 배려심이 스며들게 하고, 협업의 기회를 확대할 수 있다.

공동체를 위한
기술을 사용하라

가치 확대에 각종 툴 활용하기

공동의 인간 선, 고객, 사회를 위해 기술을 사용해야 그 기술이야말
로 진정한 인간다움을 위한 기술이라고 우리는 알고 있다. 이런 기술이
하이터치high touch가 아닌 하이어터치higher touch인 것은 전체적으로 모든
이해관계자의 관점과 광범위한 의미를 담고 있기 때문이다. 그래서 이
장에서는 기술에 대한 세부 사항을 다루기보다는 기업들이 기술을 이
용하는 방법, 그에 따른 영향을 따져볼 것이다. 이번 장에서는 사람들,
고객들, 이해관계자들에게 도움이 되는 기술을 살펴보겠다. 이어서 그
기술이 기업 활동에 일으키는 효과를 고찰해보자.

구성원을 위한 기술

　기업들은 조직의 인재가 효율성을 최적화하도록 기술을 이용할 수
있다. 그 기술은 기업이 속한 업종에 따라 달라진다. 이번 순서에서는
업무 관리에서 생산성과 인간다움을 강화하는 요소들을 다뤄보겠다.

- **보상 관리 소프트웨어**

보상 관련 디지털 도구는 기업들이 급여를 관리할 때 도움이 된다. 이를테면, 직원 급여 내역이 소프트웨어의 대시보드에서 확인되고, 직원들의 실적에 따라 급여가 조정된다. 이를 토대로 기존의 예산이 최적으로 사용되고 전 직원에게 공정하게 운영되도록 정책을 수립할 수 있다.[1]

무료 온라인 마켓플레이스 공급업체 캡테라Capterra는 페이콤Paycom 소프트웨어로 인사관리를 한다. 이 소프트웨어로 신규 직원 채용, 휴가일 관리 등 인사부서의 업무 전반을 관리할 수 있다. 이와 같은 솔루션으로 유연한 일정 관리가 가능해 생산성이 높아진다.[2]

- **클라우드 컴퓨팅**

이 기술을 이용하는 직원들은 클라우드를 통해 중앙 서버에 연결되어 파일과 데이터, 기타 컴퓨팅 서비스를 이용한다. 이렇게 직원들은 원격으로 각자의 업무를 처리할 수 있다.[3] 클라우드 컴퓨팅은 투명성을 제공하며, 동시에 사내 부서 간 협업을 강화시킨다.[4]

한 설문 조사에서 응답자의 55%는 클라우드 컴퓨팅 데이터가 혁신적인 협업 도구가 됐다고 답했다. 게다가 응답자의 64%는 클라우드 컴퓨팅의 협업 도구가 비즈니스 작업을 신속히 수행하는 데 도움이 됐다고 말했다. 그뿐만 아니라 90%가 조직의 리더인 응답자의 58%는 클라우드 컴퓨팅에 의해 비즈니스 프로세스가 개선된다고 밝혔다.[5]

- **협업 플랫폼**

협업 플랫폼은 작업을 수행하는 사람들 간에 가상의 소통을 활발하게 한다. 사람들은 손쉽게 문서를 공유하고 정보를 공유한다. 원격으로 로그인하는 작업자들이 늘어남에 따라 협업 도구는 그 어느 때보다 중요한 기능을 하고 있다.

- **데이터 애널러틱스**

데이터 애널러틱스는 특정한 알고리즘을 바탕으로 데이터를 처리하여 현재 발생한 사실을 서술하고(서술 분석), 문제의 원인을 찾는(진단 분석) 기법이다. 이력 데이터를 토대로 앞으로의 결과도 예측한다. 예컨대, 아마존은 인터넷에서 활동하는 고객들의 데이터를 수집해 개별 고객에게 적합한 항목을 추천한다. 고객의 검색량이 많을수록 고객 선호에 대한 예측과 추천의 정확도가 높아진다. 애널러틱스에서는 사용자 정보를 바탕으로 프로파일을 구축해 다른 유사 프로파일들과 비교할 수 있다. 그에 따라 아마존은 유사한 사용자들이 구매한 제품들을 추천한다.[6]

- **증강현실과 가상현실**

증강현실AR과 가상현실VR은 최근 떠오르는 기술로 작업 효율을 개선하는 기능을 하고 있다(증강현실과 가상현실의 장점을 합친 기술을 혼합현실MR이라고 한다).[7] AR은 태블릿이나 스마트폰에서 바로 실행되며 VR과 달리 별도로 헤드셋이나 콘솔이 없어도 작동한다. 이 기술은 교육에서 활용되기도 한다. 좋은 예로, CAE 헬스케어는 마이크로소프트 홀로렌즈와 호환되는 기기를 이용해 의료인력을 교육하고 3차원 환경에서 복잡한 의료시술 실습을 진행한다.[8]

• 3D 프린팅

이 기술은 레이어를 하나씩 쌓아올려 3D 물리적 객체를 제작하는 프로세스를 말한다(적층제조라고도 한다). 3D 프린팅은 건설, 자동차, 패션, 의학 등 다양한 산업에서 활용된다. 이를테면, 3D 프린터를 이용해 인공뼈, 인공관절 골접합용판을 (대개 맞춤화로) 제작할 수 있다. 그간에 100가지가 넘는 임플란트와 의료기구가 3D 프린터로 제작되어 미국 FDAFood and Drug Administration의 허가를 받았다.[9]

전통적인 방법으로는 디자인과 시제품이 오고 가는 사이 상당한 시간이 소요된다. 이와 달리 3D 프린팅 기술을 이용하면, 해당 프로세스의 효율성이 높아진다. ABB 로보틱스ABB robotics가 3D 프린팅으로 시제품 제작 시간을 5주에서 단 한 시간으로 줄인 것이 대표적인 사례다.[10]

• 로봇공학/자동화

제조업을 포함한 여러 산업 분야에서 오래전부터 로봇공학 기술이 생산 공정에 활용됐다. 로봇이 인체공학적으로 인간의 임무를 돕고 안전성과 생산성을 높인다는 인식이 널리 퍼져 있다. 번거로운 작업도 로봇에게 맡기면 자동화 기술로 처리된다.[11]

이 기술은 우수하고 일관된 품질과 높은 생산성 성장률을 달성하는 해법을 제시한다. 하지만 우리는 기술의 과잉이 열악한 상황을 초래할 가능성을 배제하지 못한다. 아마존의 물류창고에서는 자동화 관리 시스템이 작업자들의 작업 속도를 측정하고 시간당 물량 처리 개수를 바탕으로 생산량 비율을 제시한다. 아마존 노동자들은 쉬지 않고 작업을 해야 하는 압박에 시달리거나 빨리 작업을 처리하지 못해 해고될 위험에 놓인다고 밝혔다. 환경이 너무 열악하다 보니 2018년 정규직 직원의 거의 10%가 심각한 부상을 입었다.[12]

• 산업용 사물인터넷

산업용 사물인터넷IoT는 우리가 인더스트리 4.0으로 알고 있는 산업혁명의 핵심 동력이다. IoT는 기계 간M2M 통신, 자동화, 무선 제어에 두루 적용된다. 자동차, 의료보건, 제조, 교통, 물류, 소매 등은 다양한 산업 섹터에서 IoT가 혜택을 선사하고 있다[13]

이로써 기업의 직원은 다음과 같은 이점을 누린다.

직장생활의 질. 직원들은 가치 창출 프로세스에서 기술이 다루지 못하는 사안에 관심을 유지한다. 인텔이 진행한 설문 조사에서 응답자의 1/3 이상이 밝혔듯이, 치안, 보건 의료, 교통 분야의 IoT 솔루션이 응

답자들의 공동체에 이미 설치됐거나 곧 설치될 예정이다.[14]

비용 효율. 이 기술을 이용해 운영 비용을 절감하고 이익을 늘릴 수 있다. 제조 산업에서 사용되는 IoT는 생산현장의 설비를 추적 관찰하고 예측 분석을 적용해 유지보수 비용을 절감한다.[15] 제너럴 일렉트릭 General Electric은 IoT를 채택하여 2026년까지 대략 19조 달러의 수익과 비용절감 효과를 낼 것으로 예상했다.[16]

유연성 확대. IoT가 적용된 현장에서 작업자들이 생산성을 높이면서도 손쉽게 원하는 방식으로 작업을 처리한다. 항공우주 기업인 에어버스Airbus는 스페인에 소재한 모든 현장에 IoT를 적용해 생산 프로세스를 간소화했다. 대다수의 항공기 부품에 센서가 장착되어 있어 실시간으로 항공기의 움직임이 추적되기 때문에 직원들이 원격으로 결함이나 유지 보수해야 할 사항을 효율적으로 점검할 수 있다.[17]

고객을 위한 기술

기술을 사용하는 주요한 이유는 직원들에게 인간다운 삶을 보장하고 그래야 결국 고객들에게 인간다운 삶을 선사할 수 있기 때문이다. 한편으로 기업은 이 기술을 이용해 고객들을 착취하지 않고 인간답게 대할 수 있다. 다음에 소개하는 기술을 이용해 고객들에게 질 높은 삶을 제공할 수 있다.

- **고객 데이터 플랫폼**

다수의 시스템이 접속 가능한 통합 데이터베이스를 통해 기업은 다양한 접점에서 고객 정보를 파악할 수 있다. 이렇게 구매자들에게 적절한 방식으로 개인화된 제품과 서비스를 제공할 수 있다. 한 사례를 소개하자면, 온라인 음악 분석회사 넥스트 빅 사운드Next Big Sound는 스포티파이 스트림 기록, 아이튠즈 구매항목, 사운드 클라우드 플레이 리스트, 페이스북의 좋아요 기록, 위키피디아 온라인 방문 기록, 유튜브 조회 수, 트위터의 맨션mention 기록을 집계하여 향후 유행을 선도할 음악 트렌드를 예측한다. 이처럼 정보를 수집하는 기업은 소셜 미디어의 인기도, TV 출연의 영향, 또 음악 사업에서 매우 귀중한 데이터에 대한 분석적 통찰을 얻을 수 있다.[18]

- **온라인 결제 시스템**

전자 결제는 점점 더 종래의 현금 결제 방식을 대체하고 있다. 실제로 우리는 현금 없는 사회로 나아가고 있으며, 인터넷 네트워크와 디지털 기술 기반의 전자 금융 거래가 이미 우리 삶에 깊숙이 자리를 잡았다. 온라인 결제 방식의 발전은 온라인 쇼핑의 유행과 인터넷 금융 트렌드와 맥을 같이 한다.

- **챗봇과 가상 비서**

일찍이 AI를 가상 비서로 활용할 방법에 대해 논했다. 가상 비서 같은 로봇은 사용자의 물음에 신속히 답하는 일부터 특정한 장소를 정확히 알려주고 식당이나 미용실을 예약하는 일까지 사용자의 요청대로 다수의 작업을 처리한다.

미국의 대형 화장품 유통업체 세포라Sephora가 챗봇을 이용해 고객 경험을 개선하고 있는 것이 좋은 사례다. '세포라 예약 도우미'는 챗봇에게 메시지를 보내서 고객이 미용실을 예약하도록 돕는 서비스다. 게다가 세포라가 갖춘 지능형 학습 기술이 고객의 언어를 이해하고 쌍방향 소통을 강화한다.[19]

• 사물인터넷

사물인터넷은 일상에 있는 물리적 객체와 인터넷이 연결되어 사람들의 삶을 지능적으로 만들어준다. 예컨대, 우리는 집에서 스마트폰으로 각종 기기나 전자제품을 제어할 수 있다. 알렉사와 시리가 음성 명령에 반응하는 모습을 떠올리면 이해하기 쉽다.

이와 관련하여 IT 서비스와 컨설팅, 비즈니스 솔루션 업체인 타타 컨설턴시 서비스Tata Consultancy Services가 세계 시장을 선도하고 있다. 이 업체는 IoT를 통해 수영장을 관찰 추적한다. 수영장 주인들은 IoT의 힘을 빌려 원격으로 수영장 환경을 제어하고 온도와 조명을 조절한다. IoT 시스템은 고객들을 지원 부서에 연결하기도 한다. 시스템에 문제가 있으면, 기술자가 원격으로 문제를 해결한다.[20]

- **커뮤니티 플랫폼**

이 툴은 많은 사람들, 특히 소비자들에게 정보의 중심으로 자리 잡고 있다. 존슨앤드존슨의 임신 육아 정보 웹사이트인 베이비센터가 임신과 육아 이야기를 나누고자 하는 초보 엄마들에게 커뮤니티 플랫폼이 된 사례는 시사하는 바가 크다. 이 웹사이트에서는 아기 이름 찾기, 아기 기저귀 갈기 교습 등 엄마들이 필요로 하는 정보와 기능이 제공된다. 게다가 고객의 출신 국가에 따라 웹페이지가 해당 언어로 보여진다.[21]

이처럼 온라인 커뮤니티 플랫폼으로 개방적이고 수평적인 소통을 유도해서 브랜드가 고객 참여를 확대하는 결과를 낼 수 있다. 동영상 콘텐츠와 게임화도 이 방식에 포함될 수 있다. 이와 같은 고객 참여를 바탕으로 기업은 고객을 이해하고 제품과 서비스 개선을 위한 정보를 얻을 수 있다.

- **AR과 VR**

오늘날 다양한 분야에서 AR과 VR 기술이 고객 경험의 질을 높이고 있다. 예를 들어, 패션 업종에서는 소비자들이 AR의 도움을 받아 '현실 세계'에서 물품을 살펴보는데, 구매 과정에서 소비자들의 신뢰가 높다. 병원과 관광 업종을 보면, 호텔 객실 안에서 가상의 공간을 방문할 수 있다. 여행사는 관광을 예약하는 여행객들이 마치 현실처럼 유명한 관광지를 둘러보게 해줄지도 모른다.[22]

• 안면 인식

안면 인식 기술은 실시간으로 혹은 사진이나 동영상으로 생체정보를 인식해 신원을 확인하는 방법이다.[23] 애플은 안면 인식을 이용해 애플 ID와 연동되는 결제정보를 관리한다. 이 기능으로 애플 환경에서 이루어지는 모든 결제에 대한 보안이 유지된다. 안면 인식으로 암호가 자동으로 입력되어 효율성이 향상되는 효과도 있다.[24]

안면 인식 기술은 금융 업계에서 디지털 거래에 널리 활용되고 있다. 미국에서는 약 1만 1,000개의 금융기관이 안면 인식 기술을 이용해 고객의 신원을 확인한다. 흔히 계정 로그인 같은 일회성 거래에도 안면 인식이 적용된다. 이와 같이 사용자 친화적 시스템이 고객 충성도를 높인다.[25]

이 기술의 도움을 받는 고객들은 다음과 같이 양질의 경험을 얻는다.

고객 접촉 강화. 고객은 개별적 관심을 받을 때 스스로 가치가 있다고 느낀다. 이는 FAQ 페이지보다는 라이브 고객 서비스로 가능한 일이다. 고객은 누구나 빠른 솔루션을 얻고 싶어 하고, 그래서 우리는 고객 서비스를 우선순위로 삼아 고객의 필요를 충족시킨다. 챗봇 같은 자동화 시스템을 이용해 고객의 FAQ 데이터를 심층적으로 분석할 수도 있다.[26]

시장에 적합한 제공물. 마케터와 기업은 고객을 제대로 이해해야 고객이 원하는 것을 고객이 원할 때 제공할 수 있다. 이 원칙을 견지하는 기업이 고객생애가치에 긍정적 영향을 미칠 수 있다.

매끄러운 고객 경험. 고객들이 희망하는 것에 따라 다양한 접점에서 디지털과 물리적 방식으로 고객들에게 정보를 제공하고 상호작용을 일으킬 때 고객들의 환호를 자아낼 수 있다. 한 연구에 따르면, 고객의 73%가 자신들의 브랜드 충성도를 끌어올리는 핵심 요인으로 양질의 경험을 꼽았다.[27]

사회를 위한 기술

기업은 사회 공동체의 건강과 행복을 유지하는 덕목을 간과해서는 안 된다. 따라서 기업들은 사회를 위한 최선의 이익에 기여되도록 기술 개발에 투자를 할당해야 한다. 그런 기술은 다음의 범주를 아우르는 친환경 기술과 관련이 있다.

• 친환경 소재

기업들이 천연소재든 인공소재든 친환경 소재를 이용하는 경향이 날로 강해지고 있다. 따라서 사회를 해치고 건강 문제를 일으키는 유해 폐기물을 줄이는 것이 목적이다. 그런 일환으로 미국의 생활용품 업체 세븐스 제너레이션Seventh Generation은 30년 전부터 개인생활용품과 유아

용품 등을 친환경 제품으로 공급해왔다. 더 건강하고 지속가능하며 공정한 세대를 형성하는 일을 가치 있게 여기기 때문이다. 세븐스 제너레이션은 지금 세대는 물론 다음 세대에 대한 책임이 있다고 믿는다. 이런 이유로 이 회사는 재활용되는 식물 기반 제품과 포장재를 사용한다.[28]

기업들은 공동체에 혜택을 돌려줄 뿐 아니라 폐기물 처리 비용을 절감하고 환경오염을 막을 수 있다. 유해 폐기물은 근본적으로 생분해성 물질로 대체된다.

덴마크의 도시 칼룬보르Kalundorg는 산업공생을 실현한 대표적 사례로 각 기업에서 배출된 폐기물을 재활용한다. 산업공생은 폐기물 제로를 목표로 한 방안으로 환경에 도움이 되고 기업의 폐기물 처리비용이 절감되는 효과가 있다.[29]

• 녹색 제조

제조 공정에서 재활용 소재를 사용하는 사례가 늘어나는 것은 대중이 환경에 관심을 가지는 흐름과 맥을 같이 한다. 재활용 소재를 사용하는 경우 폐기물 더미가 감소하고 쓰레기가 가치 있는 제품으로 탈바꿈되기도 한다. 기업의 재활용 정책은 토양오염, 수질오염, 대기오염을 줄이는 효과를 낳는다.

에스티로더Estée Lauder의 글로벌 환경문제와 안전Global Environmental Affairs and Safety(이하 EAS) 담당 팀은 폐기물을 최소화한 눈부신 기록을 가지고 있다. 이 회사가 소유한 23개 제조와 유통 시설은 쓰레기 매립지로 폐기물을 전혀 보내지 않았다고 한다. 재활용할 수 없는 폐기물은 소각하여 에너지로 전환했다.[30]

사회에 혜택을 제공하는 일 외에도 기업은 재활용 소재를 이용해 상당한 비용을 절감할 수 있다. 이와 관련한 정책으로 원자재 수요를 줄이고 에너지를 절약할 수 있다. 예를 들어, 유니레버Unilever는 '다시 사용하기, 다시 채우기, 다시 생각하기' 캠페인을 시작했다. 이 캠페인은 소비자들이 용기를 버리지 않고 재활용하도록 독려하는 방법으로 플라스틱 폐기물을 줄이자는 취지로 시작됐다. 유니레버는 이 캠페인을 진행한 이후 플라스틱 용기 생산량을 줄였으며, 그 결과 플라스틱 용기의 생산비용을 절감했다.[31]

그런데 현재의 재활용 정책만으로는 여전히 부족하다. 기업들은 운영하는 사업에서 재생 가능 에너지원 사용 절차를 밟아 기준을 높이고 있다. 이와 같은 정책을 시행하면 비청정 에너지가 유발하는 오염도 줄일 수 있다.

제조 시스템의 거의 모든 부문에서 전기가 사용된다. 미국에서는 탄소 발자국 중 29% 이상이 화석연료를 공급원으로 하는 전기 부문에서 발생하다. 우리는 각각의 자원이 발생시키는 배기가스 배출량을 따져볼 수 있다. 전기 공급원인 천연가스는 1킬로와트시당 0.6에서 2파운드의 이산화탄소를 배출한다. 이와 달리 풍력과 수력 같은 재생 가능 에너지원은 1킬로와트시당 0.02에서 0.5파운드의 이산화탄소를 배출

한다.[32]

기업이 친환경 기술을 구현할 때, 해당 기업의 제품을 사회 구성원 모두가 사용하지는 않는다 한들 이런 기업이 존재함으로써 소비자들은 혜택을 얻는다. 소비자들이 얻는 혜택은 다음과 같다.

환경의 질 개선. 기술을 이용해 더 살기 좋은 공동체 환경을 구성할 수 있다. 공기와 토지, 물이 깨끗해지면 건강에 해로운 요소가 줄어들기 때문이다.

사회적 비용 감소. 건강한 사회가 될수록 정부가 부담하는 사회적 비용이 감소한다. 석탄 발전소나 천연가스 발전소는 건강에 해로운 온실가스를 배출한다. 게다가 미국에서 매년 발생하는 산불과 홍수 피해액과 보험비용이 수십억 달러에 달한다. 기업들이 친환경 기술을 사용하고 환경오염 피해를 줄여나갈 때, 정부는 그 자금을 다른 우선순위에 할당할 수 있다.[33]

기업 활동에 내재된 CSR. 이제 기업의 사회 공헌 활동을 비즈니스 프로세스에서 분리하여 생각할 수 없다. 기업은 다양한 가치 창출 프로세스의 통합된 부분으로 사회 공헌 활동을 이어가야 한다. 쉘Shell로 알려진 로얄 더치 쉘Royal Dutch Shell은 CSR이 각인된 세계적인 석유 에너지 기업이다. 쉘의 CSR은 아이디어 발상을 지속가능한 비즈니스로 발전시키는 기업가의 수완을 청년들에게 함양하는 것이다. 쉘은 청년들에게 교육과 워크숍, 멘토링을 제공한다.[34]

기술이 기업에 미치는 영향

앞서 살펴본 것처럼 기술은 기업의 세 주요 이해관계자들(구성원, 고객, 사회)에게 다양한 영향을 미친다. 이제 다음 물음을 던져야 한다. 기술이 자사에 미치는 영향은 무엇인가? 주주들에게는 어떤 영향을 미칠까?

이 물음과 관련해 그림 16.1이 보여주듯이, 휴머니티 모델에서 필수 촉매의 기능을 하는 기술이 어떤 영향을 미치는지 확인할 수 있다.

[그림 16.1] **휴머니티 모델-기술의 영향**

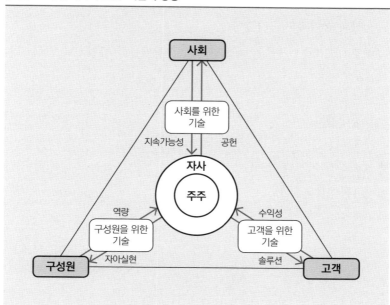

- 자아실현과 역량발휘

조직 구성원들을 위한 기술을 활용하는 기업은 직원들이 금전적 보상을 달성할 뿐 아니라 자아를 실현하도록 돕는다. 기업이 기술을 이용해 직장생활의 질을 개선할 때, 직원들은 높은 생산성을 발휘해 결국 모든 일에 열정을 발휘하고 모든 역량을 쏟는다.

- 솔루션과 수익성

기업은 고객을 위한 기술을 이용해 제품과 서비스를 넘어서는 솔루션을 제공할 수 있다. 기술의 지원을 받는 고객들은 회사를 최대한 활용해 탁월한 경험을 하게 된다. 결국, 구매자들이 회사의 선호도를 높이고 수익성을 창출한다.

- 사회 공헌과 지속가능성

이를 실천하는 기업은 대중의 눈에 존경할만한 사업체로 인식된다. 기업들은 친환경 기술에 기반해 공동체의 행복과 복지를 증진할 수 있다. 이와 같은 선의가 잘 전달되면, 공동체는 기업의 진가를 알아보고 지지를 아끼지 않는다. 이로써 기업의 지속가능성이 보장될 수 있다.

구글은 일하기 좋은 혁신적인 회사로 인정받는 것은 물론 친환경 기업이라는 평판을 얻었다. 구글은 전 세계 다른 기업들과 달리 데이터 센터에서 에너지 사용량을 50%나 줄였으며, 재생 가능 에너지 개발 프로젝트에 총 10억 달러를 투자했다. 구글의 서비스(예를 들어, 지메일)는 종이 사용량을 줄이는 효과를 낸다.[35]

기업은 조직의 인재들과 양립하고 고객 만족을 우선으로 하며 사회

[그림 16.2] CPS 사이클

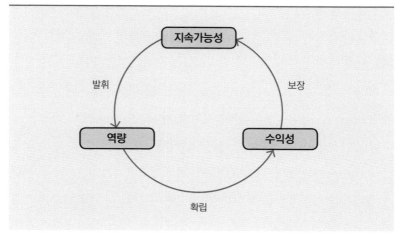

에서 높은 평가를 받을 때 이해관계자들로부터 존경과 지지를 얻는다. 이보다 더 나은 것은 무엇이 있을까? 이 세 주요 이해관계자들은 회사를 앞으로 나아가게 하는 동력으로서 역할을 한다. 결국에 기업이 추진하는 마케팅 활동의 목표는 사회 공헌이다.

그림 16.2에서 CPS 사이클이 보여주듯이, 휴머니티 모델(역량, 수익성, 지속가능성)에서 기술의 영향을 받는 이 세 가지 요소 사이에 흥미로운 사이클이 존재한다.

기업은 관련 역량(또는 고유의 역량)을 바탕으로 경쟁하고 경쟁자들보다 더 나은 성과를 달성한다. 이처럼 좋은 성과를 달성해야 예상대로 충분한 수준의 수익성을 실현할 수 있다. 또한(물론 관련 이해관계자들도 포함해) 고객을 제대로 만족시키는 기업이 장기간 수익성을 유지하거나 높일 수 있다. 이어서 기업이 수익성을 계속 유지해야 지속가능성을 실현하고, 결국 다음 단계의 역량을 개발할 기회를 얻는다. 문제는 어떻게 회사의 수익성과 지속가능성을 유지하는가이다.

60년 '전통'을 자랑하는 월마트를 들여다보자. 월마트의 CEO 더그 맥밀론Doug McMillon이 한때 밝힌 것처럼 월마트는 계속해서 역량을 구축하고 갈수록 더 공격적이고 빠르게 사업을 추진하고 있다. 견고한 공급사슬을 보유한 월마트는 비용 우위 유지전략을 실행하고 있다. 게다가 월마트는 유통센터를 포함한 거의 모든 부분에 자동화 기술을 적용했다. 심지어 고객과의 소통도 로봇이 담당한다. 월마트는 규모의 경제를 성공적으로 달성했으며, 소매 부문을 넘어 사업을 다각화했다. 이 모든 행보는 소매만으로는 미래에 계속 생존하지 못한다는 판단에서 기인한 것이다.[36]

그 외에도 월마트는 환경에 대한 확고한 계획을 수립했다. 그 일환으로 2035년까지 100% 재생 가능 에너지 사용, 2040년까지 탄소 배출 제로를 목표로 하고 있다. 2040년까지 냉각용 저충격 냉매와 난방용 전기 장비로 전환한다는 목표도 세웠다.[37]

월마트는 혁신을 계속해 조직의 민첩성을 구축했다. 그에 따라 적절한 전략을 사용해 경쟁우위를 형성함으로써 수익성을 유지하고 지속 가능한 기업이 됐다. 이와 같이 월마트는 CPS 사이클의 본보기를 보여주고 있다.

기업은 늘 CPS 사이클이 선순환을 일으키도록 그와 관계된 모든 요소에 주의를 기울여야 한다. 만약 그 요소 중 하나라도 문제가 생기면, 회사는 악순환에 빠지고 만다. 기업이 선순환 사이클을 확립하고자 한다면, 기술로 촉진되는 소통과 통합을 통해 모든 이해관계자의 마음을 얻어야 한다. 그래서 기업들은 기술이 확실히 휴머니티를 위해 설계됐다는 점을 분명히 해야 한다.

앞으로 기업들은 이해관계자들의 복지를 증진하는 방향으로 기술을 다루고 적용해야 유리한 결과를 창출할 수 있다. 다른 무엇보다도 직원들이 인정받고 권한을 부여받았다고 느껴 생산성을 발휘할 것이다. 사회 전반도 잘 적용된 기술의 혜택을 누린다. 이해관계자들은 주변에 이익을 다시 돌려주는 회사를 높이 평가하기 마련이다. 비즈니스 활동을 관찰, 점검하고 미래에 초점을 맞추는 기업이 CPS 사이클의 선순환을 유지한다.

------ | **핵심 요약** | ------

- ✓ 기업들은 보상 소프트웨어, 클라우드 컴퓨팅, 데이터 애널러틱스, 가상현실과 증강현실, 3D 프린팅, 로보틱스/자동화, 산업용 사물인터넷 등의 기술을 이용해 인재관리를 최적화할 수 있다.
- ✓ 고객의 삶에 영향을 미치는 기술로 고객 데이터 플랫폼, 온라인 결제 시스템, 챗봇과 가상 비서, 사물인터넷, 커뮤니티 플랫폼, 증강현실과 가상현실, 안면 인식 등을 들 수 있다.
- ✓ 사회에 영향을 미치는 측면에서 기업들은 기술의 도움을 받아 친환경 소재와 친환경 제조 이니셔티브를 가지고 삶의 질을 높이고 지구의 환경오염을 개선할 수 있다.

사후 운영의 탁월성

엄격함과 유연함의 균형을 유지하라

고객이 요청한 설계대로 반도체를 생산해주는 타이완 반도체 제조기업Taiwan Semiconductor Manufacturing Company(이하 TSMC)은 'The TSMC Way'로 알려진 운영 방식으로 고객들의 신뢰를 얻었다. 첫째, TSMC는 1,000개 고객의 주문량을 모든 공장에 할당해 특정한 수준의 효율성(규모의 경제)을 달성한다. 둘째, TSMC는 고유의 모듈식 설계 방식을 이용해 주문량을 생산한다. 이 방법으로 생산 역량을 동적으로 할당하여 주문량을 소화해낸다.[1]

게다가 TSMC는 사이버 셔틀이라는 시제품 칩 검증 서비스를 운영하여 갑자기 발생하는 고객 수요를 충족시키고 있다. 이 회사는 TSMC 방법으로 엄격한 제조 운영 원칙에 충실히 하면서 긴급한 주문을 처리한다. 지능적인 제조 원칙에 따른 운영도 눈여겨볼만한데, 머신러닝 기반 제조 공정이 적용되어 품질, 생산성, 효율성, 운영 유연성에 대한 최적화, 비용 효과성에 대한 극대화, 전반적인 혁신에 대한 가속화가 실현되고 있는 것이다.[2] 그 결과, TSMC는 아주 다양한 시장 수요와 전세계 매우 다양한 고객들의 요구 사항에 대응할 수 있다.[3]

TSMC는 갈수록 커지는 고객들의 요구와 필요에 상응해 엄격한 프

[그림 17.1] 옴니하우스 모델-운영의 요소들

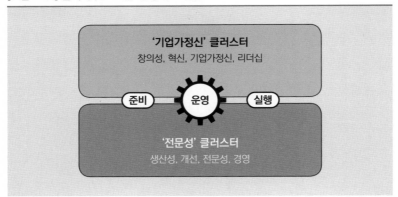

로세스와 유연성의 균형을 맞추는 능력 덕분에 세계 최대 반도체 업체가 됐으며, 글로벌 공급망에서 핵심 역할을 하고 있다. TSMC의 최대 고객사로 애플과 AMD를 들 수 있다.[4]

이번 장에서는 옴니하우스 모델의 중심에 위치한 요소, 말하자면 비즈니스에서 매우 전략적인 요소인 '운영'에 대해 살펴보겠다.(그림 17.1 참고) 운영은 한편으로 큰 장애 없이 실행되어야 하면서도 다른 한편으로 역동적인 환경에 발맞춰 유지되어야 한다.

운영의 요소들은 기업의 이익률에 직접적인 영향을 미치는 부분 중 하나다. 그래서 운영의 측면을 개선해야만 사업의 효율을 높이고 비용을 절감하고 손익계산서에 직접적인 변화를 불러일으킬 수 있다. 운영 프로세스(생산, 유통, 판매, 서비스)의 강점은 기업의 운영 역량에 따라 달라진다.

운영은 생산성에 (투입과 산출의 측면에서) 영향을 미치기도 한다. 동일한 양의 자원을 투입해 동종 제품을 생산하는 기업들과 비교해 강력한 운영 역량에 따라 더 많은 제품을 생산할 수 있기 때문이다. 운영 프로세스는 준비 단계에서 실행 단계까지 모든 것이 막힘없이 실행되도록 구축되어야 한다. 운영상의 주안점은 회사의 기존 자원을 가능한 한 효율적으로 사용하는 능력에 따라 달라진다는 것이다. 그에 따라 어느 정도의 유연성을 유지하는 동시에 최고 품질의 제품과 지원 서비스를 제공할 수 있어야 한다. 운영의 요소는 주로 손익계산서의 최상단 항목에 초점을 맞추는 마케팅 부서, 손익계산서의 최하단 항목을 우선시하는 재무 부서, 이 두 부서 간의 중개 기능도 한다.

엄격성은 자연스러운 현상이다

우리는 어디서나 엄격한 구조를 발견할 수 있다. 보통 신생창업 기업이 정착하는 과정에서 엄격한 구조를 형성한다. 이 시점에서 기업은 일상적인 방식과 체제를 구축할 것이다. 그리고 기업은 현재 상태를 그대로 유지하는 것을 안정으로 여길 수도 있다. 이 대목에서 6장의 내용을 다시 짚어봐도 도움이 될 것이다. 지금부터 조직에 경직성을 가져오는 여러 요소를 자세히 소개하겠다.

• 나약한 기업가의 사고방식

다양한 장애에 대처하는 의사결정 과정에서 유연성을 발휘해야 기업가정신이 빛을 발한다. 이 과정이 일어나지 않을 때 기업은 경직되고 실패에 이를 수 있다.

2018년 문을 닫은 대형 음반 판매업체 HMV가 대표적 사례다. HMV는 문을 닫기 전 회사에 위협이 될 세 가지 트렌드 (슈퍼마켓 할인판매, 온라인 음반판매, 음악 다운로드 서비스)에 대처할 기회를 가졌었다. 하지만 이러한 예측을 무시한 HMV는 평상시와 다를 바 없이 사업을 운영했다. 그러다 1990년대 말 인터넷 서비스에 투자를 시작했다. 그러나 그 조치는 너무 미약했고 이미 때는 너무 늦었다.[5]

• 창의성과 혁신의 침체

대개 기업은 처음에 매우 열정을 발휘하고, 활발히 아이디어를 내며, 초기 운영 단계에서 항상 혁신할 준비가 되어 있다. 그러다 얼마 후 일상적인 체계가 확립되고 창의성이 점점 마모된다. 조직 구성원들은 '민첩성'과 '적응성' 같은 말을 입 밖에 잘 내지 않는다. 이 시점에 조직이 경직성을 띤다.

• 경쟁을 간과하는 태도

기존 경쟁자들과 신규 시장진입자들이 최적의 시장 포지션을 두고 계속 경쟁하는 데도 성공에 눈이 멀어 이 사실을 간과할 수 있다. 현실에 안주하는 태도는 대체로 성장이 정체하는 결과로 이어진다. 위기를 경험하고 파멸의 소용돌이 속으로 빠져들고 나서야 그 교훈을 깨닫는다는 사실이 안타깝다.

- **고객을 돌보지 않는 태도**

많은 고객을 확보한 기업은 종종 고객 개개인이 늘 충성심을 유지할 수 없다는 점을 잊는다. 혹은 경영진은 기존 고객들이 떠나더라도 신규 고객을 쉽게 찾을 것이라고 넘겨짚는다. 이런 관점과 태도는 대개 조직이 곧 경직화될 조짐을 의미한다.

- **기존 비즈니스 모델을 고집하는 태도**

기업은 역동적인 비즈니스 환경에 대응해 비즈니스 운영 방식에 변화를 주어야 한다. 장기간 사업을 운영한 기업은 보통 비즈니스 모델이 여전히 실현 가능한지 점검해야 한다. 구식 시스템에 갇혀 혁신을 주저하는 기업이 많은 현실이 안타까운 일이다.

- **거시환경의 변화를 무시하는 태도**

거시환경의 요소들은 빠르게 변화하며, 보통 예측하기 어렵다. 이 트렌드에 관심을 기울이지 않는 기업은 새로운 기회를 놓칠지도 모른다. 이런 기업은 사업 방향을 전환하고 변화해야 한다는 경고 신호를 인식하지 못한다.

• 디지털화에 소극적인 태도

일부 기업들은 디지털 모델과 도구를 좀처럼 받아들이지 않는다. 디지털화에 집중 투자하면서도 전체 목표와 전략을 명확히 설정하지 않는 기업들도 있다. 일부 기업들은 디지털화를 시행하고 나서 미래를 내다보지 않아 필연적으로 다가올 변화를 알아채지 못한다. 이런 경우 기업은 경직성으로 인해 이익을 창출할 핵심 디지털 도구를 알아보지 못한다.

• 가치사슬은 사라지지 않는다

오늘날 가치사슬의 개념을 더는 적용할 수 없다는 말이 때때로 들린다. 1980년대 중반 하버드경영대학원의 마이클 포터Michael Porter 교수가 정립한 가치사슬 개념은 지금과 달리 디지털화로 세상이 연결되지 않았던 시대에 발전됐다. 그래서 모든 것이 디지털로 연결될 때 가치사슬의 개념은 의미가 무색해진다.

그런데 디지털 기술이 발달한 덕에 우리는 불필요한 여러 하위 요소들을 단순화하거나 통합하고, 심지어 제거할 수 있게 됐다. 그래서 그 요소들은 무시되거나 협력업체에 위탁되기도 한다. 이런 이유로 기업은 중요한 가치가 창출되지 않는 활동을 피할 수 있다. 이로써 아이디어 발상부터 상업화에 이르는 단계가 가속화되고, 비용이 절감되며, 유무형의 자산이 활발히 사용된다.

예를 들어, 메타Meta가 운영하는 메신저 앱 왓츠앱WhatsApp은 러시아의 IT 팀과의 계약으로 외주 기술자들을 고용했다. 사업 초창기에 자본금이 매우 한정됐던 탓에 그런 결정을 내릴 수밖에 없었으며, 미국 기술자들을 고용할 여유도 없었다. 이런 이유로 왓츠앱은 경쟁력 있는 인재 비율을 늘리기 위해 다른 곳에서 재능 있는 기술자들을 물색했다.[6] 2014년 페이스북에 인수될 때까지 왓츠앱은 아웃소싱 전략으로 성장을 유지했다. 이 방법은 왓츠앱의 운영관리를 간소화하는 수단이자 경쟁우위의 밑바탕이 됐다.

가치사슬은 끊임없이 조정된다

지금까지 설명한 내용과 사례를 바탕으로 가치사슬의 개념이 사라지지 않았으며 기업이 계속 가치사슬의 영역들을 조정하는 한 가치사슬의 개념이 여전히 의미가 있다는 점을 알 수 있다. 모든 주요한 기반 요소들은 디지털화로 완전히 통합되어야 하지만, 동시에 여전히 모듈식으로 작동해야 한다. 이런 점에서 기업들은 궁극적으로 어떤 활동(핵심 활동으로 불리는 일)을 단독으로 수행할지, 어떤 활동을 협력업체에 위탁해야 할지 단호한 판단을 내려야 한다.

대규모 기업뿐만 아니라 소규모 기업도 현재의 비즈니스 상황에서 업무를 외부에 위탁해야 할 때가 있다. 아웃소싱을 하는 가장 흔한 이유는 비용 절감이다. 또 다른 이유는 아웃소싱 시스템이 소규모 기업에 유리하기 때문이다. 신생창업 기업도 내부에서 업무 부담이 극대화될 때 아웃소싱 계획으로 사업을 평소처럼 운영할 수 있다.[7]

매우 간소화된 가치사슬을 갖춘 기업들은 불필요한 비용을 절감하는 한편 창의성과 혁신 등의 영역에 집중함으로써 상품의 품질을 높일 수 있다. 기업들은 또한 한층 더 효율적인 가치사슬을 창출하여 맞춤화된 상품에 대해서도 가치 전달 과정을 가속화할 수 있다. 지원 서비스는 가치사슬에서 차별화를 일으키는 동력이 된다.

공급사슬은 훨씬 더 의미가 있다

디지털 시대에 업스트림(공급자 측에 가까운 기업)과 다운스트림(최종 소비자 측에 가까운 기업), 양쪽 모두에서 견고한 공급사슬의 기능이 매우 중요해지고 있다. 공급사슬의 요소들이 점점 더 연결되는 지금, 기업들은 공급자 측과 정보를 공유해 유연성을 부여할 수 있다. 업스트림부터 다운스트림에 이르는 협력업체 간에 올바른 조정을 이끌어내어 공급사슬 프로세스에서 높은 수준의 효율성을 달성함으로써 변화하는 고객 수요(B2B 수요와 B2C 수요 모두)를 충족할 수 있다.[8] 공급사슬이 견고하게 통합될 때, 엄격한 구조가 형성되면서도, 한편으로 기업이 시장 역학에 대응할 유연성을 가진다. 이로써 공급업체들도 신속히 변화에 대응하고 수요를 충족시킬 기회를 가진다.

공급사슬의 통합과 전략적 유연성

기업은 공급사슬과 통합되어 전략적 유연성을 발휘할 수 있다. 외부 변화를 잘 감지하고 자원과 운영 활동을 바탕으로 수행해야 할 작업을 설정할 수 있다. 기업들은 한편으로 모든 자원을 다 보유할 필요 없이 일부 작업을 위탁할 수 있다.

이렇게 기업은 핵심 역량에 집중하면서 나머지를 아웃소싱으로 해결할 수 있다. 이처럼 핵심 역량 중심의 활동에 집중하면서 또한 고유의 역량을 개발할 수 있다. 이 구조는 디지털 시대에 한창 유행하는 공유경제의 개념과 일치한다. 공유경제는 다양한 이해관계자들이 특정한 비즈니스 영역에서 연결되는 방식이다.

마이크로소프트, 아메리칸 익스프레스, 델, 제너럴 일렉트릭 등 미국에 기반을 둔 기업들은 전 세계적으로 수십억 명의 고객을 지원한다. 이 기업들은 인도에 소재한 제 3의 업체에 헬프데스크 서비스를 위탁한다. 인도는 저렴한 인건비, IT 인재, 유창한 영어회화, 고객센터 서비스를 24시간 운영할 수 있는 12시간 시차 등 여러 이점 덕분에 고객지원 업무를 위탁하기에 최적의 기지로 통한다.[9]

통합과 교섭력, 그리고 QCD

이 주제를 마사키 이마이Masaaki Imai의 QCD(품질, 비용 납품)의 개

[그림 17.2] 통합과 교섭력의 강도가 QCD에 미치는 영향

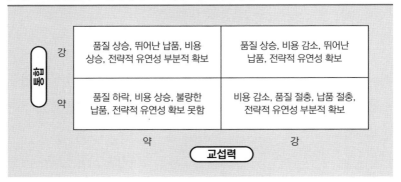

넘과 연결하면, 비이상적인 조건으로 인해 QCD가 최적화되지 않는 다는걸 알 수 있다. 공급자와 구매자 간 통합과 교섭력의 강도에 따라 QCD의 취약성 수준이 결정된다.(그림 17.2 참고)

이를테면, 기업의 가치사슬이 아무리 괜찮아도 생산의 요소에 대한 접근이 제한된다면 높은 품질의 제품과 서비스를 제공하기 어렵다. B2B 거래를 사례로 들자면, 구매자로서의 교섭력이 약하고 통합의 수준도 약한 경우, QCD의 모든 요소가 매우 취약해진다. 이 경우에 공급자가 생산 요소의 가격을 결정하기 때문에 다수의 비용을 절감하기 어려워진다. 기업에 생산 요소가 원활히 공급되지 않는다면, 납품에도 차질이 생길 수 있다.

기업이 구매자로서 충분히 우세한 교섭력을 가지지만 통합의 수준이 약하다면, 비용 요소에는 집중할 수 있는 반면에 품질과 납품 면에선 취약하다. 그렇지만 구매자로서의 교섭력이 약하지만 통합의 강도

가 강하다면, 기업은 품질 좋은 제품과 서비스, 뛰어난 납품을 제공할 더 나은 기회를 가진다. 하지만 비용 요소에 대한 취약성이 여전히 높은 수준으로 유지된다. 이 두 가지 조건으로 인해 기업은 유연성이 떨어지고 경쟁우위를 형성할 여지를 가진다.

예컨대, 방대한 생태계를 가진 애플TSMC(이번 장을 시작하며 소개한 업체)의 최대 고객사는 모든 기기를 대상으로 최고 품질의 칩을 필요로 한다. 업계를 선도하는 혁신적인 소비재 전자기기 브랜드인 애플은 특별한 칩에 대한 생산을 TSMC에 맡겼다. TSMC는 3나노미터 공정 기반의 칩이라는 특별한 수요를 충족시키며 운영적 경험을 개선했다. 이 조건에서 TSMC는 유일하게 칩 제조 공정을 완성했다. 이러한 유형의 비즈니스 관계로 인해 애플과 TSMC 간에 바람직한 상호의존관계가 설정됐다.[10]

이제 구매자로서의 교섭력이 우세하고 공급사슬에서 통합의 강도가 강하다고 가정해보자. 이 경우에 기업은 오로지 가치사슬에 집중해 높은 품질의 제품과 서비스를 보장하고, 비용을 가능한 한 낮게 유지하며, (고객이 만족하도록) 고객의 기대에 맞춰 납품을 보장하거나 고객의 기대를 뛰어넘는 방법으로 만족을 선사해야 한다.

이와 같은 통합과 우세한 교섭력에 따라 기업의 전략적 유연성, 다시 말해 빠르게 변화하는 비즈니스 환경(특히 시장 수요)에 신속히 대응하는 능력이 한층 더 강화된다. 기업들은 변화하는 환경에 대응해 자원을 조정하고 신속히 전략적 의사결정을 내릴 수 있다.[11] 강한 운영 관

리 역량을 가지고 공급사슬의 요소들과 모든 활동을 통합할 때, 경쟁우위를 확고히 할 수 있다.[12]

선형적 관계의 불안정성

가치사슬이 업스트림 공급사슬과 단단히 통합되어 있다 해도, 여전히 이 상태는 꼭 이상적인 상태라고 할 수 없다(업스트림 공급사슬은 공급업체(S1에서 S5)를 말하며, 다운스트림 공급사슬은 유통업체(D1에서 D3)를 말한다).(그림 17.3 참고) 회사가 비즈니스 생태계의 일부로 통합되지 않은 상황이 이 경우에 해당된다. 더군다나 그 관계가 여

[그림 17.3] 가치사슬과 공급사슬 간 선형적 관계

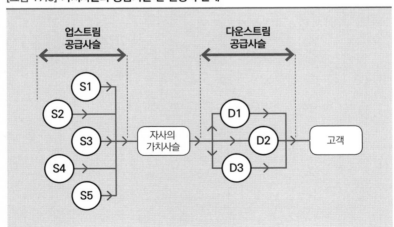

전히 선형적이면, 그 역학관계가 전체 비즈니스 환경, 특히 고객 측에서 일어나는 변화의 속도를 맞추지 못할 수도 있다.

역동적이며, 또 대개 혼란스러운 상황을 헤쳐나가야 할 때, 선형적 공급사슬 접근 방식은 더 이상 적합하지 않거니와 특히 독립하거나 통합하는 형태가 아니다. 이처럼 불안정한 특성 때문에 가치사슬이 매우 역동적인 생태계로 진화해야 할 필요성이 매우 커진다. 이런 생태계는 모든 관련 요소를 최적화하는 가치망으로 기능해야 한다.[13]

만약 공급, 생산, 판매, 또는 유통 같은 공급사슬의 단면에 집중하면, 뜻하지 않게 비즈니스에 악영향을 끼칠지도 모른다. 요컨대, 생각하지 못한 비용 처리 문제나 인상된 가격에 끌려다녀야 할 수도 있다. 가령, 원자재를 입수할 수 없고 기계가 제대로 작동하지 않는다고 가정해보자. 웹사이트에 접속이 되지 않고 창고에 재고가 충분하지 않으면 어떨까? 병목현상을 제거하기 위해 전반적인 운영을 중단해야 할지도 모른다.[14]

비즈니스 생태계는 궁극의 영역이다

보스턴 컨설팅 그룹BCG에 따르면, 비즈니스 생태계는 비즈니스 도전 과제를 해결하는 네트워크가 되어야 하며, 특정한 가치 제안이 달성되도록 구성되어야 한다. 광범위한 역량에 대한 접근성, 신속한 규모 확장 능력, 유연성과 회복탄력성이 다 비즈니스 생태계의 이점이다. 좋은 예로, 스티브 잡스는 아이폰 용 응용 소프트웨어를 제3의 앱 개발자들에게 공개하여 새롭고 기발한 앱이 물밀 듯이 탄생하게 했다.[15]

결국에 기업은 전통적 방식으로나 디지털 방식으로나 비즈니스 생태계에서 능동적 역할을 해야 한다.

생태계의 모든 요소, 공급업체(S), 제조업체(M), 유통업체(D), 고객(C)으로 구성된 모든 이해당사자가 연결될 때, 협업과 공동창의를 위한 접근성과 유연성이 상당히 높아져 모든 구성원이 우수한 성과를 내게 된다.[16] 게다가 기업이 강력한 비즈니스 생태계의 일부로서 경쟁우위의

[그림 17.4] 비즈니스 생태계[17]

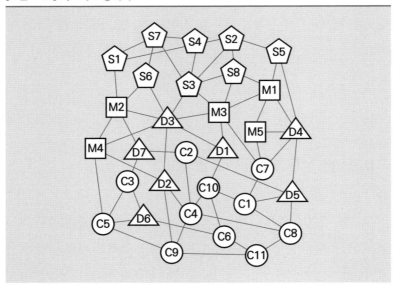

근원인 동적 역량을 개선할 중대한 기회가 생긴다.(그림 17.4 참고)

이처럼 회사와 협력업체들은 비즈니스 생태계에서 경쟁우위로 이어지는 다양한 혜택을 누린다. 그런데 생태계에서 상호의존성이 높아질수록 경직성도 높아진다. 그래도 비즈니스 생태계에서는 이해당사자들이 빠르게 변화하는 환경에 적응하며 유연성을 발휘한다. 이 조건은 전략적 유연성의 원칙과 일치한다.

비즈니스 생태계의 이점

비즈니스 생태계는 관련 이해당사자들에게 다음과 같이 여러 이점을 제공한다.

진입장벽을 높인다. 비즈니스 생태계는 신규 진입자들에게 강력한 진입장벽으로 작용하기도 한다. 경쟁에 진입해서도 자사가 보유한 가치사슬의 강점에만 의존해서는 경쟁에서 승리하지 못한다. 이제 전체 생태계와 마주해야 하는 신규진입자들은 당연히 집단적 힘을 상대해야 한다.

광범위한 문제의 솔루션을 제시한다. 최적화된 생태계는 기업이 혁신하고 솔루션을 제공하도록 촉진한다. 이런 현상은 기업이 자체 문제를 해결할 뿐 아니라 전 지구적 차원에서 사회 환경 문제를 종합적으로 다루는 방향으로 일어난다.[18] 갈수록 경계가 모호해지는 것은 물론 자원과 능력, 역량이 공유되는 생태계에서 새로운 가치를 발견할 수 있다. 비즈니스 생태계는 기업들이 자유롭게 치열한 세상과 부딪히도록 조력하는 도구가 된다.[19]

다기능의 플랫폼을 제공한다. 비즈니스 생태계는 학습 프로세스 가속화, 아이디어 발상, 지식 공유, 다목적의 기법과 기술의 생산 등 다양한 기능을 제공하는 플랫폼이다. 혁신 촉매자로 기능하는 생태계에서 다수의 이해당사자들이 교차 부문의 네트워크를 통해 협업과 공동창의로 상업화 프로세스를 지원할 수 있다. 이 플랫폼에서는 운영비용과 투자비용이 생태계 내 다수의 이해당사자들에게 배분되어 기업으로나 생태계 전체로나 효율성과 효과성이 상승한다.[20]

운영이 핵심이다

기업들이 비즈니스 생태계에 통합됨에 따라 옴니하우스 모델에서 확인되듯이 운영 부문의 역할이 핵심을 차지한다. 한편으로 사내 마케팅 부서는 주로 시장을 파악하고 다양한 제품과 서비스를 통해 솔루션을 제공하는 역할을 한다. 재무 부서는 여러 혁신적인 마케팅 활동으로 마진을 높이고 회사의 자본을 생산적으로 사용하는지 점검하고 관리한다. 가치 창출이 실현되어 이 두 부서의 목표가 달성되도록 하는 것이 운영 부문의 역할이다.

운영 부문, 특히 갈수록 디지털화하는 세상에 부합하는 부문들이 다양한 기술의 힘을 빌리고 있다. 이 기술들의 지원을 받는 기업들은 비즈니스 생태계의 일부가 되어 역할을 공유하고 고통을 분담하고 사내 운영 활동을 지원한다. 기업들은 비즈니스 생태계가 제공하는 다수의 이점을 활용해 고객과 주주, 사회 공동체에 최고의 서비스를 제공할 수 있다. 운영 부문은 휴머니티를 위한 기술이라는 이상을 실현하는 데 핵심 역할을 한다.

새로운 특성의 운영 탁월성

기업이 비즈니스 생태계의 일부가 되어가는 흐름에서 기업의 내부 관리 능력, 내부 규칙, 또는 기업 가치만을 중시해서는 운영의 탁월성을 충분히 실현하지 못한다. 사실, 기업들은 계속해서 내부 프로세스에 세심한 주의를 기울여야 한다. 그와 동시에 기업들은 내부 프로세스를 비즈니스 생태계에 연계해 이해당사자들과 상호작용할 방법을 찾아야 한다.

사내에서 기존 운영의 탁월성을 유지하는 한편, 비즈니스 생태계의 일부가 된 이후 어떤 조건으로 이를 개선할지 파악하는 것이 핵심이다. 비즈니스 생태계 내 기업 간의 확고한 상호의존성과 상관없이 최적의 유연성을 달성하는 것을 목표로 삼아야 한다. 이와 관련해 기업이 새로이 갖춰야 할 새로운 특성의 운영 탁월성은 다음과 같다.

매끄러운 상호의존성. 자사는 동일한 비즈니스 생태계에 있는 이해당사자들과 얼마나 협업할까? 자사와 다른 이해당사자들 간 상호의존성의 수준은 어느 정도일까? 그들과 원활한 관계를 유지하는가? 자사와 협업하는 이해당사자들이 늘어나고 상호의존성의 수준이 높아지고, 또 원활한 관계나 연결성이 잘 유지될수록 통합의 당위성이 커진다.

완벽한 호환성. 회사의 운영 활동에 사용되는 기술을 생태계 내 다른 기업들이 얼마나 이용할 수 있는지 확인해야 한다. 생태계 내 기업들이 유사한 프로세스와 방법론을 도입하는지, 자사가 다른 이해당사자들과 동일한 규칙과 절차를 사용하는지, 그 모든 방식이 생태계 내에서 보편적 관리방식으로 통하는지, 혹은 자사 구성원들의 문화가 다른 기업에서 통용되는지 그 여부를 판단해야 한다는 의미다. 다시 말해, 이 모든 활동이 비즈니스 생태계와의 상호작용에서 완벽히 호환되고 원활히 일어나야 한다. 기업이 비즈니스 생태계에서 완벽한 호환성을 제공할 때 새로운 특성의 운영 탁월성이 돋보인다.

즉각 반응성. 비즈니스 생태계의 일부가 된 기업은 끊임없이 변화하는 비즈니스 환경에서 시장 적합성을 유지한다. 이런 기업은 불연속적인 궤도를 보일지라도 비즈니스 생태계를 기회로 활용해 변화에 신속히 대응한다. 생태계의 힘을 빌리는 기업의 운영 반응성이 높아질수록

[그림 17.5] 유연성의 경계

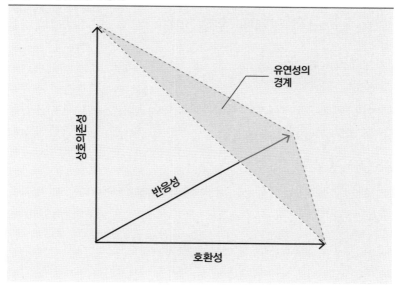

새로운 운영 탁월성을 보여주는 지표가 강세를 보인다.

이처럼 탁월한 운영 능력을 이른바 사후 운영의 탁월성이라고 한다. 사후 운영의 탁월성과 관련한 세 가지 측면이 통합될 때 높은 수준의 유연성이 결정되는데, 기업이 운영 프로세스를 부분적으로 실행하고, 또한 필요할 때 언제든지 손쉽게 조정할 수 있기 때문이다.(그림 17.5 참고)

비즈니스 환경의 역동성이 유연성의 경계를 벗어나는 그림을 상상해보자. 그와 같은 가상의 상황에서는 생태계 내 모든 이해당사자가 상호의존성을 집단적 힘으로 활용하고, 서로의 호환성을 개선하고, 대응능력을 높이려고 함께 애써야 한다. 이 세 가지 활동이 유연성의 경계를 비즈니스 환경의 역학관계 바깥쪽으로 밀어넬 때 비즈니스 생태계의 모든 이해당사자가 시장 적합성을 유지한다. 그런데 유연성의 경계가 이미 비즈니스 생태계의 역학관계 안쪽에 위치한다면, 각각의 기업이 비즈니스 생태계의 일부로서 이용 가능한 기회와 가능성을 최대한 극대화하면 된다.

경영진은 이런 유연성을 가지고 회사의 규모를 확대하는 데 박차를 가할 수 있다. 시장의 문이 활짝 열리고 있다. 물류 시스템이 뒷받침되는 한 기업은 시장을 확실히 지원할 수 있다. 더 나아가 상품개발 프로세스와 지원 서비스를 간소화할 수 있다. 사업 다각화의 가능성도 갈수록 더 부각되고 있다. 마지막으로, 기업은 이 핵심 역량이 경쟁력이 되고 자사 고유의 역량이 될지 이 근본적인 물음의 답을 재차 구해야 한다.

QCD를 확장하라

QCD의 세 요소와 관련한 성과는 기업 내부 프로세스의 교차 기능 협업뿐만 아니라 비즈니스 생태계 내 다수 협력자들이 다루는 프로세스에 따라 달라진다. 요컨대, 제품의 기획부터 판매에 이르는 단계에서

[그림 17.6] QCD의 한계 확장

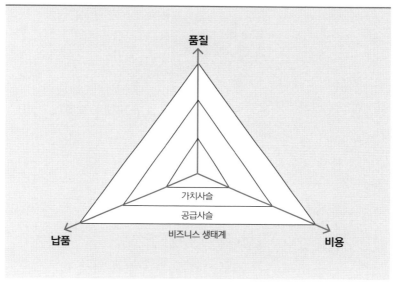

발생하는 효율성에 따라, 또 비즈니스 생태계에서 발생하는 집단적 효율성에 따라 비용이 절감될 수 있다. 여기에 더해 고객의 요구에 맞춰 제품과 서비스가 신속히 전달될 수 있다.[21]

　종전에는 QCD의 성과가 제한된 가치사슬의 유연성에 따라, 혹은 그보다 더 높은 수준에서 사실상 선형적 관계인 업스트림과 다운스트림 가치사슬에 달려 있었다. 그런데 지금은 모든 운영 프로세스를 재배치해 비즈니스 생태계에 연계될 때, 주로 유연성의 경계에 인접하게 자리를 잡을 때, 유연성을 대폭 확대할 수 있다. 한마디로 기업들은 스스로 QCD의 한계를 확장할 수 있다.(그림 17.6 참고)

엄격성과 유연성을 관리하라

우리는 실제로 과거와 완전히 다른 시대로 접어들면서 새로운 비즈니스 환경을 맞이했다. 이 환경에서는 다양한 산업의 궤적들이 불연속성으로 가득하다. 이 모든 환경이 기업의 운영방식에 영향을 미친다. 이에 한층 더 발전한 비즈니스 생태계를 기반으로 세 측면, 즉 상호의존성, 호환성, 반응성을 관리함으로써 사후 운영의 탁월성을 추구해야 한다.

다시 말해, 부서 간 통합도 중요하지만, 현재와 미래에 그것만으로는 비즈니스 환경의 역동성에 제대로 대처하지 못한다. 마이클 포터가 정립한 그 유명한 가치사슬 개념을 일방향 프로세스로 보지 말고 가치사슬의 각 접점에서 반복 프로세스와 유연성을 허용하는 것으로 바라보면 훨씬 더 도움이 된다. 이 반복 프로세스와 유연성은 기업이 외부의 변화에 적응하는 동시에 신속하고 지속적인 고객 가치를 전달하게 한다.

기업은 부서나 부문이 보유한 내부 자원과 능력, 역량을 이용해 경쟁력을 발휘할 수 있다. 그러나 그 외에도 핵심 협력자들로 구성된 외부 네트워크를 이용해 유연한 가치 창출 프로세스를 확보해야 한다. 이처럼 전략적 협력자들과 네트워크를 구성하는 이유는 가치사슬과의 통합이 회사의 경쟁우위를 확대하는 데 핵심 기능을 하기 때문이다. 이와 같은 통합은 가치 창출 프로세스의 운영관리에 영향을 미친다.

기술이 비즈니스 생태계와의 연결성을 확대하기에 기업은 생태계의 이점들을 지렛대로 활용할 수 있다.[22] 기업들은 변화하고 사후 운영의 탁월성을 새로운 가치 또는 회사의 새로운 특성으로 삼아야 한다. 관성이 큰 조직 구조는 이제 시대에 맞지 않는다. 우리는 새로운 것에 저항하는 폐쇄된 조직 문화를 즉시 없애야 한다. 생태계와의 연결성(특히 디지털 기술이 지원하는 생태계) 덕분에 기업들은 새로운 가치를 발견하고 실현할 수 있게 됐다. 이는 전통적 가치사슬에만 의존했던 과거에는 불가능했던 일이었다.[23]

마지막으로 기업은 엄격성과 유연성을 동시에 관리하는 역량을 갖춰야 한다. (조정을 포함해) 이 역량이 규모의 경제를 달성할 기회의 문을 활짝 열어줄 것이다.[24] 간단히 말해, 오늘날 기업들은 미래로 성공적으로 나아가기 위한 전략적 유연성을 구축할 줄 알아야 한다. 그 역량이 이후 수십 년으로 나아가는 중요한 디딤돌이다.[25]

───────────── | 핵심 요약 | ─────────────

✓ 기업에 경직성이 발생하는 원인으로 나약한 기업가의 사고방식, 창의성과 혁신의 침체, 경쟁을 간과하는 태도, 고객을 돌보지 않는 태도, 기존 비즈니스 모델을 고집하는 태도, 거시환경의 변화를 무시하는 태도, 디지털화에 소극적인 태도를 들 수 있다.

✓ 공급사슬이 견고하게 통합될 때, 엄격한 구조가 형성되면서 한편으로 기업이 시장 역학에 대응할 유연성이 부여된다.

✓ 비즈니스 생태계는 진입장벽을 높이고, 광범위한 문제에 대한 솔루션을 제시하고, 다기능의 플랫폼을 제공한다.

마무리하며

다음 변곡점에 대한 비전을 수립하라

옴니하우스 모델의 핵심 영역은 기업들이 미래로 나아가는 여정을 확보하는 데 반드시 필요한 부분이다. 그런데 현재 상태를 파악하는 일도 중요하지만, 미래에 직면할 수 있는 현상을 관찰할 줄 알아야 한다. 만약 미래에 일어날 일을 예상할 준비가 되어있지 않으면, 기업가형 마케팅을 최적으로 실행하지 못하고 의미 있는 효과를 거두지도 못한다.

우리는 지금 어떤 문제에 직면했는가?

다양한 기술 분야가 발전을 거듭하는 지금, 우리는 현재 다음 상황에 직면하고 있다.

• 협업이 필수인 시대가 왔다

현재 시대에 미래의 도전에 맞서는 기업들은 비즈니스 생태계의 이점을 개별적으로 누릴 수 없다. 도전을 극복하기에 우위의 원천이 제한되거나 충분하지 않다면, 즉시 경쟁을 다시 생각하고 다양한 이해당사자들, 심지어 경쟁자들과도 협업할 방법을 모색해야 한다. '협업'은 우리 조직에 미래의 문을 열어줄 열쇠가 됐다.

• 고객들이 매우 똑똑해졌다

모든 것이 연결되는 현재 세상에서 고객들도 변화하고 있다. 2010년대 초반 이래 엄청난 정보를 빠른 속도로 흡수하게 되어 고객들이 완전히 변해버렸다. 고객들은 갈수록 강화되는 교섭력을 가지고 매우 똑똑해졌다. 그래서 고객을 만족시키는 것은 말할 것도 없고 신규 고객을 확보하는 일이 매우 난해한 문제가 됐다. 고객을 상대할 방법을 다시 모색해야 하는 이유다.

• 이분법적 구조를 하나로 모아야 한다

기업들은 유연성 또는 민첩성에 의존해 비즈니스 환경에 닥친 중대한 변화에 적응할 수 있어야 한다. 끊임없이 스스로를 갱신해야 장기간 생존을 유지할 수 있다. 이런 이유로 여러 이분법적 구조, 이를테면 세대 간 이분법적 사고, 기술의 이분법적 사고, 기업가적 사고방식과 전문성을 융화하는 문제를 수렴할 필요가 있다. 본질적인 수렴과정을 수행하는 일이 기업들 전반에 도전 과제가 된 것이다.

• 견고한 전략과 전술이 반드시 필요하다

날이 갈수록 역동적이고 복잡해지는 비즈니스 환경은 조직에 닥친 모든 변화의 영향을 예리하게 분석할 것을 요구한다. 이에 가끔 실행이 쉽지 않지만 다양한 대안을 찾아야 하고, 동시에 여러 역량을 갖춰야 할 당위성을 고려해야 한다. 마지막으로, 견고한 전략과 지속적인 전술을 개발해야 한다.

• 인재가 중요하다

성공을 확실히 하기 위해 다양한 역량을 갖춘 인재가 필요하다. 어느 한 사람이 모든 필요한 자격조건을 갖추기를 기대할 순 없다. 그래서 최고의 인재를 발굴, 유치, 개발, 보유해야 한다. 이 인재들이 잠재력을 끌어내고 회사에 헌신하며 자아를 실현할 수 있는 여건을 조성해야 한다. 기업들은 시장에서 적합성을 유지하고 장기간 생존해나가기 위해 옴니 역량을 갖춰야 한다.

• 조직 안팎에서 통합해야 한다

우선 조직 내 모든 사일로를 제거해야 한다. 사일로로 인해 부서 간 협업이 이루어지지 않으면, 다양한 외부 이해당사자들과의 협업이나 사회 공헌 활동을 기대하기 어렵다. 먼저 사내 모든 부서를 통합하는 일부터 시작해 원대한 목표를 향해 나아가야 한다. 과감히 가치사슬을 조정하거나 새롭게 하고, 비즈니스 생태계(전통적 비즈니스 생태계와 디지털 비즈니스 생태계)의 일부로 포함하고, 생태계의 이점을 바탕으로 지속가능성을 유지해야 한다.

- **기술 중심 마케팅의 시대가 왔다**

　기술 중심 마케팅의 시대가 도래한 이래 현재와 미래에 있어 고객, 제품, 브랜드에 대한 관리방식이 달라졌다. 기술은 모든 휴머니티를 대상으로 광범위하게 기능해야 한다. 기업 내부적으로는 다양한 기술을 제공해 직원들을 지원해서 그들이 가치 창출을 극대화하도록 해야 한다. 한편으로, 고객들에게도 기술을 제공해 솔루션에 접근할 수 있도록 해야 한다. 그뿐만 아니라 다양한 기술을 이용하여 항상 가능한 최선의 방법으로 사회와 환경을 보살펴야 한다.

- **운영의 유연성이 핵심이다**

　한편, 운영의 측면도 당연히 영향을 받는다. 이에 기업들은 엄격한 운영 프로세스와 매우 유동적인 시장 수요 간에 균형을 유지해야 한다. 동시에 B2C와 B2B 기업들이 모두 고객의 기대(심지어 고객을 기쁘게 하는 일)에 맞춰 효율적인 비용 절감과 납품은 물론 제품의 품질을 개선하고 다양한 지원 서비스를 제공해야 한다. 게다가 모든 접점이 탁월한 고객 경험을 제공할 수 있어야 한다.

앞에 놓인 문제가 중요하다

코로나19가 얼마나 심각한 영향을 미쳤는지에 상관없이 이제 다시 회복할 시간이 됐다. 글로벌 불확실성이 드리우는 상황에도 불구하고 향후 몇 년 동안 예상해야 할 몇몇 흥미로운 현상이 있다.

• Z세대의 황금기가 늦춰졌다

세계경제포럼이 발표한 바에 따르면, 이전 세대와 비교하고 2020년 데이터 기준으로 했을 때 Z세대의 실업률이 거의 모든 OECD 국가에서 두 배 가까이 증가했다. 실업률이 이렇게 높았던 것은 Z세대가 직장을 구하고 있고(그들 대부분이 대학이나 고등학교를 갓 졸업했다), 또 우연히도 최근의 팬데믹으로 인해 큰 타격을 입은 여행업과 요식업 같은 서비스 업종에서 과장되게 표현된 경향이 있기 때문이다. Z세대는 자신들의 능력을 키우는 데 반드시 필요한 업무 경험과 훈련을 쌓을 기회를 놓쳤으며, 이 현상은 장차 그들의 경력 경로에 영향을 미칠 것이다.[1] Z세대의 황금기는 다소 늦게 도래할 것 같다.

• 메타버스가 출현했다

웹 커뮤니티의 진화는 여전히 진행형이다. 웹 1.0에서 웹 2.0으로 전환됐고, 이제 웹 3.0의 시대, 즉 메타버스의 시대가 열렸다. 다양한 포럼에서 널리 논의된 것처럼, 메타버스는 아직 초기 단계에 있지만 이커머스부터 미디어, 엔터테인먼트, 부동산에 이르기까지 모든 영역에 변혁을 일으킬 것이다. 앞으로 사회적 상호작용 방식, 비즈니스 방식, 심지어 인터넷 경제에서 대도약을 하는 방식까지 변화할 것이다.

- **ESG 기준의 적합성이 증가했다**

ESG는 투자 분석에서 핵심을 이루는 비재무적 기준으로 기업의 실제 위험과 성장 잠재력을 파악하는 근거가 된다. 이 지표는 이제 투자 선택 프로세스의 일체화된 부분으로 통한다.[2] ESG 지표는 다양한 기업의 이해관계자들이 광범위하게 채택할 정도로 널리 적용되고 있다. 게다가 동시에 ESG 평가가 유행하는 현상은 다양한 비재무적 지표가 기업의 가치를 파악하는 것은 물론 기업이 다양한 가치를 실현하는 정도를 확인하는 데 중요한 기준으로 인정받고 있다는 점을 보여준다. ESG는 현재 하나의 표준이 되어 날이 갈수록 채택되는 사례가 늘어나고 있다.[3]

- **SDG의 데드라인이 임박했다**

UN은 빈곤을 종식하고, 우리의 지구를 지키고, 2030년까지 모든 사람이 평화와 번영을 누릴 수 있게 보장하고자 2015년 지속가능발전목표SDGs를 제시했다. 기업마다 중점을 두는 부분이 다르겠지만, SDG는 기업 활동 전반과 관련이 있다. 오늘날 SDG는 기업의 다양한 전략이 사회 공헌에 연계되는 데 핵심 지침이 됐다. 새로운 시장을 열 혁신과 기회가 강조된다는 점에서 SDG가 새로운 유형의 기업가형 마케팅과 연계된다는 점도 흥미로운 사실이다.[4]

- **7가지 골칫덩어리 문제를 빨리 해결해야 한다**

SDG를 다룰 때와 마찬가지로 골칫덩어리 문제 7을 바탕으로 자연의 죽음, 불평등, 증오와 갈등, 권력과 부패, 일과 기술, 건강과 생계, 인구와 이주 등 세계를 강타한 여러 긴급 현안과 관련해 식견을 넓힐 수 있다. 이 7가지 긴급 현안은 변화의 다섯 가지 하위 요소에 포함되어 있다.[5]

• 공유와 순환 경제의 시대가 됐다

'공유경제'를 채택하는 이해당사자의 수가 갈수록 늘어남에 따라 사람들도 이 용어에 점점 더 익숙해지고 있다. 공유경제가 성장하는 현상은 사람들이 다수의 디지털 네트워크와 플랫폼에서 쉽게 연결되는 현상과 따로 떼어놓고 생각할 수 없다.[6] 공유경제에 더해 우리는 '순환경제'라는 용어에도 점차 익숙해지고 있다. 순환경제는 폐기물과 오염을 줄이고 제품과 원료를 최대한의 가치로 재사용하고 생태를 복원한다는 세 가지 원칙을 기반으로 한다.[7] 그래서 우리는 재사용, 절약, 재활용의 이니셔티브를 지원해 얻을 모든 결과를 고려해야 한다.

다음 변곡점

2022년에서 2023년에 이르는 여정에서 우리는 다음 변곡점을 맞이한다. 국제통화기금IMF이 전망한 것처럼 2023까지의 여정은 불확실성으로 가득한 듯 보였다. 2030년까지의 여정은 말할 것도 없고, 2023년 이후를 보더라도 지금 당장 할 수 있는 말이 별로 없다. 아래 표와 같이 IMF가 전망한 경제성장률을 참고해 세계 경제가 2021년 이후 2023년까지 성장 둔화세에 있다 해도 계속 성장이 이어지리라 전망할 수 있다.

[표 E.1] 세계 경제성장률(%)[8]

	2019	2020	2021	2022*	2023*
세계 경제	2.9	-3.1	6.1	3.2	2.9
선진경제국	1.7	-4.5	5.2	2.5	1.4
신흥시장과 개발도상국	3.7	-2.0	6.8	3.6	3.9

* 전망치

일관되게도 신흥시장과 개발도상국의 경제성장률이 선진경제국의 경제성장률보다 더 높아 보인다. 2021년 이후 둔화하긴 했으나 여전히 긍정적인 경제성장률이 나타난다. 게다가 세계 경제성장률을 보면, 2022년의 전망치가 2019년 수치보다 더 낮고, 2023년 수치는 2019년 수치와 동일한 것으로 추정된다.

IMF는 세계 경제 전망이 암울하고 불확실하다고 발표했다. 경제 강국으로 여겨지는 거대 국가들, 다시 말해 중국, 러시아, 미국의 경제 성과가 감소한 사례를 포함해 여러 원인이 있다고 IMF는 판단한다. 지정학적 분열이 계속 그늘을 드리우고 있으며, 글로벌 협력과 교역이 저해되기도 한다. 세계 인플레이션율도 증가할 것으로 예상된다.[9]

세계 경제는 2023년 이후 개선되거나 침체될 수 있고 심지어 더 악화될 수도 있다. 지금부터 2025년까지 다양한 가능성에 대처하는 우리

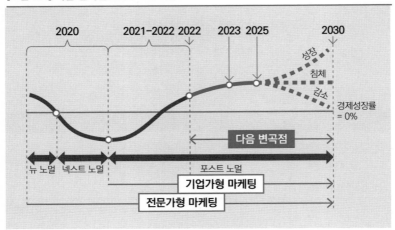

[그림 E.1] 다음 변곡점 2022~2023년

의 태도가 모든 걸 결정할 것이다. 이 포스트 노멀 시대의 다음 변곡점 에서 무슨 일이 일어나더라도 우리는 가만히 있을 수 없다. 더군다나 이 불확실한 상황이 암시하듯이, 매우 도전적인 세상에 대처하는 대안 으로서 기업가형 마케팅에 대한 전체론적 접근법이 갈수록 더 부상하 고 있다.(그림 E.1 참고)

코로나19라는 최악의 상황을 겪었던 시기에 많은 기업이 실적 감소 를 겪었지만, 드러난 것처럼 많은 기업이 눈에 띄는 성장 없이(침체 없 이) 생존할 수 있었다. 한편으로 최악의 시기에 성장한 기업들은 뜻밖 의 횡재 때문이 아니라 전문적인 관리방법에 기업가의 사고방식을 잘 녹여냈기 때문에 그처럼 성공을 거둘 수 있었다.

자원, 능력, 역량에 대한 정책

성장을 계속하는 기업들은 자원을 최적화하고, 목적 기반의 전략적 방향에 맞춰 다양한 능력을 연계하고, 성장 중인 고유의 역량을 식별해야 한다. 성장 단계에 있는 기업들은 사업 다각화를 고려해도 된다.

성장이 정체한 기업들은 효율성과 효과성, 전체 생산성을 늘리는 데 주안점을 둘 수 있다. 여러 마케팅 전략이나 전술을 조정할 수도 있다. 이 조정의 과정에서 추가 자원을 투입하고 기존 능력을 강화해야 할 수도 있다. 전략의 방향을 재활성화함에 따라 기존 능력들을 보완하고 핵심 역량에 다시 집중해야 할지도 모른다.

반면에 성과가 감소한 상황에서 기업들은 모든 가능한 기회를 다 이용하는 등 리뉴얼 프로세스를 가동해야 한다. 이 과정에서 기존에 보유한 다양한 자원에 더해 추가로 자원이 필요할지 모르며, 새로운 자원을 찾아야 할 수도 있다. 기업들은 기존 능력을 더 높은 수준으로 끌어올리고 조직 고유의 능력을 새로이 구축해야 한다. 결국, 기업들은 기존 역량을 수정하거나 새로운 역량 개발에 나설 수 있다.(표 E.2 참고)

IMF가 발표한 것처럼 앞으로의 여정은 불확실성으로 가득하다. 사람들 대부분은 불확실성을 두려워한다. 한 연구 결과가 보여주듯이 예측불가능성은 사람들의 불안감을 상당히 높인다. 보스턴 컨설팅 그룹의 프로젝트 리더인 엠마 타노빅Ema Tanovic에 따르면, 불확실성으로 인해 우리가 상황에 대해 느끼는 위협감이 더욱 심화될 수 있다.[10] 그럼에도 장차 다양한 도전에 직면할 때 낙관적이면서도 현실적인 태도를 유지해야 한다.

반면에 변화를 미루거나 연기하면 할수록 시간이 가면서 문제가 복잡해질 가능성이 커진다. 그에 따라 회사의 사정이 악화하고 결국 회사가 무너지는 결과가 초래된다. 또 한편으로, UC 버클리경영대학원 교수 데이비드 티스David Teece가 밝혔듯이, 즉시 리뉴얼 프로세스를 실행하더라도 불확실성을 피할 수도 없고 그에 대처할 수도 없다.

그래서 협업에 망설이지 말아야 한다. 전문적인 관리방법과 함께 기업가의 사고방식을 발휘해야 한다. 여기서 그치지 않고 여러 이분법적 구조를 하나로 모으고, 타당한 전략과 전술을 실행해야 한다. 그뿐만 아니라 인재들이 사내 사일로에 갇히지 않고 비즈니스 생태계의 일부

[표 E.2] 기업의 성과와 다음 단계로 나아가기 위한 대안

기업의 성과	자원	능력	역량
성장	가능한 자원 최적화	목적 기반 전략 방향에 맞춰 자원 조정	차별적 역량 탐색
침체	추가 자원 투입	기존 능력을 더 높은 수준으로 끌어올리고 전략 재활성화 방향에 맞춰 보완	핵심 역량에 다시 집중
감소	추가 자원 투입과 신규 자원 획득, 혹은 양쪽 모두	기존 능력을 더 높은 수준으로 끌어올리거나 회복을 위해 새로운 (고유의) 능력 구축, 혹은 양쪽 모두	기존 역량을 되살리거나 새로운 역량 개발

분이 되도록 지원해야 한다.

그에 더해 앞으로 닥칠 여러 현안, 이를테면 Z세대의 등장과 메타버스의 부상 등 상당한 영향을 몰고 올 일을 예측하고 주의를 기울여야 한다. 이어서 변화에 유연하게 대처하고, 필수적인 기술에 친화적인 태도를 견지해야 한다.

강한 이윤동기를 가져도 아무런 문제가 없지만, 그렇다고 사회 공헌과 환경문제 해결에 관한 다양한 의제를 잊어도 된다는 말은 아니다. 그간 사회적 책임에 관심이 없었던 기업들이 회사의 비즈니스 모델에 지속가능성의 측면을 즉시 통합해야 할 때가 됐다.

다음 변곡점에서 직면할 도전이 만만치 않지만, 우리가 그 도전을 극복할 수 없다는 의미가 아니다. 인간이 수천 년 동안 무수한 재앙과 난관을 극복하며 생존한 사실로 증명된다. 인류가 끊임없이 사고방식을 강화하고 의식을 활용하고 그것을 마케팅 지침으로 삼는다면, 미래는 우리 손바닥 안에 있다. 그래서 포기는 대안이 아니다.

다음 변곡점에 온 것을 환영한다!

부록

뿌노까완과 빤다바

- ## 인도네시아 신화의 상징에서 유래한 CI-EL과 PI-PM

기업가형 마케팅은 미래의 도전에 대응할 목적으로 만든 개념이다. 팬데믹이 지나가고 디지털화가 가속화하는 상황에서 리더는 민첩하고 유연하게, 또 탄력적으로 변화에 대응해야 한다. 그래서 기업가들과 정부 관료들, 사회활동가들, 다양한 조직의 리더들은 옴니하우스 모델의 CI-EL을 해법으로 삼아 주저하지 않고 역동적인 환경에 대응해나갈 수 있다.

이 개념은 본래 인도네시아 지역의 철학, 특히 인도네시아에서 오래전부터 전해져 내려오는 와양wayang 이야기를 바탕으로 했다. 자바섬의 전통에 따르면, 와양 이야기는 토착 신화와 인도 서사시에서 유래했다. 와양은 천년 동안 자바(인도네시아의 주요 섬)와 발리의 궁중에서 성행했으며, 인근 섬(롬복Lombok, 마두라Madura, 수마트라Sumatra, 칼리만탄Kalimantan)으로 퍼져나가 다양한 공연 양식과 음악 반주로 발전했다.

와양 공연은 주로 마하바라타Mahabharata의 내용을 바탕으로 진행되었다. 마하바라타는 라마야나Ramayana와 더불어 인도를 대표하는 2대고대 서사시로 유명하다. 마하바라타에는 유디슈티라Yudhishthira, 브히마Bhima, 아르주나Arjuna, 나쿨라Nakula, 사하데바Sadewa라고 하는 빤다바Pandava 5형제가 등장한다. 이들은 왕족이자 저마다 초자연적인 힘을 발휘하는 영웅들이다.

자바 섬에서 유래한 이야기에 따르면, 자바 섬에서 광대로 알려진 뿌노까완Punokawam 가족이 등장한다. 이 가족은 스마르Semar, 가렝Gareng, 뻬뜨룩Petruk, 바공Bagong이라는 네 인물로 구성되어 있다. 뿌노까완 가족은 유쾌한 캐릭터로 묘사되지만, 위대한 능력과 지혜를 가지고 있다. 이들은 주로 빤다바의 조력자이자 조언자 역할을 한다.

이렇게 뿌노까완과 빤다바 간의 협업이 영감을 불러일으켜 CI-EL(창조성, 혁신, 기업가정신, 리더십)과 PI-PM(생산성, 개선, 전문성, 관리)의 개념이 탄생하여 옴니하우스 모델에서 주요한 이분법적 구조를 이루었다. 그 모든 독특함과 익살스러운 행동이 특징인 뿌노까완은 CI-EL의 상징이다. 반면에 '최상류층' 캐릭터인 빤다바는 PI-PM이 발현된 것이다.

• CI-EL의 상징, 뿌노까완

뿌노까완 가족 중 막내 캐릭터가 바공이다. 바공은 작달막하고 뚱뚱하며 눈과 입이 크다. 유쾌한 인물인 바공은 즐거움을 주는 걸 좋아하고 지능적이다. 그는 다른 형들처럼 행동이 민첩하진 않아도 많은 아이디어를 가진 것으로 알려져 있다. 그를 창조성의 아이콘으로 선택한 것도 다 그런 이유 때문이다.

뿌노까완 가족 중 두 번째 인물은 뻬뜨룩이다. 이 캐릭터는 유머 감각이 뛰어난 데다 날렵한 전사다. 독특한 얼굴에 키가 큰 체격, 긴 코가 뻬뜨룩의 특징이다. 다른 신체 부위(손, 목, 다리)는 비슷한 특징을 보인다. 뻬뜨룩은 여러 마법 능력을 가졌고 다양한 상황에서 자신의 능력을 기꺼이 선보인다. 이 캐릭터는 새로운 아이디어를 즐겨 시험하는 혁신가와 비슷하다. 그래서 뻬뜨룩은 혁신의 상징이다.

다음 뿌노까완 캐릭터는 가렝이다. 형제들과 다르게 가렝은 이례적인 특징의 신체를 가진 인간의 형상으로 묘사된다. 사팔눈을 가진 가렝은 손에 장애가 있고 발을 절뚝거린다. 그런데 실제로 가렝의 신체 결함은 그의 독특한 능력을 의미한다. 사시는 약점이 아니라 주변 환경을 보는 정확성과 철저함을 상징한다. 이 정확성을 가진 가렝은 남들이 놓친 기회를 볼 줄 안다. 이렇게 기회를 보는 능력은 기업가정신의 주요한 특징 중 하나다.

마지막으로 스마르는 뿌노까완 가족 중 지위가 가장 높은 인물이다. 그는 세 뿌노까완의 아버지 상을 보여준다. 그의 모습은 뚱뚱하고 앞으로 굽은 자세, 풍만한 엉덩이, 들창코로 묘사된다. 자바 섬의 와양 이야기에서 그는 세 뿌노까완의 리더이자 빤다바의 조언자로서 핵심 역할을 한다. 그래서 스마르 캐릭터가 리더십을 상징한다고 보는 것이 타당하다.

바공   뻬뜨룩   가렝   스마르

• PI-PM의 상징, 빤다바

빤다바 5형제 중 막내는 쌍둥이 형제인 나꿀라와 사하데바이다. 나꿀라는 말 조련에 능숙하다. 그는 또한 뛰어난 검사로도 알려져 있다. 쌍둥이 형제 중 동생인 사하데바는 빤다바 5형제 중 막내이지만, 특히 점성술에 매우 능하다. 그는 또한 쌍둥이 형처럼 뛰어난 검술을 발휘한다. 다양한 기술과 지식을 가진 이 쌍둥이 형제는 다른 형제들이 필요로 하는 여러 사항을 충족시키기도 한다. 이들을 생산성의 상징으로 보는 것도 다 그런 이유 때문이다.

다음 캐릭터는 아르주나다. 마하바라타 서사시에 나오는 5형제 중 셋째인 아르주나는 어린 시절 가장 뛰어난 수련자였으며, 그가 존경했던 스승 드로나Drona도 그를 총애했다. 아르주나는 자라면서 숙련된 궁

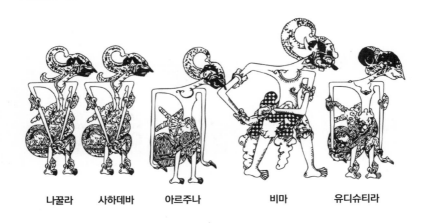

나꿀라　　사하데바　　아르주나　　　　비마　　　유디슈티라

수로 성장했다. 아르주나는 늘 명상과 수련으로 자신의 초자연적 힘을
개선하려고 애썼다. 아르주나를 개선의 상징으로 선택한 것도 그가 계
속해서 지금보다 나아지려는 의지를 가졌기 때문이다.

　비마는 독특한 전투 능력을 가진 빤다바 캐릭터다. 큰 키와 강력한
힘은 다른 형제들과 차별화되는 특징이다. 비마의 신체 능력을 볼 때,
그가 전투를 이끌 임무를 받는 것은 이상한 일이 아니다. 비마는 탁월
한 능력으로 막중한 임무를 완수한다. 이런 이유로 비마는 전문성을 상
징하기에 딱 좋은 인물이다.

　마지막으로 유디슈티라는 빤다바 5형제 중 장남이다. 그가 소유한
정직, 정의, 관용, 분별력 등의 자질은 그의 특징을 제대로 보여준다.
그는 또한 규칙에 매우 엄격한 인물로 알려져 있다. 이런 성격 특징 때

문에 그가 다른 형제들을 이끌 때 무척 엄격한 모습을 보이기도 한다. 빤다바 5형제 중 장남인 유디슈티라는 관리 개념의 상징으로 가장 적합한 인물이다.

감사의 글

이 책의 공동 저자들은 마크플러스MarkPlus, Inc., 경영진의 귀중한 지원과 격려에 감사의 마음을 전합니다. 특히 마이클 허마원, 타우픽, 비비 제리코, 이완 세티아완, 엔스, 에스타니아 리마디니, 요사노바 사비트리에게 감사드립니다. 리처드 내러모어는 이 책이 출간되기까지 인내를 거듭하며 준비 과정을 관리 감독했습니다. 그가 보여준 헌신에 깊은 경의를 표합니다. 리처드가 없었다면 이 책은 세상에 나오지 못했을 것입니다.

윌리Wiley 편집팀에도 감사의 마음을 전하고 싶습니다. 안젤라 모리슨, 데보라 쉰들러, 수전 게러티, 르네 케롤라인은 이 책이 집필되고 출간되기까지 전 단계에서 놀라운 집중력과 협동심을 보여주었습니다. 케빈 앤더슨 앤드 어쏘시에이츠Kevin Anderson & Associates의 케빈 앤더슨과 편집팀도 빼놓을 수 없습니다. 에밀리 힐브랜드, 아만다 아이어스 바넷, 라첼 하트맨 덕분에 각 장의 내용을 한결 더 간결하고 쉽게 읽히도록 정리했습니다.

거의 2년 동안 지치지 않고 노력해준 마케팅 컨설팅 기업 마크플러스 가족에게도 고마움과 존경의 마음을 전하고 싶습니다. 특히 연구를 진행하며 저자들과 함께 영감을 발휘하고 자료를 준비해준 아르디 리드 완샤, 지오바니 퍼나주, 타샤 파딜라에게 깊이 감사합니다.

그뿐만 아니라 월드 마케팅 서밋World Marketing Summit을 비롯해 아래 아시아마케팅연합Asia Marketing Federation과 중소기업아시아연합회Asia Council for Small Business 회원 단체들의 지원에 깊이 감사하며 고마운 마음을 전하고 싶습니다. 아시아마케팅연합과 중소기업아시아연합회 회원 단체는 다음과 같습니다.

아시아마케팅연합 회원 단체	
• 중국 국제무역 촉진위원회 상업소위원회 • 홍콩마케팅연구원 • 인도네시아마케팅협회 • 말레이시아마케팅협회 • 일본마케팅협회 • 마카오마케팅연구원 • 캄보디아마케팅협회 • 태국마케팅협회 • 싱가포르마케팅연구원	• 방글라데시마케팅소사이어티 • 한국마케팅소사이어티 • 몽골마케팅협회 • 미얀마마케팅소사이어티 • 네팔마케팅협회 • 필리핀마케팅협회 • 스리랑카마케팅협회 • 대만마케팅학회 • 베트남마케팅협회

중소기업아시아연합회 회원 단체	
• ACSB 방글라데시 • ACSB 중국 • ACSB 인도네시아 • ACSB 필리핀 • ACSB 스리랑카 • ICSB 라오스 • ICSB 마카오	• ICSB 대만 • ICSB 태국 • ICSB 베트남 • ICSMEE 말레이시아 • ICSMEHK • 한국 ICSB • SEAANZ

✔ 주석

들어가며

1   2022년 8월 20일 다음 사이트에서 참고함. https://www.marketing-schools.org/types-of-marketing/entrepreneurial-marketing/
2   다음 문헌에서 소개된 몇 가지 정의에 근거함. 로버트 D. 히스리히Robert D. Hisrich와 벨란드 라마다니Veland Ramadani 공저 〈Entrepreneurial Marketing〉, Chapter 1 'Entrepreneurial Marketing: Entrepreneurship and Marketing Interface' (Elgar, 2018)

PART 1. 옴니하우스 모델

1   액센추어Accenture: 미국의 다국적 경영 컨설팅 기업-옮긴이에 따르면, 이 경험의 개념은 고객 경험의 철학을 뛰어넘어 탁월한 경험을 전달하게끔 전체 사업이 구성될 정도로 발전했다. 이를 '경험의 비즈니스business of experience, 이하 BX'라고도 한다. 다음을 참고하라. 바이주 샤Baiju Shah, 'An Experience Renaissance to Reignite Growth'. 2021년 1월 다음 사이트에서 참고함. https://www.forbes.com/sites/paultalbot/2020/12/07/accenture-interactive-advocates-the-business-of-experience/?sh=78c54bb22ca4

PART 2. 전문가형 마케팅에서 기업가형 마케팅으로

1   니나 토렌Nina Toren, "Bureaucracy and Professionalism: A Reconsideration of Weber's Thesis," The Academy of Management Review 1, no. 3 (1976): 36–46. https://doi.org/10.2307/257271
2   https://www.statista.com/statistics/273883/netflixs-quarterly-revenue/, https://www.hollywoodreporter.com/business/digital/netflix-q4-2021-earnings-1235078237/
3   https://www.forbes.com/sites/forbestechcouncil/2021/06/15/13-industry-experts-share-reasons-companies-fail-at-digital-transformation/?sh=5aca2d2f7a3f, https://www.forbes.com/sites/forbesdallascouncil/2019/08/23/how-modern-organizations-can-adapt-to-change/?sh=64ea3cf5687e
4   https://www.weforum.org/agenda/2014/12/8-ways-negative-people-affect-your-workplace/

5   https://hbr.org/2021/09/every-leader-has-flaws-dont-let-yours-derail-your-strategy, https://hbr.org/2021/08/leaders-dont-be-afraid-to-talk-about-your-fears-and-anxieties

6   https://globalnews.ca/news/771537/target-starbucks-partnership-brews-up-perfect-blend/

7   https://foundr.com/articles/leadership/personal-growth/4-startup-case-studies-failure

8   https://www.forbes.com/sites/georgedeeb/2016/02/18/big-companies-must-embrace-intrapreneurship-to-survive/?sh=6b51f30348ab, https://www.fm-magazine.com/issues/2021/sep/boost-your-career-with-intrapreneurship.html, https://www.cnbc.com/2021/12/16/google-20-percent-rule-shows-exactly-how-much-time-you-should-spend-learning-new-skills.html, https://www.inc.com/bill-murphy-jr/google-says-it-still-uses-20-percent-rule-you-should-totally-copy-it.html

9   https://www.linkedin.com/business/talent/blog/talent-engagement/how-pwc-successfully-built-culture-of-work-flexibility, https://www.pwc.com/vn/en/careers/experienced-jobs/pwc-professional.html

10   https://hbr.org/amp/2013/10/the-hidden-dangers-of-playing-it-safe

11   https://www.linkedin.com/pulse/bureaucracy-hindering-your-organisations-agility-adapting-sean-huang/?trk=public_profile_article_view

12   https://www.investopedia.com/terms/i/intrapreneurship.asp

13   https://hbr.org/2020/11/innovation-for-impact?registration=success

PART 3. 경쟁을 다르게 생각하라

1   https://www.euronews.com/next/2022/06/20/demand-for-evs-is-soaring-is-europes-charging-station-network-up-to-speed#:~:text=The%20EU%20has%20more%20than,in%20a%20report%20last%20year

2   https://www.press.bmwgroup.com/global/article/detail/T0275763EN/bmw-group-daimler-ag-ford-motor-company-and-the-volkswagen-group-with-audi-and-porsche-form-joint-venture?language=e

3   https://ctb.ku.edu/en/table-of-contents/implement/changing-policies/overview/main

4   https://www.bbc.com/news/business-59946302

5   19세기 영국의 낭만주의 시인 퍼시 비시 셸리Percy Bysshe Shelley가 남긴 격언.
     https://en.wikipedia.org/wiki/The_rich_get_richer_and_the_poor_get_
     poorer#:~:text=%22The%20rich%20get%20richer%20and,due%20
     to%20Percy%20Bysshe%20Shelley.&text=The%20aphorism%20
     is%20commonly%20evoked,market%20capitalism%20producing%20
     excessive%20inequality

6   https://www.oecd.org/trade/understanding-the-global-trading-
     system/why-open-markets-matter/

7   https://www.channelnewsasia.com/cna-insider/how-fujifilm-
     survived-digital-age-unexpected-makeover-1026656

8   https://www.doughroller.net/banking/largest-banks-in-the-world/,
     https://www.chinadaily.com.cn/china/2007-07/24/content_5442270.htm

9   https://daveni.tuck.dartmouth.edu/research-and-ideas/
     hypercompetition

10   애덤 브랜든버거Adam Brandenburger, 배리 네일버프Barry Nalebuff, 'The Rules of
     Co-opetition,' Harvard Business Review (January–February 2021).

11   1980년대 중반 히트Hitt와 아일랜드Ireland가 차별적 역량의 주제를 깊이 있게
     다뤘다. 마이클 A. 히트Michael A. Hitt, R. 듀안 아일랜드R. Duane Ireland, 'Corporate
     Distinctive Competence, Strategy, Industry and Performance', Strategic
     Management Journal 6, no. 3 (273–293).

12   경영 과학 분야에서 큰 명성을 쌓은 두 학자, 다시 말해 핵심 역량core competencies의
     개념을 주창한 프라할라드Prahalad와 해멀Hamel이 이 능력과 관련한 주제를 상세히
     다뤘다. 다음을 참고하라. C. K. 프라할라드C. K. Prahalad, 게리 해멀Gary Hamel, 'The
     Core Competence of the Corporation', Harvard Business Review (1990).
     https://hbr.org/1990/05/the-core-competence-of-the-corporation,
     https://en.wikipedia.org/wiki/Core_competency

13   https://hbr.org/2003/11/coming-up-short-on-nonfinancial-
     performance-measurement

14   다음을 참고하라. 피터 웨일Peter Weill, 스테파니 L. 워너Stephanie L. Woerner,
     What's Your Digital Business Model? (Cambridge, MA: Harvard Business
     Review Press, 2018).

15   https://www.bbc.com/news/technology-56592913, https://
     medium.com/@TheWEIV/how-social-media-has-impacted-the-

	modeling-industry-a25721549b65, https://www.youtube.com/watch?v=6OKDa9h4lDo
16	위분 키틸랙새너웡Wiboon Kittilaksanawong, 엘리스 페린Elise Perrin, 'All Nippon Airways: Are Dual Business Model Sustainable?' Harvard Business Review (January 29, 2016)
17	https://bizfluent.com/info-8455003-advantages-disadvantages-economic-competition.html
18	https://www.autoritedelaconcurrence.fr/en/the-benefits-of-competition
19	https://www.marketing91.com/5-advantages-of-market-competition/
20	https://opentextbc.ca/strategicmanagement/chapter/advantages-and-disadvantages-of-competing-in-international-markets/
21	https://www.entrepreneur.com/article/311359
22	https://bizfluent.com/info-8455003-advantages-disadvantages-economic-competition.html
23	위와 동일
24	https://www.thebalancesmb.com/what-is-competition-oriented-pricing-2295452
25	https://www.mdpi.com/2071-1050/10/8/2688/pdf
26	https://hbr.org/2021/01/the-rules-of-co-opetition
27	위와 동일
28	https://www.mdpi.com/2071-1050/10/8/2688/pdf
29	https://www.forbes.com/sites/briannegarrett/2019/09/19/why-collaborating-with-your-competition-can-be-a-great-idea/?sh=451bd432df86
30	https://www.mdpi.com/2071-1050/10/8/2688/pdf
31	위와 동일
32	https://hbr.org/2021/01/when-should-you-collaborate-with-the-competition
33	https://www.americanexpress.com/en-us/business/trends-and-insights/articles/what-are-the-advantages-and-disadvantages-of-a-partnership/
34	위와 동일
35	https://www.valuer.ai/blog/examples-of-successful-companies-who-

embraced-new-business-models

36 https://www.3deo.co/strategy/additive-manufacturing-delivers-
    economies-of-scale-and-scope/

37 https://sloanreview.mit.edu/article/why-your-company-needs-more-
    collaboration/

38 https://www.bangkokpost.com/thailand/pr/2078987/marhen-j-brand-
    collaborates-with-samsung-in-in-store-launch-showcase

39 1990년대 레이 노르다Ray Noorda가 제시한 고전적 개념을 참고하라.

40 도로시아 코시바Dorothea Kossyva, 캐터리나 사리Katerina Sarri, 니콜라오스 게오르고
    풀로스Nikolaos Georgopoulos, 'Co-opetition: A Business Strategy for SMEs in
    Times of Economic Crisis', South-Eastern Europe Journal of Economics
    no. 1 (January 2014): 89-106

41 https://myassignmenthelp.com/free-samples/challenges-ikea-faced-
    in-the-global-market

PART 4. 고객을 이끌어가라

1 2021년 3월 다음 사이트에서 참고함. https://en.wikipedia.org/wiki/Airbnb

2 2021년 3월 다음 사이트에서 참고함. https://econsultancy.com/airbnb-
   how-its-customer-experience-is-revolutionising-the-travel-industry/

3 2021년 3월 다음 사이트에서 참고함. https://www.airbnb.com/luxury;
   https://www.airbnb.com/plus

4 2021년 3월 다음 사이트에서 참고함. https://www.wired.co.uk/article/
   liechtenstein-airbnb

5 2021년 3월 다음 사이트에서 참고함. https://www.mycustomer.com/
   customer-experience/loyalty/four-customer-experience-lessons-from-
   the-airbnb-way

6 2021년 3월 다음 사이트에서 참고함. https://hbr.org/2014/11/what-
   airbnb-gets-about-culture-that-uber-doesnt

7 2021년 3월 다음 사이트에서 참고함. https://techcrunch.com/2021/02/24/
   airbnb-plans-for-a-new-kind-of-travel-post-covid-with-flexible-
   search

8 2021년 3월 다음 사이트에서 참고함. https://www.thinkwithgoogle.com/
   marketing-strategies/search/informeddecisionmaking/

9   https://www.inriver.com/resources/inside-the-mind-of-an-online-shopper/#resourgated-content, https://www.ge.com/news/press-releases/ge-capital-retail-banks-second-annual-shopper-study-outlines-digital-path-major, https://insights.sirclo.com

10 2021년 3월 다음 사이트에서 참고함. https://www2.deloitte.com/content/dam/Deloitte/uk/Documents/consumer-business/consumer-review-8-the-growing-power-of-consumers.pdf

11 https://www.inriver.com/resources/inside-the-mind-of-an-online-shopper/#resource-gated-content, https://www.ipsos.com/en-nl/exceeding-customer-expectations-around-data-privacy-will-be-key-marketers-success-new-studies-find

12 https://www.businesswire.com/news/home/20211021005687/en/TruRating-Announce-the-Release-of-New-Report-Investigating-Consumer-Loyalty-in-2021-Following-Survey-of-180000-US-Consumers

13 2021년 3월 다음 사이트에서 참고함. https://nielseniq.com/global/en/insights/analysis/2019/battle-of-the-brands-consumer-disloyalty-is-sweeping-the-globe/

14 2021년 3월 다음 사이트에서 참고함. https://hbr.org/2017/01/customer-loyalty-is-overrated

15 필립 코틀러Philip Kotler, 허마원 카타자야Hermawan Kartajaya, 덴 후안 후이Den Huan Hooi, Marketing for Competitiveness: Asia to the World; In the Age of Digital Consumers (Singapore: World Scientific, 2017).

16 https://segment.com/2030-today/

17 2021년 3월 다음 사이트에서 참고함. https://jcirera.files.wordpress.com/2012/02/bcg.pdf

18 https://firsthand.co/blogs/career-readiness/jobs-that-will-likely-be-automated-in-the-near-future

19 2021년 3월 다음 사이트에서 참고함. https://www2.deloitte.com/content/dam/Deloitte/ch/Documents/innovation/ch-en-innovation-automation-competencies.pdf

20 다음 사이트의 내용을 각색했음. https://www.fintalent.com/future-enabled-digital-banking-skill-sets/

21 2021년 3월 다음 사이트에서 참고함. https://www.mckinsey.com/

business-functions/marketing-and-sales/our-insights/the-big-reset-data-driven-marketing-in-the-next-normal

22 2021년 3월 다음 사이트에서 참고함. https://www.thinkwithgoogle.com/future-of-marketing/creativity/marketing-in-2030/

23 2021년 3월 다음 사이트에서 참고함. https://www.ignytebrands.com/adaptive-brand-positioning/

24 쏘칠 오스트리아Xóchitl Austria, '13 Marketing Trends for 2030.', 2022년 11월 다음 사이트에서 참고함. https://www.studocu.com/es-ar/document/instituto-educativo-siglo-xxi/comercializacion-en-marketing/13-tendencias-de-marketing-para-2030/19069461

25 피터 웨일Peter Weill, 스테파니 워너Stephanie Woerner, What's Your Digital Business Model? Six Questions to Help You Build the Next-Generation Enterprise (Cambridge, MA: Harvard Business Review Press, 2018).

26 https://www.mckinsey.com/~/media/McKinsey/Business %20 Functions/McKinsey %20Digital/Our %20Insights/How %20do %20companies %20create %20value %20from %20digital %20ecosystems/How-do-companies-create-value-from-digital-ecosystems-vF.pdf

27 https://hbr.org/2012/02/why-porters-model-no-longer-wo

28 https://theconversation.com/wordle-how-a-simple-game-of-letters-became-part-of-the-new-york-times-business-plan-176299, https://www.forbes.com/sites/mikevorhaus/2020/11/05/digital-subscriptions-boost-new-york-times-revenue-and-profits/?sh=1c459ea96adc

29 https://cissokomamady.com/2019/04/02/debunking-the-myth-of-competitive-strategy-forces-disrupting-porter-five-forces/

30 2021년 3월 다음 사이트에서 참고함. https://www.cgma.org/Resources/Reports/DownloadableDocuments/The-extended-value-chain.pdf

31 https://www.forbes.com/advisor/banking/capital-one-360-bank-review/

32 나드 자와스키Bernard Jaworski, 아제이 콜리Ajay Kohli, 아빈드 사헤이Arvind Sahay, 'Market-Driven Versus Driving Markets', Journal of the Academy of Marketing Science no. 28 (2000): 45–54.

33 이런 기업들은 생태계ecosystem drivers라고 불린다. 웨일Weil과 워너Woerner의

책(2018년)을 다시 참고하라.

34 https://backlinko.com/tiktok-users
35 https://www.theverge.com/2021/7/1/22558856/tiktok-videos-three-minutes-lengt
36 https://www.kompas.com/properti/read/2021/04/10/135228821/membaca-peta-persaingan-cloud-kitchen-di-jakarta-ini-7-pemainnya?page=all
37 https://knowledge.insead.edu/blog/insead-blog/how-dbs-became-the-worlds-best-bank-17671, https://www.reuters.com/world/asia-pacific/singapore-lender-dbs-q2-profit-jumps-37-beats-market-estimates-2021-08-04/
38 레이 커즈와일Ray Kurzweil, Singularity Is Near (New York: Penguin, 2005).

PART 5. 조직의 능력을 통합하라

1   2021년 3월 다음 사이트에서 참고함. https://www.spotify.com/id/about-us/contact/
2   2021년 3월 다음 사이트에서 참고함. https://en.wikipedia.org/wiki/Spotify
3   https://www.macrotrends.net/stocks/charts/SPOT/spotify-technology/number-of-employees#:~:text=Interactive%20chart%20of%20Spotify%20Technology,a%2017.12%25%20decline%20from%202019
4   2021년 3월 다음 사이트에서 참고함. https://corporate-rebels.com/spotify-2
5   2021년 3월 다음 사이트에서 참고함. https://corporate-rebels.com/spotify-1/
6   2021년 3월 다음 사이트에서 참고함. https://hbr.org/2017/02/how-spotify-balances-employee-autonomy-and-accountability
7   위와 동일
8   2021년 3월 다음 사이트에서 참고함. https://divante.com/blog/tribes-model-helps-build-agile-organization-divante/
9   2021년 3월 다음 사이트에서 참고함. https://achardypm.medium.com/agile-team-organisation-squads-chapters-tribes-and-guilds-80932ace0fdc
10 2021년 3월 다음 사이트에서 참고함. https://corporate-rebels.com/spotify-1/
11 2021년 3월 다음 사이트에서 참고함. https://www.reuters.com/article/us-spotify-employees-idUSKBN2AC1O7
12 2021년 3월 다음 사이트에서 참고함. https://corporate-rebels.com/spotify-1/

13   2021년 3월 다음 사이트에서 참고함. https://www.linkedin.com/pulse/thinking-using-spotifys-agile-tribe-model-your-company-schiffer/

14   160개 이상의 국가에서 시행되는 캠브리지평가국제교육Cambridge Assessment International Education, 'Developing the Cambridge Learner Attributes', https://www.cambridgeinternational.org/support-and-training-for-schools/teaching-cambridge-at-your-school/cambridge-learner-attributes/

15   타티아나 드 카시아 나카노Tatiana de Cassia Nakano, 솔란지 무글리아 웨슐러Solange Muglia Wechsler, 'Creativity and Innovation: Skills for the 21st Century', Estudos de Psicologia 35, no. 3 (2018): 237–246. https://doi.org/10.1590/1982-02752018000300002

16   O. C. 리베이로O. C. Ribeiro, M. C. 모레이스M. C. Moraes, Criatividade em uma perspectiva transdisciplinar: Tompendo crenças, mitos e concepçõe (Líber Livro, 2014), 이는 다음에서 언급됨. 타티아나 드 카시아 나카노Tatiana de Cassia Nakano, 솔란지 무글리아 웨슐러Solange Muglia Wechsler, 'Creativity and Innovation: Skills for the 21st Century', Estudos de Psicologia 35, no. 3 (2018). https://www.scielo.br/j/estpsi/a/vrTxJGjGnYFLqQGcTzFgfcp/?lang=en&format=html

17   L. 쩡L. Zeng, P.R.W 프록터P.R.W. Proctor, G. 살벤디G. Salvendy, 'Can Traditional Divergent Thinking Tests Be Trusted in Measuring and Predicting Real-World Creativity?' Creativity Research Journal 23, no. 1 (2011): 24–37, 이는 다음에서 언급됨. 'Creativity and Innovation: Skills for the 21st Century', Estudos de Psicologia 35, no. 3 (2018). https://www.scielo.br/j/estpsi/a/vrTxJGjGnYFLqQGcTzFgfcp/?lang=en&format=html

18   2021년 3월 다음 사이트에서 참고함. https://www.mindtools.com/pages/article/professionalism.htm

19   2021년 3월 다음 사이트에서 참고함. http://graduate.auburn.edu/wp-content/uploads/2016/08/What-is-PROFESSIONALISM.pdf

20   2021년 3월 다음 사이트에서 참고함. https://blogs.lse.ac.uk/management/2018/04/03/breaking-promises-is-bad-for-business/

21   브랜드먼 대학Brandman University, 'Professionalism in the Workplace: A Guide for Effective Eti-quette', 2021년 3월 다음 사이트에서 참고함. https://www.experd.com/id/whitepapers/2021/03/1583/professionalism-in-the-workplace.html

22　질리안 데 어라우고아Jillian de Araugoa, 리처드 빌Richard Beal, 'Professionalism as
　　Reputation Capital: The Moral Imperative in the Global Financial Crisis',
　　Social and Behavioral Sciences 99 (2013): 351-362.

23　조안나 웨스트브룩Johanna Westbrook 외, 'The Prevalence and Impact of
　　Unprofessional Behaviour Among Hospital Workers: A Survey in Seven
　　Australian Hospitals', Medical Journal of Australia 214, no. 1 (2021):
　　31-37. doi: 10.5694/mja2.50849

24　2022년 2월 다음 사이트에서 참고함. https://www.teamwork.com/project-
　　management-guide/why-is-project-management-important/

25　https://www.pmi.org/-/media/pmi/documents/public/pdf/learning/
　　thought-leadership/why-good-strategies-fail-report.pdf

26　2022년 2월 다음 사이트에서 참고함. htps://www.fastcompany.com/
　　3054547/six-companies-that-are-redefining-performance-
　　management

PART 6. 조직의 기능을 통합하라

1　2021년 3월 다음 사이트에서 참고함. https://www.investopedia.com/
　　terms/s/silo-mentality.asp#:~:text=In%20business%2C%20
　　organizational%20silos%20refer,shared%20because%20 of%20
　　system%20limitations

2　2021년 3월 다음 사이트에서 참고함. https://www.adb.org/sites/default/
　　files/publication/27562/bridging-organizational-silos.pdf

3　2021년 3월 다음 사이트에서 참고함. https://www.forbes.com/sites/
　　brentgleeson/2013/10/02/the-silo-mentality-how-to-break-down-
　　the-barriers/?sh=2921022d8c7e

4　2021년 3월 다음 사이트에서 참고함. https://www.investopedia.com/
　　terms/s/silo-mentality.asp#:~:text=In%20business%2C%20
　　organizational%20silos%20refer,shared%20because%20 of%20
　　system%20limitations

5　2021년 3월 다음 사이트에서 참고함. http://www.managingamericans.
　　com/Accounting/Success/Breaking-Down-Departmental-Silos-
　　Finance-394.htm

6　2021년 3월 다음 사이트에서 참고함. https://hbr.org/2019/05/cross-siloleadership

7 https://www.ericsson.com/en/blog/2021/5/technology-for-good-how-tech-is-helping-us-restore-planet-earth

8 2021년 3월 다음 사이트에서 참고함. from https://www.businessmodel sinc.com/machines/

9 2021년 3월 다음 사이트에서 참고함. https://smallbusiness.chron.com/strategic-flexibility-rigidity-barriers-development-management-65298.html

10 2021년 3월 다음 사이트에서 참고함. https://www.linkedin.com/pulse/process-rigidity-leads-organizational-entropy-milton-mattox

11 2022년 2월 다음 사이트에서 참고함. https://blog.lowersrisk.com/culprits-complacency/

12 https://www.businessnewsdaily.com/8122-oldest-companies-in-america.html

13 https://delawarebusinesstimes.com/news/features/dupont-creates-new-digital-center/

14 https://www.aei.org/carpe-diem/fortune-500-firms-1955-v-2017-only-12-remain-thanks-to-the-creative-destruction-that-fuels-economic-prosperity/

15 https://www.nationalbusinesscapital.com/blog/2019-small-business-failure-rate-startup-statistics-industry/

16 https://www2.deloitte.com/us/en/insights/topics/digital-transformation/digital-transformation-survey.html

17 https://www.gartner.com/en/human-resources/insights/organizational-change-management

PART 7. 창의성과 생산성을 융합하라

1 기업이 창의하는 일을 멈춘다면, 창의성은 감소하다가 결국 흔적도 거의 남지 않을 것이다. 다음을 참고하라. https://bettermarketing.pub/the-problem-with-creativity-3fdf7c061803

2 https://www.anastasiashch.com/business-creativity

3 https://hbr.org/2002/08/creativity-is-not-enough

4 https://www.forbes.com/sites/work-in-progress/2010/04/15/are-

you-a-pragmatic-or-idealist-leader/?sh=72b90bbf3e67, https://hbr.org/2012/01/the-power-of-idealistic-realis

5 https://www.linkedin.com/pulse/problem-creativity-its-free-tom-goodwin

6 https://www.irwinmitchell.com/news-and-insights/newsletters/focus-on-manufacturing/edition-6-industry-40-and-property

7 https://hbr.org/2012/09/are-you-solving-the-right-problem

8 https://www.mantu.com/blog/business-insights/is-the-status-quo-standing-in-the-way-of-productivity/

9 https://krisp.ai/blog/why-do-people-hate-productivity-heres-how-to-embrace-it/

10 https://www.bbc.com/worklife/article/20180904-why-time-management-so-often-fails

11 https://happilyrose.com/2021/01/10/productivity-culture/

12 https://www2.deloitte.com/xe/en/insights/topics/innovation/unshackling-creativity-in-business.html

13 결과가 산출, 성과, 영향으로 구성된다는 개념은 OECD(경제협력개발기구)의 설명을 참고함.

14 https://www.oecd.org/dac/results-development/what-are-results.htm

15 https://businessrealities.eiu.com/in-brief-shifting-customer-demands

16 로버트 J. 스턴버그Robert J. Sternberg, 토드 I. 루발트Todd I. Lubart, 'An Investment Theory of Creativity and Its Development', Human Development 34, no. 1 (January–February 1991): 1–31.

17 위와 동일

18 https://www.inc.com/marc-emmer/95-percent-of-new-products-fail-here-are-6-steps-to-make-sure-yours-dont.html

19 https://www.vttresearch.com/en/news-and-ideas/business-case-creativity-why-invest-organizational-creativity

20 크리스 세비지의 의견에 근거함.(2018년). 다음을 참고하라. https://wistia.com/learn/culture/investing-in-creativity-isnt-just-a-money-problem

21 https://www.forbes.com/sites/adamhartung/2015/02/12/the-reason-why-google-glass-amazon-firephone-and-segway-all-failed/?sh=69676682c05c

PART 8. 창의성과 대차대조표

1   https://www.bbc.com/news/business-58579833, https://www.investopedia.com/terms/v/venturecapital.asp, https://www.investopedia.com/terms/p/privateequity.asp

2   https://www.topuniversities.com/student-info/careers-advice/7-most-successful-student-businesses-started-university

3   https://newsroom.airasia.com/news/airasia-group-is-now-capital-a

4   https://www.wired.com/story/great-resignation-tech-workers-great-reconsideration/

5   https://hbr.org/2021/05/why-start-ups-fail

PART 9. 혁신과 개선을 하나로 집중하라

1   https://www.scmp.com/tech/big-tech/article/3156192/tiktok-owner-bytedance-post-60-cent-revenue-growth-2021-media-report

2   https://asia.nikkei.com/Business/36Kr-KrASIA/TikTok-creator-ByteDance-hits-425bn-valuation-on-gray-market

3   https://hbr.org/2020/07/how-spotify-and-tiktok-beat-their-copycats

4   https://www.ycombinator.com/library/3x-hidden-forces-behind-toutiao-china-s-content-king, https://digital.hbs.edu/platform-digit/submission/toutiao-an-ai-powered-news-platform/

5   적합성, 실현 가능성, 지속성을 기반으로 하는 혁신 프로세스는 혁신 기업 아이디오IDEO가 고안해 인간 중심 디자인에 적용했다. IDEO의 인간 중심 디자인을 참고하라. The Field Guide to Human-Centered Design (IDEO, 2015), 14, 크리스탄 오턴Kristann Orton, 'Desirability, Feasibility, Viability: The Sweet Spot for Innovation', Innovation Sweet Spot (March 28, 2017). https://medium.com/innovation-sweet-spot/desirability-feasibility-viability-the-sweet-spot-for-innovation-d7946de2183c

6   4C의 세 요소인 경쟁자, 고객, 자사와 관련한 개념은 다음을 참고하라. 오마에 겐이치Kenichi Ohmae, The Mind of the Strategist: The Art of Japanese Business (McGraw-Hill, 1982)

7   https://www.ariston.com/en-sg/the-comfort-way/news/ariston-launches-singapores-first-ever-wifi-enabled-smart-water-heater-

8   with-app-controls-the-andris2-range/
https://www.autocarpro.in/news-international/f1-legend-niki-lauda-dies-aged-70-43064

9   https://martinroll.com/resources/articles/strategy/uniqlo-the-strategy-behind-the-global-japanese-fast-fashion-retail-brand/, https://www.fastretailing.com/eng/group/strategy/uniqlobusiness.html

10   시장 추종 기업과 시장 주도 기업의 차이를 더 파악하고자 한다면 다음을 참고하라. 니르말야 쿠마르Nirmalya Kumar, 리사 스키어Lisa Scheer, 필립 코틀러Philip Kotler, 'From Market Driven to Market Driving', European Management Journal 18, no. 2 (2000): 129-142. https://ink.library.smu.edu.sg/lkcsb:research/5196; 앤드류 스타인Andrew Stein, '9 Differences Between Market-Driving And Market-Driven Companies', http://steinvox.com/blog/9-differences-between-market-driving-and-market-driven-companies/

11   https://www.ideatovalue.com/inno/nickskillicorn/2019/07/ten-types-of-innovation-30-new-case-studies-for-2019/

12   https://www.linkedin.com/pulse/subscription-economy-did-start-power-by-the-hour-gene-likins

13   https://www.23andme.com/en-int/, https://www.mobihealthnews.com/news/23andme-heads-public-markets-through-spac-merger-vg-acquisition-corp, https://www.virgin.com/about-virgin/virgin-group/news/23andme-and-virgin-groups-vg-acquisition-corp-successfully-close-business

14   https//www.retailbankerinternational.com/news/n26-transferwise-expand-alliance-to-support-fund-transfers-in-over-30-currencies

15   https://open-organization.com/en/2010/04/01/open-innovation-crowdsourcing-and-the-rebirth-of-lego

16   https://www.pwc.com/us/en/library/case-studies/axs.html

17   PwC와 인터브랜드에서 제공한 데이터. 이 분석은 PwC가 연구를 발표한 연도에 맞춰 인터브랜드의 2018년 데이터를 바탕으로 했다.

18   위와 동일

19   위와 동일

20   위와 동일

21   위와 동일

PART 10. 리더십과 경영의 균형을 유지하라

1   https://about.netflix.com/en/sustainability
2   https://press.farm/founder-ceo-netflix-reed-hastings-definitive-
    startup-guide-successful-entrepreneurs/#:~:text=Born%20in%20
    Boston%2C%20Massachusetts%2C%20Reed,a%20Master's%20in%20
    artificial%20intelligence
3   https://www.bbc.com/news/business-60077485
4   앨런 거터먼Alan Gutterman, Leadership: A Global Survey of Theory and
    ResearchAugust2017.10.13140/RG.2.2.35297.40808
5   변혁적 리더십에 대해 좀 더 자세히 이해하려면, 다음을 참고하라. 제임스 M.
    쿠제스James M. Kouzes, 베리 Z. 포스너Barry Z. Posner, The Leadership Challenge:
    How to Make Extraordinary Things Happen in Organizations,6thed.(Wil
    ey,2017), 압둘라 M. 애부-티네Abdullah M. Abu-Tineh, 세이머 A. 카사우네Samer
    A. Khasawneh, 에이맨 A. 알 오마리Aieman A. Al Omari, 'Kouzes and Posner's
    Transformational Leadership Model in Practice: The Case of Jordanian
    Schools', Leadership & Organization Development Journal 29, no.8
    (2009). https://www.researchgate.net/publication/234094447
6   대니얼 골먼Daniel Goleman, 'Leadership That Gets Results', Harvard Business
    Review(March-April 2000).
7   짐 클리프턴Jim Clifton, 짐 하터Jim Harter, It's the Manager: Moving From Boss
    to Coach(Washington,DC: Gallup Press, 2019).
8   리타 건터 맥그래스Rita Gunther McGrath, 이안 C.Ian C. 맥밀란MacMillan, The Entre
    preneurial Mindset: Strategies for Continuously Creating Opportunity in an
    Age of Uncertainty (Boston, MA: Harvard BusinessSchool Press, 2000). \
9   https://www.bdc.ca/en/articles-tools/entrepreneurial-skills/be-
    effective-leader/7-key-leadership-skills-entrepreneurs
10 https://www.ccl.org/articles/leading-effectively-articles/are-leaders-
    born-or-made-perspectives-from-the-executive-suite/
11 https://www.antoinetteoglethorpe.com/entrepreneurial-leadership-
    why-is-it-important/
12 무함마드 샤이드 메무드Muhammad Shahid Mehmood, 장 지안Zhang Jian, 우메어
    아크람Umair Akram, 아딜 타리크Adeel Tariq, 'Entrepreneurial Leadership:
    The Key to Develop Creativity in Organizations', Leadership &

Organization Development Journal (February 2021). DOI:10.1108/ LODJ-01-2020-0008

13 주안 양Juan Yang, 첸종 구안Zhenzhong Guan, 보 푸Bo Pu, 'Mediating Influences of Entrepreneurial Leadership on Employee Turnover Intention in Startups', Social Behavior and Personality: An International Journal 47, no. 6 (2019): 8117.

14 https://thomasbarta.com/what-is-marketing-leadership/

15 https://engageforsuccess.org/strategic-leadership/marketing-strategy/

16 https://www.forbes.com/sites/steveolenski/2015/01/07/4-traits-of-successful-marketing-leaders/?sh=48796a83fde8

17 https://deloitte.wsj.com/articles/the-cmo-survey-marketers-rise-to-meet-challenges-01634922527

18 https://cmox.co/marketing-leadership-top-5-traits-of-the-best-marketing-leaders/

19 https://www.launchteaminc.com/blog/bid/149575/what-s-the-leader-s-role-in-marketing-success

20 https://www2.deloitte.com/us/en/pages/chief-marketing-officer/articles/cmo-council-report.html

21 https://courses.lumenlearning.com/principlesmanagement/chapter/1-3-leadership-entrepreneurship-and-strategy/

22 https://online.hbs.edu/blog/post/strategy-implementation-for-managers

23 https://home.kpmg/xx/en/home/insights/2019/11/customer-loyalty-survey.html

24 https://www2.deloitte.com/content/dam/insights/us/articles/4737_2018-holiday-survey/2018DeloitteHolidayReportResults.pdf

25 https://www.statista.com/statistics/264875/brand-value-of-the-25-most-valuable-brands/

26 https://www.forbes.com/sites/jackzenger/2015/01/15/great-leaders-can-double-profits-research-shows/?sh=3b6094776ca6

27 https://businessrealities.eiu.com/insights-field-balancing-stakeholder-expectations-requires-communication

28 https://hbr.org/2015/04/calculating-the-market-value-of-leadership

29 https://blog.orgnostic.com/how-can-investors-measure-the-market-

value-of-leadership/

30 https://www2.deloitte.com/content/dam/Deloitte/global/Documents/
HumanCapital/dttl-hc-leadershippremium-8092013.pdf

31 다양한 자료를 참고함. 가브리엘 하와위니Gabriel Hawawini, 클로드 바이알렛Claude
Viallet, Finance for Executives (Mason, OH: Cengage Learning, 2019);
https://en.wikipedia.org/wiki/Price%E2%80%93earnings_ratio, https://
www.investopedia.com/terms/p/price-earningsratio.asp, https://www.
investopedia.com/investing/use-pe-ratio-and-peg-to-tell-stocks-
future/, https://www.moneysense.ca/save/investing/what-is-price-
to-earnings-ratio/, https://corporatefinanceinstitute.com/resources/
knowledge/valuation/price-earnings-ratio/, https://ycharts.com/glossary/
terms/pe_ratio, https://www.forbes.com/advisor/investing/what-is-pe-
price-earnings-ratio/, https://cleartax.in/s/price-earnings-ratio

32 다양한 자료를 참고함. 가브리엘 하와위니Gabriel Hawawini, Claude Viallet,
Finance for Executives (Mason, OH: Cengage Learning, 2019); https://
www.investopedia.com/terms/p/price-to-bookratio.asp, https://www.
investopedia.com/investing/using-price-to-book-ratio-evaluate-
companies/, https://corporatefinanceinstitute.com/resources/
knowledge/valuation/market-to-book-ratio-price-book/, https://
en.wikipedia.org/wiki/P/B_ratio, https://www.fool.com/investing/how-
to-invest/stocks/price-to-book-ratio/, https://groww.in/p/price-to-
book-ratio/, https://gocardless.com/en-au/guides/posts/what-is-
price-book-ratio/

33 https://www.forbes.com/sites/martinzwilling/2015/11/03/10-
leadership-elements-that-maximize-business-value/?sh=418f3b4568a1

34 https://www.leaderonomics.com/articles/leadership/market-value-of-
leadership

35 https://www.investopedia.com/terms/p/price-earningsratio.asp

36 https://hbr.org/2020/03/are-you-leading-through-the-crisis-or-
managing-the-response

37 https://leadershipfreak.blog/2016/04/27/over-led-and-under-
managed/

38 리타 건터 맥그래스Rita Gunther McGrath, 'How the Growth Outliers Do It',
Harvard Business Review (January–February 2012).

PART 11. 기회를 포착하고 불잡으라

1   https://www.finextra.com/pressarticle/73937/dbs-to-roll-out-live-more-bank-less-rebrand-as-digital-transformation-takes-hold
2   https://www.dbs.com/newsroom/DBS_invests_in_mobile_and_online_classifieds_marketplace_Carousell
3   https://blog.seedly.sg/dbs-ocbc-uob-valuations/
4   https://www.dbs.com/about-us/who-we-are/awards-accolades/2020.page
5   https://sdgs.un.org/2030agenda
6   세계 경제 포럼World Economic Forum, 'What Is the Gig Economy and What's the Deal for Gig Workers?', (May 26, 2022). https://www.weforum.org/agenda/2021/05/what-gig-economy-workers/
7   https://www.entrepreneur.com/article/381850
8   https://www.northbaybusinessjournal.com/article/opinion/outlook-for-the-gig-economy-freelancers-could-grow-to-50-by-2030/
9   https://ellenmacarthurfoundation.org/topics/circular-economy-introduction/overview
10 https://www.dnv.com/power-renewables/publications/podcasts/pc-the-rise-of-the-circular-economy.html
11 https://wasteadvantagemag.com/the-rise-of-the-circular-economy-and-what-it-means-for-your-home/#:~:text=The%20Rise%20Of%20The%20Circular%20Economy%20and%20What%20It%20Means%20For%20Your%20Home,-July%2024%2C%202019&text=According%20to%20research%20by%20Accenture,new%20jobs%20by%20then%20too
12 https://www.forbes.com/sites/forbesagencycouncil/2021/12/21/what-is-the-metaverse-and-how-will-it-change-the-online-experience/?sh=31493f821a05
13 https://www.newfoodmagazine.com/news/158831/plant-based-consumption-uk/
14 https://www.weforum.org/agenda/2019/09/technology-global-goals-sustainable-development-sdgs/
15 https://www.fastcompany.com/1672435/nike-accelerates-10-

materials-of-the-future

16 https://www.themarcomavenue.com/blog/how-xiaomi-is-dominating-the-global-smartphone-market/

17 https://gs.statcounter.com/vendor-market-share/mobile

18 https://www.themarcomavenue.com/blog/how-xiaomi-is-dominating-the-global-smartphone-market/

19 https://www.quora.com/Why-are-Oppo-and-Vivo-spending-so-much-on-advertising

20 https://www.livemint.com/news/business-of-life/yolo-fomo-jomo-why-gens-y-and-z-quit-1567429692504.html

21 필립 코틀러Philip Kotler, 허마원 카타자야Hermawan Kartajaya, 이완 세티아완Iwan Setiawan, Marketing 4.0: Moving from Traditional to DigitalHoboken, NJ: Wiley, 2017.

22 https://egade.tec.mx/en/egade-ideas/research/experience-demanding-customer

23 여기서 우리는 내부를 바라보는 태도(내부 지향의 태도) 대신에 외부를 바라보는 태도(외부 지향의 태도)를 보여주고자 SWOT 대신 TOWS라는 축약어를 사용한다.

24 https://www.referenceforbusiness.com/encyclopedia/Dev-Eco/Distinctive-Competence.html

25 '전략 의도strategic intent'라는 용어는 1980년대 말 게리 해멀Gary Hamel과 C. K. 프라할라드가 처음으로 창안했다.

26 이 VRIO 프레임워크는 1991년 제이 바니Jay Barney가 개발했다.

27 다음을 참고하라. 제이 바니Jay Barney, https://thinkinsights.net/strategy/vrio-framework/

28 https://www.designnews.com/design-hardware-software/what-can-design-engineers-learn-ikea

29 마케팅 개념의 여러 변화(소위 뉴웨이브 마케팅)는 필립 코틀러Philip Kotler, 허마원 카타자야Hermawan Kartajaya, 후이 덴 후안Hooi Den Huan의 〈필립 코틀러의 아시아 마켓 4.0 Marketing for Competitiveness: Asia to the World!〉(Singapore:World Scientific, 2017)에서 논의됐다.

30 (윈백win back을 제외한) 고객 모집get, 고객 유지keep, 고객 성장grow은 다음 문헌에서 참고함. 스티브 블랭크Steve Blank, 밥 도프Bob Dorf, The Start-Up Manual: The Step-by-Step Guide for Building a Great Company

Hoboken, NJ: Wiley, 2020, Figure 3.10 and Table 3.3.

31   데이비드 A. 아커David A. Aker, Building Strong BrandsNew York, NY: Free Press, 1995.

PART 12. 옴니 능력을 구축하라

1   https://hrmasia.com/talent-search-shopee/, https://www.linkedin.com/company/shopee/about/, https://careers.shopee.co.id/, https://careers.shopee.co.id/job-detail/6078, https://medium.com/shopee/the-role-of-brand-design-in-cultivating-a-powerful-employer-brand-6bc574143bca, https://www.reuters.com/article/us-sea-mexico-idUSKBN2AM2BS

2   https://www.weforum.org/agenda/2016/01/the-fourth-industrial-revolution-what-it-means-and-how-to-respond/

3   위와 동일

4   다양한 출처 중 특히 다음 사이트들을 참고함. https://www.indeed.com/career-advice/finding-a-job/traits-of-creative-people, http://resourcemagonline.com/2020/01/what-are-the-characteristics-of-creative-people-and-are-you-one-of-them/181380/, https://www.verywellmind.com/characteristics-of-creative-people-2795488, https://www.tutorialspoint.com/creative_problem_solving/creative_problem_solving_qualities.htm, https://thesecondprinciple.com/understanding-creativity/creativetraits/

5   https://www.fastcompany.com/90683974/how-and-why-to-train-your-brain-to-be-more-curious-at-work

6   https://www.inc.com/martin-zwilling/how-to-grow-your-business-by-thinking-outside-the-box.html

7   https://hbr.org/2016/10/help-employees-innovate-by-giving-them-the-right-challenge

8   다양한 출처 중 특히 다음 사이트들을 참고함. https://kantaraustralia.com/what-stands-in-the-way-of-creative-capability/, https://www.googlesir.com/characteristics-of-a-creative-organization/, https://slideplayer.com/slide/14881811/, https://www.slideshare.net/gdpawan/creative-organisation, https://www.iedp.com/articles/

managing-creativity-in-organizations/, https://hbr.org/2017/05/how-to-nourish-your-teams-creativity

9   https://www.forbes.com/sites/forbescoachescouncil/2019/05/13/how-to-break-down-silos-and-enhance-your-companys-culture/?sh=41f35a5d4ab1

10   https://www.forbes.com/sites/forbeshumanresourcescouncil/2020/09/09/how-autonomous-teams-enhance-employee-creativity-and-flexibility/?sh=66cf7415538e

11   https://hbr.org/2019/01/the-hard-truth-about-innovative-cultures

12   https://www.workamajig.com/blog/creative-resource-management-basics

13   https://www.flexjobs.com/employer-blog/companies-use-flexibility-foster-creativity/

14   https://hbr.org/2019/03/strategy-needs-creativity

15   다양한 출처 중 특히 다음 사이트들을 참고함. https://www.forbes.com/sites/rebec-cabagley/2014/01/15/the-10-traits-of-great-innovators/?sh=192e0b7f4bf4, https://dobetter.esade.edu/en/characteristics-innovative-people?_wrapper_format=html, https://ideascale.com/blog/10-qualities-of-great-innovators/, https://inusual.com/en/blog/five-characteristics-that-define-successful-innovators, https://hbr.org/2013/10/the-five-characteristics-of-successful-innovators

16   https://www.forbes.com/sites/larrymyler/2014/06/13/innovation-is-problem-solving-and-a-whole-lot-more/?sh=301612c233b9

17   https://www.techfunnel.com/information-technology/continuous-innovation/

18   https://www.forbes.com/sites/forbestechcouncil/2019/10/17/innovation-starts-with-ownership-how-to-foster-creativity-internally/?sh=58de6d3d4087

19   다양한 출처 중 특히 다음 사이트들을 참고함. https://www.fastcompany.com/90597167/6-habits-of-the-most-innovative-people, https://hbr.org/2002/08/inspiring-innovation, https://quickbooks.intuit.com/ca/resources/uncategorized/common-characteristics-innovative-companies/, https://innovationmanagement.se/2012/12/18/the-

seven-essential-characteristics-of-innovative-companies/, https://smallbusiness.chron.com/top-three-characteristics-innovative-companies-10976.html, https://www.linkedin.com/pulse/eight-traits-innovative-companies-ashley-leonzio, https://innovationone.io/six-traits-highly-innovative-companies/, https://www.forbes.com/sites/marymeehan/2014/07/08/innovation-ready-the-5-traits-innovative-companies-share/?sh=69c83bd01e28, https://miller-klein.com/2020/06/15/what-are-the-characeristics-of-innovative-companies/

20 https://www.forbes.com/sites/forbestechcouncil/2019/03/28/spur-innovation-by-sharing-knowledge-enterprisewide/?sh=1d03e0b55ce0

21 다양한 출처 중 특히 다음 사이트들을 참고함. https://www.babson.edu/media/babson/site-assets/content-assets/about/academics/centres-and-institutes/the-lewis-institute/fund-for-global-entrepreneurship/Entrepreneurial-Thought-and-Action-(ETA).pdf, https://online.hbs.edu/blog/post/characteristics-of-successful-entrepreneurs, https://www.forbes.com/sites/theyec/2020/05/11/six-personality-traits-of-successful-entrepreneurs/?sh=505d02470ba9, https://www.forbes.com/sites/tendayiviki/2020/02/24/the-four-characteristics-of-successful-intrapreneurs/?sh=5546a5b17cad

22 https://www.forbes.com/sites/forbesbusinesscouncil/2021/07/29/three-steps-to-find-the-best-opportunities-for-your-business/?sh=1dc8f6e34d87

23 https://www.forbes.com/sites/chriscarosa/2020/08/07/why-successful-entrepreneurs-need-to-be-calculated-risk-takers/?sh=17d917142f5b

24 다양한 출처 중 특히 다음 사이트들을 참고함. https://www.inc.com/peter-economy/7-super-successful-strategies-to-create-a-powerfully-entrepreneurial-culture-in-any-business.html, https://www.fastcompany.com/90158100/how-to-build-an-entrepreneurial-culture-5-tips-from-eric-ries, https://hbr.org/2006/10/meeting-the-challenge-of-corporate-entrepreneurship, https://medium.com/@msena/corporate-entrepreneurship-in-8-steps-7e6ce75db88a, https://www.business.com/articles/12-ways-foster-entrepreneurial-

culture/

25   https://www.forbes.com/sites/forbesbusinesscouncil/2021/03/11/
three-lessons-on-creating-a-culture-of-learning/?sh=6e03101a5d13

26   https://www.forbes.com/sites/forbesfinancecouncil/2020/04/15/
how-an-ownership-mindset-can-change-your-teams-culture/
?sh=4b1987434b8b

27   위와 동일

28   다양한 출처 중 특히 다음 사이트들을 참고함. https://www.forbes.com/
sites/deeppatel/2017/03/22/11-powerful-traits-of-successful-
leaders/?sh=5fe70ebc469f, https://online.hbs.edu/blog/post/
characteristics-of-an-effective-leader, https://www.gallup.com/
cliftonstrengths/en/356072/how-to-be-better-leader.aspx, https://
asana.com/resources/qualities-of-a-leader, https://www.briantracy.
com/blog/personal-success/the-seven-leadership-qualities-of-great-
leaders-strategic-planning/

29   https://www.pmi.org/-/media/pmi/documents/public/pdf/learning/
thought-leadership/pulse/pulse-of-the-profession-2017.pdf

30   https://www.forbes.com/sites/theyec/2021/01/19/nine-
communication-habits-of-great-leaders-and-why-they-make-them-
so-great/?sh=1c87617b6ec9

31   https://www.forbes.com/sites/forbescoachescouncil/2021/07/27/
achieve-more-success-by-leading-from-your-helicopter/?sh=
681b362d57e8

32   다양한 출처 중 특히 다음 사이트들을 참고함. https://www.entrepreneur.
com/article/335996, https://learnloft.com/2019/07/24/how-the-best-
leaders-create-more-leaders/, https://www.inc.com/tom-searcy/4-
ways-to-build-leaders-not-followers.html, https://hbr.org/2003/12/
developing-your-leadership-pipeline, https://www.themuse.com/
advice/5-strategies-that-will-turn-your-employees-into-leaders

33   https://www.forbes.com/sites/forbesbusinesscouncil/2021/08/05/
three-ways-you-can-be-a-leader-and-mentor-to-those-on-your-
same-path/?sh=738f6f8044ad

34   https://hbr.org/2019/03/as-your-team-gets-bigger-your-leadership-
style-has-to-adapt

35 다양한 출처 중 특히 다음 사이트들을 참고함. https://scienceofzen.com/
productivity-state-mind-heres-get, https://hbr.org/2020/05/want-
to-be-more-productive-try-doing-less, https://sloanreview.
mit.edu/article/own-your-time-boost-your-productivity/, https:
//www.nytimes.com/guides/business/how-to-improve-your-
productivity-at-work, https://news.mit.edu/2019/how-does-
your-productivity-stack-up-robert-pozen-0716, https://
www.cnbc.com/2019/04/11/mit-researcher-highly-productive-
people-do-these-5-easy-things.html

36 https://hbr.org/2020/05/want-to-be-more-productive-try-doing-less

37 https://www.inc.com/samira-far/5-monotasking-tips-that-will-save-
your-brain-and-make-you-more-successful.html

38 다양한 출처 중 특히 다음 사이트들을 참고함. https://www.forbes.com/
sites/theyec/2021/09/20/five-tips-to-increase-productivity-in-the-
workplace/?sh=49f09626257b, https://www.businesstown.com/8-
ways-increase-productivity-workplace/, https://www.forbes.com/
sites/forbeslacouncil/2019/09/18/12-time-tested-techniques-to-
increase-workplace-productivity/?sh=4a7d6b9c274e, https://www.
forbes.com/sites/theyec/2020/07/13/want-a-more-productive-
focused-team-encourage-these-10-habits/?sh=2d64cc5f2ef9,
https://www.lollydaskal.com/leadership/6-powerful-habits-of-the-
most-productive-teams/, https://blogin.co/blog/7-habits-of-highly-
productive-teams-74/

39 https://clockify.me/blog/productivity/team-time-management/

40 https://www.fearlessculture.design/blog-posts/pixar-culture-design-
canvas

41 다양한 출처 중 특히 다음 사이트들을 참고함. https://www.spica.com/
blog/kaizen-principles, https://createvalue.org/blog/tips-creating-
continuous-improvement-mindset/, https://mitsloan.mit.edu/ideas-
made-to-matter/8-step-guide-improving-workplace-processes,
https://hbr.org/2012/05/its-time-to-rethink-continuous, https://
hbr.org/2010/10/four-top-management-beliefs-th

42 https://www.velaction.com/curiosity/

43 https://hbr.org/2012/09/are-you-solving-the-right-problem

44 https://hbr.org/2012/05/its-time-to-rethink-continuous
45 https://hbr.org/2021/05/break-down-change-management-into-small-steps
46 https://au.reachout.com/articles/a-step-by-step-guide-to-problem-solving
47 다양한 출처 중 특히 다음 사이트들을 참고함. https://tulip.co/blog/continuous-improvement-with-kaizen/, https://www.mckinsey.com/business-functions/operations/our-insights/continuous-improvement-make-good-management-every-leaders-daily-habit, https://sloanreview.mit.edu/article/americas-most-successful-export-to-japan-continuous-improvement-programs/, https://theuncommonleague.com/blog/2018618/creating-a-mindset-of-continuous-process-improvement, https://hbr.org/2019/05/creating-a-culture-of-continuous-improvement, https://www.zenefits.com/workest/top-10-ways-to-improve-employee-efficiency/
48 https://www.viima.com/blog/collect-ideas-from-frontline-employees
49 https://www.industryweek.com/talent/education-training/article/21958430/action-learning-key-to-developing-an-effective-continuous-improvement-culture
50 https://hbr.org/2021/05/break-down-change-management-into-small-steps
51 다양한 출처 중 특히 다음 사이트들을 참고함. https://smallbusiness.chron.com/build-professionalism-709.html, https://www.robinwaite.com/blog/7-ways-to-develop-and-practice-professionalism/, https://www.umassglobal.edu/news-and-events/blog/professionalism-and-workplace-etiquette, https://www.conovercompany.com/5-ways-to-show-professionalism-in-the-workplace/
52 https://www.robinwaite.com/blog/7-ways-to-develop-and-practice-professionalism/
53 위와 동일
54 https://www.oxfordlearnersdictionaries.com/definition/american_english/integrity#:~:text=noun-,noun,a%20man%20of%20great%20integrity
55 https://www2.deloitte.com/content/dam/Deloitte/sk/Documents/Random/sk_deloitte_code_ethics_conduct.pdf

56 https://www.forbes.com/sites/forbesbusinesscouncil/2021/03/11/
three-lessons-on-creating-a-culture-of-learning/?sh=6e03101a5d13

57 다양한 출처 중 특히 다음 사이트들을 참고함. https://www.pmi.org/learning/
library/core-competencies-successful-skill-manager-8426, https://
bizfluent.com/info-8494191-analytical-skills-management.html,
https://distantjob.com/blog/helicopter-manager-remote-team/,
https://www.lucidchart.com/blog/plan-do-check-act-cycle,
https://www.teamwork.com/project-management-guide/project-
management-skills/

58 https://www.forbes.com/sites/forbescoachescouncil/2021/07/27/
achieve-more-success-by-leading-from-your-helicopter/?sh=
681b362d57e8

59 https://www.pmi.org/-/media/pmi/documents/public/pdf/learning/
thought-leadership/pulse/pulse-of-the-profession-2017.pdf

60 위와 동일

61 https://www.forbes.com/sites/brianscudamore/2016/03/09/why-
team-building-is-the-most-important-investment-youll-make/?sh
=1657a771617f

62 다양한 출처 중 특히 다음 사이트들을 참고함. https://www.investopedia.
com/terms/s/succession-planning.asp, https://www.vital-learning.
com/blog/how-to-build-better-manager, https://thepalmergroup.com/
blog/the-importance-of-open-communication-in-the-workplace/

63 https://hbr.org/2016/10/the-performance-management-revolution

64 https://hbr.org/2014/06/how-to-give-your-team-feedback

PART 13. 미래 궤도를 확실히 하라

1 https://www.lvmh.com/news-documents/press-releases/new-
records-for-lvmh-in-2021/

2 https://fashionunited.uk/news/fashion/louis-vuitton-ranks-as-
most-valuable-luxury-company-in-interbrand-s-2021-top-global-
brands/2021110258951

3 https://www.lvmh.com/news-documents/press-releases/new-
records-for-lvmh-in-2021/

4   https://www.investors.com/etfs-and-funds/sectors/sp500-companies
    -stockpile-1-trillion-cash-investors-want-it/

5   https://www.kotaksecurities.com/ksweb/articles/why-is-the-cash-
    flow-statement-important-to-shareholders-and-investors

6   제임스 뎀머트James Demmert는 미국 소살리토Sausalito 소재 자산운용사 메인스트
    리트 리서치Main Street Research의 설립자이자 매니징 디렉터다. 다음을 참고하라.
    https://money.usnews.com/investing/dividends/articles/what-is-a-
    good-dividend-payout-ratio

7   https://www.investopedia.com/articles/03/011703.asp

8   다음 문헌의 자료를 개작함. 가브리엘 하와위니Gabriel Hawawini, 클로드 바이알렛
    Claude Viallet, Finance for Executives: Managing for Value CreationMason, OH:
    South-Western College Publishing, 1999).

9   영업이익operating income 또는 operating profit은 매출액(또는 매출로 불리는 여러
    수입 전체)에서 모든 운영비용을 차감한 이익이다. 운영비용은 매출원가COGS,
    판매관리비SGA, 감가상각비로 구성된다.

10 https://www.growthforce.com/blog/how-giving-discounts-can-
    destroy-your-business-profits

11 https://www.mckinsey.com/business-functions/marketing-and-
    sales/our-insights/the-power-of-pricing

12 https://www.marketingweek.com/marketers-continue-to-waste-
    money-as-only-9-of-digital-ads-are-viewed-for-more-than-a-
    second/?nocache=true&adfesuccess=1

13 다음 문헌의 자료를 개작함. 가브리엘 하와위니Gabriel Hawawini, 클로드
    바이알렛Claude Viallet, Finance for Executives: Managing for Value Creation
    Mason, OH: South-Western College Publishing, 1999.

14 크리스 B. 머피Chris B. Murphy, 'What Is Net Profit Margin? Formula for
    Calculation and Examples', InvestopediaOctober 2021. https://www.
    investopedia.com/terms/n/net_margin.asp

15 https://www.theactuary.com/features/2020/07/08/joining-
    dots-between-operational-and-non-operational-risk, https://
    corporatefinanceinstitute.com/resources/knowledge/accounting/non-
    operating-income/, https://www.accountingtools.com/articles/non-
    operating-income定definition-and-usage.html#:~:text=Examples%20
    of%20non%2Doperating%20income%20include%20dividend%20

income%2C%20asset%20impairment,losses%20on%20foreign%20
exchange%20transactions

16 https://valcort.com/assets-marketing-assets/

17 https://www.cbinsights.com/research/report/how-uber-makes-
money/

18 https://www.forbes.com/advisor/investing/roa-return-on-assets/

19 보통 대차대조표에 기록되는 무형자산으로는 특허권, 저작권, 독점 판매권, 면허,
영업권이 있다. 다음을 참고하라. 하와위니Hawawini와 바이알렛Viallet(1999).

20 https://investor.maersk.com/static-files/b4df47ef-3977-412b-8e3c-
bc2f02bb4a5f

21 https://bizfluent.com/info-8221377-types-income-statements-
marketing-expenses.html

22 https://www.investopedia.com/ask/answers/041515/how-does-
financial-accounting-help-decision-making.asp

23 https://www.pwc.com/sg/en/publications/assets/epc-transform-
family-businesses-201805.pdf

PART 14. 마케팅과 재무를 통합하라

1 https://www.marketingweek.com/the-top-100-most-valuable-global-
brands-2013/, 수닐 굽타Sunil Gupta, 스리니바스 레디Srinivas Reddy, 데이비드 레
인David Lane, 'Marketing Transformation at Mastercard', Harvard Business
Review Case 517-040 (2019); https://www.kantar.com/campaigns/
brandz/global

2 https://cmosurvey.org/wp-content/uploads/2021/08/The_CMO_
Survey-Highlights_and_Insights_Report-August_2021.pdf

3 위와 동일

4 https://www2.deloitte.com/us/en/insights/topics/strategy/impact-of-
marketing-finance-working-together.html

5 https://smallbusiness.chron.com/accounting-marketing-work-
together-38276.html

6 https://www.investopedia.com/articles/personal-finance/053015/
how-calculate-roi-marketing-campaign.asp

7 https://www.bigcommerce.com/ecommerce-answers/what-is-cost-

per-acquisition-cpa-what-is-benchmark-retailers/

8   ttps://hbr.org/2014/12/why-corporate-functions-stumble

9   애플의 '요약연결손익계산서(미감사)Condensded Consolidated Statement of Operations (Unaudited)' 기준. 애플은 R&D 비용을 운영 비용으로 삼는다. 다음을 참고하라. https://www.apple.com/newsroom/pdfs/FY20-Q3_Consolidated_Finan cial_Statements.pdf

10   https://knowledge.wharton.upenn.edu/article/non-financial-performance-measures-what-works-and-what-doesnt/

PART 15. 휴머니티를 위한 기술

1   이 부제는 존 나이스비트John Naisbitt가 저서에서 내세운 용어를 차용한 것이다. 그는 다음 저서에서 나나 나이스비트Nana Naisbitt, 더글러스 필립스Douglas Philips와 함께 하이테크 하이터치high tech high touch라는 용어를 사용했다. High Tech High Touch: Technology and Our Accelerated Search for MeaningLondon: Nicholas Brealey Publishing, 1999.

2   https://www.youtube.com/watch?v=D5VN56jQMWM

3   https://www.androidauthority.com/what-is-google-duplex-869476/

4   https://blog.google/technology/ai/making-ai-work-for-everyone/

5   https://www.theguardian.com/technology/2020/feb/05/amazon-workers-protest-unsafegrueling-conditions-warehouse

6   https://www.bbc.com/news/business-56641847

7   https://www.wbur.org/onpoint/2021/07/09/the-prime-effect-amazons-environmental-impact

8   https://www.bbc.com/news/business-56641847

9   https://www.wbur.org/onpoint/2021/07/09/the-prime-effect-amazons-environmental-impact

10   https://cassavabagsaustralia.com.au/

11   https://www.npr.org/2022/02/04/1078050740/irma-olguin-why-we-should-bring-tech-economies-to-underdog-cities

12   자세한 내용은 다음을 참고하라. https://hbr.org/2019/07/building-the-ai-powered-organization

13   https://www.collectivecampus.io/blog/10-companies-that-were-too-slow-to-respond-to-change

14   스콧 브링커Scott Brinker, 제이슨 헬러Jason Heller가 공개함. 다음을 참고하라. https://www.mckinsey.com/business-functions/marketing-and-sales/our-insights/marketing-technology-what-it-is-and-how-it-should-work

15   https://www.currentware.com/blog/internet-usage-statistics/

16   https://www.statista.com/statistics/303817/mobile-internet-advertising-revenue-worldwide/

17   https://www.ama.org/journal-of-marketing-special-issue-new-technologies-in-marketing/

18   https://www.digitalmarketing-conference.com/the-impact-of-new-technology-on-marketing/

19   https://www.mckinsey.com/capabilities/people-and-organizational-performance/our-insights/unlocking-success-in-digital-transformations

20   https://seths.blog/2012/02/horizontal-marketing-isnt-a-new-idea/

21   https://www.retaildive.com/ex/mobilecommercedaily/mastercard-unveils-chatbot-platform-for-merchants-and-banks-along-with-wearable-payments

22   https://www.socxo.com/blog/5-ways-customer-advocacy-will-enhance-content-marketing/

23   https://blog.usetada.com/win-the-market-with-customer-advocacy

24   https://www.ibm.com/downloads/cas/EXK4XKX8

25   https://a-little-insight.com/2021/05/09/hm-are-greenwashing-us-again-can-fast-fashion-ever-be-ethical/

26   https://www.investopedia.com/terms/g/greenwashing.asp#:~:text=Greenwashing%20is%20the%20process%20of,company's%20products%20are%20environmentally%20friendly

27   https://www.bigissue.com/news/environment/hm-greenwashing-is-disguising-the-reality-of-fast-fashion/

28   https://ritzcarltonleadershipcenter.com/about-us/about-us-foundations-of-our-brand/

29   C.K. 프라할라드C.K. Prahalad, 벤카트 라와스와미Venkat Ramaswamy가 공저한 다음 저서에서 소개된 개념을 참고하라. The Future of Competition: Co-Creating Unique Value with CustomersBoston, MA: Harvard BusinessReview Press, 2004.

30   https://d3.harvard.edu/platform-digit/submission/my-starbucks-idea-crowdsourcing-for-customer-satisfaction-and-innovation/

31   https://skeepers.io/en/blog/customer-loyalty-increases-starbucks-profits

32   https://www.forbes.com/sites/forbestechcouncil/2019/01/08/dynamic-pricing-the-secret-weapon-used-by-the-worlds-most-successful-companies/?sh=3eadac2a168b

33   필립 코틀러Philip Kotler, 허마원 카타자야Hermawan Kartajaya, 이완 세티아완Iwan Setiawan, Marketing 5.0: Technology for HumanityHoboken, NJ: Wiley, 2021.

34   https://paradigmlife.net/perpetual-wealth-strategy

35   https://www.techopedia.com/definition/31036/webrooming

36   https://hbr.org/1992/07/high-performance-marketing-an-interview-with-nikes-phil-knight

37   https://www.bbc.com/news/entertainment-arts-558396

38   https://www.singaporeair.com/en_UK/sg/travel-info/check-in/

PART 16. 공동체를 위한 기술을 사용하라

1   https://www.g2.com/categories/compensation-management#:~:text=Compensation%20management%20software%20helps%20organizations,report%20on%20company%20compensation%20data

2   https://www.paycom.com/resources/blog/paycom-recognized-for-helping-businesses-thrive-in-2020/

3   https://www.cobizmag.com/the-future-of-work-how-technology-enables-remote-employees/

4   https://www.careermetis.com/ways-cloud-computing-improve-employee-productivity/

5   https://www.forbes.com/sites/forbespr/2013/05/20/forbes-insights-survey-reveals-cloud-collaboration-increases-business-productivity-and-advances-global-communication/?sh=295bd24d2a50

6   https://bernardmarr.com/amazon-using-big-data-to-understand-customers/

7   https://www.ibm.com/thought-leadership/institute-business-value/report/ar-vr-workplace

8   https://www.cae.com/news-events/press-releases/cae-healthcare-
     announces-microsoft-hololens-2-applications-for-emergency-care-
     ultrasound-and-childbirth-simulators/#:~:text=and%20childbirth%20si-
     mulators-,CAE%20Healthcare%20announces%20Microsoft%20
     HoloLens%202%20applications,care%2C%20ultrasound%20and%20
     childbirth%20simulators&text=CAE%20Healthcare%20announces%20
     the%20release,physiology%20into%20its%20patient%20simulators

9   https:// //www.nytimes.com/2020/03/18/business/customization-
     personalized-products.html

10   https://3duniverse.org/2020/10/26/how-3d-printing-can-reduce-
     time-and-cost-during-product-development/

11   https://www.techrepublic.com/article/3-ways-robots-can-support-
     human-workers/

12   https://www.theverge.com/2020/2/27/21155254/automation-robots-
     unemployment-jobs-vs-human-google-amazon

13   https://www.oracle.com/internet-of-things/what-is-iot/

14   https://www.forbes.com/insights-inteliot/connecting-tomorrow/iot-
     improving-quality-of-life/#4add0b2717a5

15   https://www.machinemetrics.com/blog/industrial-iot-reduces-costs

16   https://medium.datadriveninvestor.com/how-manufacturers-use-iot-
     to-improve-operational-efficiency-2c9192cc9725

17   https://ati.ec.europa.eu/sites/default/files/2020-07/Industry%204.0%20
     in%20Aeronautics%20%20IoT%20Applications%20%28v1%29.pdf

18   https://www.icas.com/news/10-companies-using-big-data

19   https://digitalmarketinginstitute.com/blog/chatbots-cx-how-6-
     brands-use-them-effectively

20   https://www.iotworldtoday.com/smart-retail/how-iot-devices-can-
     enhance-the-connected-customer-experience

21   https://www.babycenter.com/

22   https://www.forbes.com/sites/forbesagencycouncil/2020/09/04/10-
     industries-likely-to-benefit-from-arvr-marketing/?sh=e58d6cbaec2e

23   https://www.kaspersky.com/resource-center/definitions/what-is-
     facial-recognition

24   https://www.americanbanker.com/news/facial-recognition-tech-is-

catching-on-with-banks

25   위와 동일

26   https://www.meetbunch.com/terms/high-touch-support, https://www.providesupport.com/blog/faq-page-customer-self-service-choose-questions-cover/, https://www.forbes.com/sites/theyec/2020/11/12/four-easy-ways-to-increase-customer-loyalty/?sh=3b3edc1e55a1

27   https://hbr.org/2007/02/understanding-customer-experience, https://www.forbes.com/sites/blakemorgan/2019/09/24/50-stats-that-prove-the-value-of-customer-experience/?sh=3dcbbd847366

28   https://www.seventhgeneration.com/values/mission

29   https://www.symbiosis.dk/en/

30   https://www.forbes.com/sites/justcapital/2018/04/20/these-5-companies-are-leading-the-charge-on-recycling/?sh=7a1727d423ec

31   https://www.unilever.com/reuse-refill-rethink-plastic/

32   https://www.ucsusa.org/resources/benefits-renewable-energy-use

33   https://theconversation.com/what-is-the-social-cost-of-carbon-2-energy-experts-explain-after-court-ruling-blocks-bidens-changes-176255

34   https://www.emg-csr.com/sdg-4-8-shell/

35   https://digitalmarketinginstitute.com/blog/corporate-16-brands-doing-corporate-social-responsibility-successfully

36   https://www.cnbc.com/2021/02/18/why-an-emboldened-walmart-is-looking-to-beyond-retail-for-future-growth.html; https://www.tradegecko.com/blog/supply-chain-management/incredibly-successful-supply-chain-management-walmart#:~:text=Walmart's%20supply%20chain%20management%20strategy,competitive%20pricing%20for%20the%20consumer, https://querysprout.com/walmarts-competitive-advantages/, https://www.thestrategywatch.com/competitive-advantages-wal-mart/

PART 17. 사후 운영의 탁월성

1   윌리 C. 시Willy C. Shih, 첸-푸 치엔Chen-Fu Chien, 친타이 시Chintay Shih, 잭 장

Jack Chang, "The TSMC Way: Meeting Customer Needs at Taiwan Semiconductor Manufacturing Co.," Harvard Business School Case 610–003 (2009).

2   https://www.tsmc.com/english

3   시Shih, 치엔Chien, 시Shih, 장Chang, "The TSMC Way."

4   https://www.forbes.com/sites/ralphjennings/2021/01/11/taiwan-chipmaker-tsmc-revenues-hit-record-high-in-2020-stocks-follow/?sh=723dbd024307

5   https://www.theguardian.com/commentisfree/2013/jan/15/why-did-hmv-fail

6   https://www.daxx.com/blog/development-trends/outsourcing-success-stories, https://biz30.timedoctor.com/outsourcing-examples/

7   https://www.forbes.com/sites/forbestechcouncil/2021/06/09/why-poland-should-be-the-next-go-to-it-outsourcing-for-us-startups/?sh=40d0dc1a74d9

8   https://jorgdesign.springeropen.com/articles/10.1186/s41469-018-0035-4

9   https://www.magellan-solutions.com/blog/companies-that-outsource-to-india/, https://www.outsource2india.com/india/outsourcing-customer-support-india.asp

10 시Shih, 치엔Chien, 시Shih, 장Chang (2009), https://appleinsider.com/articles/21/11/02/apple-gets-preferential-treatment-in-close-tsmc-partnership

11 카츠히코 시미즈Katsuhiko Shimizu, 마이클 A. 히트Michael A. Hitt, 'Strategic Flexibility: Organizational Preparedness to Reverse Ineffective Strategic Decisions', The Academy of Management Executive (1993–2005) 18, no. 4 November 2004: 44–59.

12 https://keydifferences.com/difference-between-supply-chain-and-value-chain.html

13 다음 문헌을 참고하라. 이몬 켈리Eamonn Kelly, 켈리 마치즈Kelly Marchese, https://www2.deloitte.com/content/dam/insights/us/articles/platform-strategy-new-level-business-trends/DUP_1048-Business-ecosystems-come-of-age_MASTER_FINAL.pdf

14 https://smallbusiness.chron.com/strengths-weaknesses-supply-

chain-7598

15   https://www.bcg.com/publications/2019/do-you-need-business-ecosystem

16   https://www2.deloitte.com/us/en/insights/focus/business-trends/2015/supply-chains-to-value-webs-business-trends.html

17   https://www2.deloitte.com/us/en/insights/focus/business-trends/2015/supply-chains-to-value-webs-business-trends.html

18   https://www.investopedia.com/terms/b/business-ecosystem.asp

19   https://smallbizclub.com/run-and-grow/innovation/how-is-a-business-ecosystem-a-key-driver-to-success/, https://www2.deloitte.com/content/dam/insights/us/articles/platform-strategy-new-level-business-trends/DUP_1048-Business-ecosystems-come-of-age_MASTER_FINAL.pdf

20   https://www.timreview.ca/article/227, https://smallbizclub.com/run-and-grow/innovation/how-is-a-business-ecosystem-a-key-driver-to-success/, https://www.tallyfox.com/insight/what-value-business-ecosystem

21   마사키 이마이Masaaki Imai, Gemba Kaizen: A Commonsense Approach to a Continuous Improvement Strategy (New York, NY: McGraw-Hill, 2012).

22   https://www.jbs.cam.ac.uk/wp-content/uploads/2020/08/wp1006.pdf

23   https://www.linkedin.com/pulse/death-value-chain-new-world-order-requires-ecosystem-analysis-shwet

24   조정 메커니즘에 대해 더 자세히 알고 싶으면 다음을 참고하라. 다음을 참고하라. https://www.bptrends.com/bpt/wp-content/uploads/05-02-2017-COL-Harmon-on-BPM-Value-Chains.pdf

25   마이클 A. 히트Michael A. Hitt, 바바라 W. 키츠Barbara W. Keats, 사무엘 M. 드마리Samuel M. DeMarie, 'Navigating in the New Competitive Landscape: Building Strategic Flexibility and Competitive Advantage in the 21st Century', Academy of Management Perspectives 12, no. 4 November 1998. https://doi.org/10.5465/ame.1998.1333922

마무리하며

1   https://www.weforum.org/agenda/2021/03/gen-z-unemployment-

2   chart-global-comparisons/

2   https://www.cfainstitute.org/en/research/esg-investing#:~
:text=ESG%20stands%20for%20Environmental%2C%20Social,
material%20risks%20and%20growth%20opportunities.&text=This%20
guide%20takes%20fiduciary%20duty,important%20ESG%20issues%20
into%20account

3   https://cglytics.com/what-is-esg/

4   https://www.17goalsmagazin.de/en/the-relevance-of-the-sustainable
-development-goals-sdgs-for-companies/

5   다음을 참고하라. 크리스찬 사카르Christian Sarkar, 필립 코틀러Philip Kotler, Brand
Activism: From Purpose to Action Idea Bite Press, 2021.

6   https://english.ckgsb.edu.cn/knowledges/what-happened-sharing-
economy-in-china/

7   https://ellenmacarthurfoundation.org/topics/circular-economy-
introduction/overview

8   https://www.imf.org/en/Publications/WEO/Issues/2020/06/24/
WEOUpdateJune2020. https://www.imf.org/en/Publications/WEO/
Issues/2022/07/26/world-economic-outlook-update-july-2022

9   https://www.imf.org/en/Publications/WEO/Issues/2022/07/26/world-
economic-outlook-update-july-2022

10   https://www.bbc.com/worklife/article/20211022-why-were-so-
terrified-of-the-unknown

필립 코틀러 마케팅의 미래

초판 1쇄 2023년 8월 10일
초판 2쇄 2023년 8월 31일

지은이 필립 코틀러, 허마원 카타자야, 후이 덴 후안, 재키 머스리
펴낸이 최경선
옮긴이 방영호
편집장 유승현 **편집1팀장** 서정욱

책임편집 서정욱
마케팅 김성현 한동우 구민지
경영지원 김민화 오나리
표지디자인 김보현 **본문디자인** ㈜명문기획

펴낸곳 매경출판㈜
등록 2003년 4월 24일(No. 2 - 3759)
주소 (04557) 서울시 중구 충무로 2 (필동1가) 매일경제 별관 2층 매경출판㈜
홈페이지 www.mkbook.co.kr **스마트스토어** smartstore.naver.com/mkpublishing
페이스북 facebook.com/maekyungpublishing **인스타그램** instagram.com/mkpublishing
전화 02)2000 - 2634(기획편집) 02)2000 - 2634(마케팅) 02)2000 - 2606(구입 문의)
팩스 02)2000 - 2609 **이메일** publish@mk.co.kr
인쇄 · 제본 ㈜M - print 031)8071 - 0961
ISBN 979 - 11 - 6484 - 596 - 5(03320)

ENTREPRENEURIAL
MARKETING